中华文明突出特性研究丛书 01

伟大的中华文明

向玉乔——主编
向玉乔——著

岳麓书社·长沙

图书在版编目(CIP)数据

伟大的中华文明/向玉乔著. —长沙:岳麓书社,2024.4
(中华文明突出特性研究丛书/向玉乔主编)
ISBN 978-7-5538-2074-3

Ⅰ.①伟… Ⅱ.①向… Ⅲ.①中华文化—研究 Ⅳ.①K203

中国国家版本馆 CIP 数据核字(2024)第 089149 号

WEIDA DE ZHONGHUA WENMING

伟大的中华文明

丛书主编:向玉乔
作　　者:向玉乔
出 版 人:崔　灿
出版统筹:马美著
策划编辑:刘　文
责任编辑:刘　文　刘小敏
责任校对:廖　丁　谭敏求
封面设计:谢　颖

岳麓书社出版发行
地址:湖南省长沙市爱民路 47 号
直销电话:0731-88804152　0731-88885616
邮编:410006

版次:2024 年 4 月第 1 版
印次:2024 年 4 月第 1 次印刷
开本:880mm×1230mm　1/32
印张:11.5
字数:255 千字
书号:ISBN 978-7-5538-2074-3
定价:88.00 元

承印:湖南天闻新华印务有限公司

如有印装质量问题,请与本社印务部联系
电话:0731-88884129

总序

坚定中华文明自信

实现中华民族伟大复兴是全体中国人民的共同心愿。伟大复兴之大局与世界百年未有之大变局复杂交织，中华民族的复兴之路必定充满挑战和坎坷。要实现伟大复兴，中华民族应该坚持以习近平新时代中国特色社会主义思想为指导，坚持中国共产党领导，展现应对复杂国际局势和巨大风险挑战的决心、智慧和能力，坚定道路自信、理论自信、制度自信、文化自信、文明自信、历史自信。文明自信是最核心、最重要的自信，是中华民族道路自信、理论自信、制度自信、文化自信、历史自信的轴心和支柱，能够为中华民族实现伟大复兴提供正确思想理念引领、正确价值观念引领和正确理想信念引领。

一、中华文明因中华民族而兴

中华民族是中华文明的创造者、传承者和发展者，是中华文明的主体，其创造、传承和发展中华文明的主体性不容置疑。中华文明之所以具有强大影响力、感召力、塑造力、引领力、凝聚力、辐射力、发展力，这首先得力于中华民族的文明主体性。没有中华民族的文明主体性和积极创建文明的主体作用，就没有中华文明的繁荣发展。

中华民族的文明主体性是在创造、传承和发展中华文明的历史进程中锤炼而成的。中华民族在中华大地上繁衍生息，开天辟地，战天斗地，砥砺前行，积极进取，奋发图强，展现了自立、自强、自信的集体性精神品质，形成了无比强大的文明主体性，建构了具有突出连续性、创新性、统一性、包容性、和平性的中华文明，为人类文明进步做出了卓越贡献。

中国共产党的坚强领导极大地增强了中华民族的文明主体性。中华民族创造了辉煌灿烂的古代文明，尤其是凭借四大发明闻名于世，古代中国也因此而位居世界四大文明古国之列，但由于在明清时期故步自封、夜郎自大、缺乏国际视野，中华文明在近代陷入前所未有的生存危机。中国共产党在国家蒙辱、人民蒙难、文明蒙尘的紧要关头诞生，将马克思主义引入中国，正确认识和处理马克思主义与中国国情、中华文化的关系问题，坚持把马克思主义基本原理同中国具体实际相结合、同中华优秀传统文化相结合，上下求索，积极作为，开创了中华文明发展新局面。在中国共产党坚强领导下，中华民族的文化自信和文明自信空前高涨。

党的十八大以来，习近平同志高瞻远瞩，对中华民族伟大复兴战略全局和世界百年未有之大变局复杂交织的国内外形势作出正确判断，“对关系新时代党和国家事业发展的一系列重大理论和实践问题进行了深邃思考和科学判断，就新时代坚持和发展什么样的中国特色社会主义、怎样坚持和发展中国特色社会主义，建设什么样的社会主义现代化强国、怎样建设社会主义现代化强国，建设什么样的长期执政的马克思主义政党、怎样建设长期执政的马克思主义政党等重大时代课题，提出一系列原创性的治国理政新理念新思想新战略”[①]，创立了习近平新时代中国特色社会主义思想。习近平新时代中国特色社会主义思想是中国式现代化和新时代中国特色社会主义建设事业的指导思想，是建设中华民族现代文明和推动构建人类命运共同体的指导思想。自从有了习近平新时代中国特色社会主义思想的正确指导，中华民族以更加自信、更加豪迈的态度推进中国式现代化、新时代中国特色社会主义、中华民族现代文明和人类命运共同体建设，并且在各个领域取得显著成效和巨大成就。

中华民族的文明主体性是中华文明繁荣发展的根本支撑。它凝结着中华民族创造、传承和发展中华文明的自觉性、能动性、创造性，体现了中华民族坚持铸牢民族共同体意识、坚持始终如一、坚持多元一体、坚持团结奋斗、坚持同生共荣、坚持心系世界、坚持造福全人类的集体品格，彰显了中华民族以理服人、以文服人、以德服人的文明观。

二、中华民族因中华文明而荣

中华文明是中华民族的根和魂。它一旦形成，就一直为中华民族源源不断地提供思想理念引领、价值观念引领和理想信念引领，是中华民族发展壮大、行稳致远的强大精神支撑。

① 中共中央关于党的百年奋斗重大成就和历史经验的决议 [M]. 北京：人民出版社，2021：25—26.

伟大的中华文明造就了伟大的中华民族。一个民族主要是因为它创造了伟大文明而变得伟大。中华文明源远流长、博大精深，具有广泛而强大的国际影响，这不仅说明它具有不容忽视的巨大价值，而且给中华民族带来了耀眼夺目的荣光。

中华文明的悠久历史赋予中华民族深切的历史感。一个民族不能没有文明历史感。文明历史感不仅是一种集体记忆，而且是人类生存意义的主要来源。一个没有文明历史感的民族是无法找到其生存意义的。在当今世界，很多民族因为文明中断而缺乏文明历史感。中华文明历史悠久，不仅仅给中华民族提供了精深厚重、丰富多彩的历史记忆，更重要的是为中华民族提供了深厚而强烈的历史感和生存意义感。

中华文明的持续发展赋予中华民族巨大的成就感。每一个民族都需要有成就感。巨大的成就感，不仅让一个民族具有光荣的集体记忆，而且能够为它的进一步发展提供强大动力。有些民族可能将自己的成就感建立在占领其他民族的领土上，有些民族可能将自己的成就感建立在遏制其他民族的发展上，有些民族可能将自己的成就感建立在民族利己主义行径上，而真正能够让一个民族具有最大成就感的是它所创造的文明。伟大的中华文明是中华民族弥足珍贵的传家宝，是中华民族成就感的根本来源。

中华文明的思想精髓赋予中华民族强烈的幸福感。并非每一个民族都能够享有历史悠久、底蕴深厚、一脉相传的文明。中华文明源远流长、赓续不断、精深厚重，蕴藏于中华优秀传统文化、中国革命文化和中国社会主义先进文化之中，是一个取之不尽用之不竭的智慧宝库，能够给中华民族提供正确世界观、历史观、国家观、人生观、价值观、文明观的启迪，能够给中华民族提供理论智慧和实践智慧的启迪，能够给中华民族提供自强不息、厚德载物、与人为善、以和为贵、团结奋斗、共同发展、胸怀天下、登高望远的道德观启迪。

中华文明是中华民族的共有精神家园。它是中华民族集体记忆的核心内容，是中华民族开拓精神、创造精神、奋斗精神、革命精神、改革精神、伦理精神的结晶，是中华民族生存经验和发展智慧的精华，是中华文化的精髓。只要秉着虚心向先辈学习、向过去学习、向历史学习、向传统学习、向记忆学习的正确态度，我们就能够不断从中华文明中汲取正确看世界的思想智慧、安身立命的人生智慧和造福人民的治国理政智慧。

三、中国因中华文明而强

文明强，则国强；文明弱，则国弱。中华文明的历史演进跌宕起伏，中国的发展历史也呈现为一个时强时弱的过程。中国的发展状况与中华文明的发展状况密切相关，中国的命运也总是与中华文明的命运紧密相连。

中华文明是中国发展状况的风向标。每逢重大历史事件，中国的状况都会通过中华文明的存在格局得到集中体现。经过春秋战国时期的长期战乱，饱受战乱之苦的中华民族渴望实现国家统一，中华文明的统一性对中华民族发挥了价值引领作用，这是秦始皇能够统一中国的民心基础、思想基础。时至近代，外国列强的轮番侵略曾经让中华民族的文明自信受到严重打击，这是中国陷入近代危局的最深层原因。当然，随着中华民族重拾文明自信，中国最终又摆脱了危机，再次雄踞世界东方。

中华文明是中国心。在中国，每当张明敏的爱国主义歌曲《我的中国心》唱起，中华儿女就会热血沸腾、群情激昂。之所以如此，是因为爱国主义是中华民族精神的核心，也是中华文明的核心。中华文明培养了屈原、岳飞、文天祥、戚继光、郑成功、林则徐、李四光、钱学森等伟大爱国者，培养了孙中山、毛泽东、朱德、周恩来、刘少奇等为中国发展鞠躬尽瘁的革命家，培养了蔡和森、缪伯英、杨开慧、刘胡兰等为救国救民而光荣牺牲的革命烈士。他们是中国的脊梁，是中华文明精神的杰出代表。

中华文明是中国魂。中华文明具有物质文明、政治文明、精神文明、社会文明、生态文明等多种形态，但贯穿于这些文明形态之中的是中华民族在历史上形成的正确思想理念、价值观念和理想信念。由于具有正确思想理念、价值观念和理想信念的引导，中国总是能够站在历史正确的一边来谋求自身的发展，总是能够在谋求自身发展的同时心系人类的命运和世界的前途，总是能够坚定不移地走和平发展道路。

中华文明是中国的精神支撑。中华文明在，中国心就在，中国魂就在。国家强大时，中华文明会引导中华民族学习水的美德，做人如水，谦虚谨慎，戒骄戒躁，善利万物而不争，多做有利于人类文明进步的善事，而不是霸道逞强、恃强凌弱、横行天下。国家衰败时，中华文明会引导中华民族学习山的美德，做人如山，坚韧挺拔，自强不息，团结奋斗，积极作为，而不是悲观绝望、自暴自弃、无所作为。无论处于顺境还是逆境，中华民族都能够从中华文明中获取自立、自强、自信的精神力量，都能够从中华文明中获取建设强大国家的不竭动力。中华文明是伟大的中华民族建设伟大中国的底气、志气和骨气所在。

中华文明给中国注入的主要是精神力量，这就是强大的中国精神。中国精神是中华文明的精神内核，是具有中国特色的思维方式、思想理念、价值观念、理想信念、文化传统、实践智慧等构成的一个集体性精神体系，是中华民族繁衍发展、不断壮大的强大精神支撑。它包括阴阳对立统一的辩证思维、尊天法地的思想理念、以德为本的价值观念、求大同的理想信念、以伦理为主导的文化传统、实事求是的实践智慧等等。

四、世界因中华文明而利

中华民族是人类大家庭的重要成员，中国是世界共同体的重要组成部分，中华文明是人类文明体系的重要内容。中华文明的发展状况，不仅决定着中华民族和中国的历史、现状和未来，而且与人类大家庭、世界共同体、人类文明体系的历史、现状和未来息息相关。

古代中国的四大发明不仅极大地提高了世界科技水平，而且从根本上影响了人类文明的发展格局。造纸术、指南针、火药、印刷术的发明及其在世界范围内的广泛传播，既造福中国人民，也造福其他国家的人民。

古代中国的丝绸之路不仅加强了中国与其他国家的经贸往来和文化交流，而且促进了人类文明的交流互鉴。中国的丝绸、茶叶、瓷器等商品通过丝绸之路输送到亚洲、欧洲国家，让很多国家的人民共享了中华文明发展的成果。

当今中国的改革开放不仅从根本上激发了中国人民的创造智慧和能力，而且拉动了世界经济的增长。通过改革开放，中国人民实现了“富起来”的发展目标，迎来了“强起来”的光明前程，拥有了前所未有的存在感、获得感和幸福感，同时为世界经济增长提供了巨大动力，给世界人民带来了巨大福祉。中国制造的商品遍布世界各国，使世界各国人民分享到了中国经济发展的丰硕成果。

中国全面建成小康社会为世界消除贫困做出巨大贡献。贫困是困扰人类的全球性问题。消除贫困是世界各国人民的共同愿望。十四亿多中国人民在中国共产党的坚强领导下完成脱贫攻坚重任，整体迈入小康社会，致力于追求全体人民共同富裕的美好生活，既极大地减轻了世界消除贫困的压力，又为其他国家解决贫困问题提供了可借鉴的成功经验。

中国坚持走和平发展道路是世界的福音。中华文明是和平型文明。中华民族具有以和为贵的思想传统，也一直坚持走和平发展道路。中国式现代化是走和平发展道路的现代化。中国不谋求通过战争、殖民、掠夺等方式实现现代化，坚持高举和平、发展、合作、共赢旗帜，坚决维护世界和平，致力于推动构建共商共建共享的全球治理体系，以自身的和平发展增进世界和平、促进世界发展，为世界人民享有和平做出重要贡献。

推动构建人类命运共同体的中国方案为世界发展指明了正确方向。在当今世界，单边主义、极端利己主义、霸权主义大行其道，加剧了国与国、民族与民族之间的矛盾和冲突，使世界陷入严重的分裂和动荡。在此国际背景下，中国提出构建人类命运共同体的方案，主张弘扬和平、发展、公平、正义、民主、自由的全人类共同价值，倡导多边主义、共同发展和文明交流互鉴，全力维护国际公平正义，呼吁世界各国重视解决日益加剧的和平赤字、发展赤字、安全赤字、治理赤字问题，为世界未来发展指明了正确方向。

世界因中华文明而利。中华文明具有突出的友好性、包容性、和平性，是友好型文明、包容型文明和和平型文明。这样的文明塑造了中华民族热爱和平、维护和平、坚持走和平发展道路的本性，塑造了中国反对一切形式的霸权主义和强权政治、反对冷战思维、反对干涉别国内政、反对搞双重标准以及主张尊重各国主权和领土完整、尊重国家平等、尊重各国人民自主选择发展道路和社会制度的品格，既有利于增进世界和平、促进世界共同发展、提高人类福祉，又有利于引导人类文明进步、加强世界文明交流互鉴、提升整个世界的文明水平。

目录

导论

以中华文明为中国式现代化立心铸魂

以中国式现代化全面推进中华民族伟大复兴，是以习近平同志为核心的党中央作出的重大战略部署，是中国共产党团结带领中国人民目前正致力于完成的中心任务。习近平在党的二十大报告中指出："从现在起，中国共产党的中心任务就是团结带领全国各族人民全面建成社会主义现代化强国、实现第二个百年奋斗目标，以中国式现代化全面推进中华民族伟大复兴。"[①] 中国式现代化，是马克思主义指导、中国共产党领导、全体中国人民共同推进的社会主义现代化，是中华民族在中华大地上创造的现代

① 习近平. 高举中国特色社会主义伟大旗帜 为全面建设社会主义现代化国家而团结奋斗：在中国共产党第二十次全国代表大会上的报告 [M]. 北京：人民出版社，2022：21.

化新形态，具有人类推进现代化的一般特性和共同特征，更有基于中国历史、中国国情、中国价值、中国精神的中国特色。中国式现代化的中国特色从根本上来说是由源远流长、博大精深的中华文明赋予的。中华文明是中华民族的根脉、魂脉和命脉，决定着中华民族繁衍发展的历史记忆、现实状况和未来前景，决定着中国在世界格局中的方位和地位。为中国式现代化立心铸魂，使之受到正确的思维方式引领、思想理念引领、价值观念引领、理想信念引领和卓越的实践智慧引领，既是中国式现代化的内在要求，也是中华文明的价值旨归。

一、中华文明为中国式现代化提供思维方式引领

思维是思想产生的根本条件。没有思维，就没有思想。思维具有个体性，也具有集体性；思维是现实的，也是历史的。马克思说："关于思维的科学，也和其他各门科学一样，是一种历史的科学，是关于人的思维的历史发展的科学。"[①] 不同时代的思维具有不同的形式和内容，但无论它属于哪个时代，也无论它是个体性的还是集体性的，思维都是社会的、历史的产物。

中国式现代化首先是一种关于现代化的思维方式。它是具有中国特色的现代化思维方式。中华民族依托自身的悠久历史，立足于伟大复兴之大局与世界百年未有之大变局相互激荡的现实，对现代化问题进行独立自主、深入系统的思考，建构独特的思维形式和内容，从而形成了中国式现代化思维方式。

中国式现代化思维方式是中华民族的集体性思维方式在当代得到延续和发展的产物。中华民族在长期共同生活、共同发展的

---

① 马克思，恩格斯. 马克思恩格斯文集：第九卷 [M]. 北京：人民出版社，2009：436.

过程中形成了具有自身特色的反思思维、辩证思维、系统思维、战略思维、历史思维、创新思维、底线思维，并且对它们进行不断发展和完善，使之成为推进中国社会发展的思维基础。中国式现代化是中国社会发展的新阶段，是中华民族对现代化问题进行深入思考形成的独特思维方式。

中华民族一贯倡导反思思维。以中国式现代化全面推进中华民族伟大复兴，是中国共产党当前的中心任务，也是中华民族当前的中心任务，但我们应该明白，中国式现代化是中国共产党团结带领中国人民经过不断反思和不断探索作出的重大选择，它的不断推进也应该建立在不断总结经验教训的基础上。习近平说："在新中国成立特别是改革开放以来长期探索和实践基础上，经过十八大以来在理论和实践上的创新突破，我们党成功推进和拓展了中国式现代化。"① 反思思维应该成为中国式现代化思维方式的重要形态。中国式现代化是一个极其复杂的过程，需要我们在不断反思中向前推进。

辩证思维是马克思主义的精髓，也是中华文明的精髓。马克思把辩证思维称为"主观辩证法"，要求人们遵循质量相互转化、对立统一、否定之否定等规律。中华民族历来倡导辩证思维，深刻懂得相反相成、物极必反、否极泰来、欲速则不达等道理。推进中国式现代化，中华民族不仅应该看到它的过程性、复杂性和艰巨性，而且应该遵循自然规律、社会规律和思维规律。中国式现代化是一个漫长的过程，不能急功近利、急于求成，只能逐步

① 习近平. 高举中国特色社会主义伟大旗帜 为全面建设社会主义现代化国家而团结奋斗：在中国共产党第二十次全国代表大会上的报告 [M]. 北京：人民出版社，2022：22.

推进、稳步推进、步步为营。

系统思维也是马克思主义和中华文明共同具备的重要思维方式。所谓“系统思维”，就是要从总体或整体的高度来把握事物、认识世界和作出决策，就是要形成和坚持整体观念、系统观念、大局观念、全局观念。中国式现代化是一项无比庞大的社会系统工程，涉及错综复杂的国内外形势，要求我们从历史、现实、可能等多重视角进行前瞻性思考、全局性谋划、整体性推进，应该充分体现系统思维的特征和价值，而不是坐井观天、只见树木不见森林。

二、中华文明为中国式现代化提供思想理念引领

思想理念是个人行为的先导，也是社会发展的先导。正确思想理念能够引导个人朝着正确的方向行动，能够引导社会朝着正确的方向发展；错误思想理念会将个人引向错误行为，会将社会引向错误发展轨道。

思想理念产生于人的思维。人的思维以追求真理作为根本目的。正确的思想理念就是真理，但它的真理性只能通过实践来检验。马克思说：“人应该在实践中证明自己思维的真理性，即自己思维的现实性和力量，自己思维的此岸性。”① 中国共产党将马克思的观点表述为：实践是检验真理的唯一标准。

中华文明在五千多年发展史上形成了大量正确思想理念。中华民族长期共同生活在中华大地上，不断总结生活经验，不断进行理论思考，不断增长智慧，建构了很多经得起实践检验的真理性思想理念。它们蕴藏于中华优秀传统文化、革命文化和社会主

① 马克思，恩格斯. 马克思恩格斯文集：第一卷 [M]. 北京：人民出版社，2009：500.

义先进文化之中，能够为中国式现代化提供真理指引。

中国式现代化应该传承弘扬民本思想理念，坚持人民至上。儒家哲学的民本思想与马克思主义的人民思想具有很强的相通性。中国式现代化是人口规模巨大的现代化，也是全体人民共同富裕的现代化。推进中国式现代化，既应该注重提高十四亿多人口的综合素质，实现人口高质量发展，也应该重视民生问题，想方设法让人民充分享受中国社会发展的成果。人民的存在感、获得感和幸福感是否得到切实增强，是衡量中国式现代化成败得失的根本指标。

中国式现代化应该传承弘扬自强不息的思想理念，坚持物质文明和精神文明协同提升。儒家哲学呼吁建构民富国强、人人皆能有养的大同社会，同时要求人们注重修身养性，修炼乐观向上的精神品质，积极承担齐家治国平天下的责任。中国式现代化是物质文明和精神文明相协调的现代化。它要求中华民族在经济上能够自立、自强、自信，在精神上也能自立、自强、自信。物质贫乏不是中国式现代化，精神贫乏也不是中国式现代化。中国式现代化应该既追求物质富足，也追求精神富有。

中国式现代化应该传承弘扬道法自然的思想理念，坚持人与自然和谐共生。道家哲学主张道法自然的思想与马克思主义倡导热爱自然、尊重自然、保护自然的生态思想具有高度一致性。道法自然，就是要以自然为师，就是要敬畏自然。中国式现代化不是疯狂算计、掠夺和破坏自然的现代化，而是人与自然和谐共生的现代化。在推进中国式现代化过程中，中华民族应该坚持可持续发展理念，坚持生态环境保护理念，坚持走生态文明发展道路。

中国式现代化应该传承弘扬利而不害、为而不争的思想理念，坚持走和平发展道路。老子说："天之道，利而不害；圣人之道，为而不争。"[①] 自然法则的核心要义是帮助万物，而不是危害万物；圣人法则的核心要义是积极作为，但不争强好胜。道家哲学所崇尚的这一思想理念，充分体现了中华民族自强不息而又不霸凌、不霸道的优良品格。中国式现代化应该是和平发展的现代化。

三、中华文明为中国式现代化提供价值观念引领

价值观念反映人们对事物存在的价值认识、价值判断和价值选择。正确价值观念能够为个人生活、工作和事业提供正确的价值指引，能够为一个民族、一个国家发展提供正确的价值导航。没有正确价值观念指引，个人找不到生活、工作和事业的真正意义，缺乏安身立命的价值支撑；没有正确价值观念导航，一个民族、一个国家找不到存在和发展的真正价值，缺乏行稳致远的价值基础。

中华文明在历史演进中积淀了大量正确价值观念。中华民族在中华大地上繁衍发展，对人与人、人与社会、人与自然、人与宇宙的关系进行价值认识、价值判断和价值选择，形成了具有自身特色的伦理观、责任观和文明观，建构了别具一格的伦理价值体系、道德价值体系和文明价值体系。它们是中华民族在过去安身立命的价值支撑，也能够为中华民族推进中国式现代化提供正确价值引领。

中华优秀传统文化蕴含的中国传统伦理观能够为中国式现

① 老子 [M]. 饶尚宽，译注. 北京：中华书局，2006：192.

代化提供伦理启示。中国传统伦理观是由儒家伦理思想、道家伦理思想、墨家伦理思想、法家伦理思想、佛家伦理思想等构成的一个伦理思想体系。例如，儒家伦理要求人们以德为本，热爱生活、热爱工作、热爱事业，积极承担人之为人的各种责任，做有生活热情、工作激情和事业豪情的人，能够激励和引导当代中华民族以自强不息、厚德载物、积极作为、勇于担当、敢于创新的态度投身于中国式现代化建设事业。

中华优秀传统文化蕴含的中国传统责任观能够为中国式现代化提供强大动力。中华优秀传统文化强调个人生活自由，更强调个人对家庭、民族、国家和世界的责任。受到中华优秀传统文化的长期熏陶，中华民族积极承担家庭责任，形成了孝老爱亲的家庭伦理精神；积极承担民族责任，形成了强烈而巩固的中华民族共同体意识；积极承担国家责任，形成了深厚的爱国主义传统；积极承担世界责任，形成了心系人类、胸怀天下的国际主义精神。推进中国式现代化，必须正确认识、理解和处理个人与家庭、民族、国家、世界的关系问题。传承弘扬中国传统责任观，能够推动中华儿女勇于承担推进中国式现代化的光荣责任。

中华优秀传统文化蕴含的中国传统文明观能够为中国式现代化提供价值启迪。中华优秀传统文化主张以文明超越蒙昧和野蛮、以文明化成天下、以语言文明引领文明发展、以伦理主导文明、以交流互鉴促进文明进步、以文明增强国运，形成了中国传统文明观。中国式现代化必须充分凸显现代性特征，但这绝不意味着它应该排斥中国传统文明观的价值支持。推进中国式现代化，必须建构中华民族现代文明观。中国传统文明观能够为中华民族建构现代文明观提供思想资源和价值启示。

发掘蕴藏于中华文明深处的正确价值观念，既能够为中国式现代化提供正确价值指引，也能够为建构中国式现代化所需的中国价值体系发挥助推作用。基于中华文明已有的正确价值观念，建构新的中国价值体系，是当代中华民族推进中国式现代化的当务之急。

四、中华文明为中国式现代化提供理想信念引领

理想信念是将人们引向美好未来的强大精神力量。只要有理想信念，个人就有希望，民族就有希望，国家就有希望。理想信念在任何时候都至关重要。坚定的理想信念是推动个人、民族、国家敢于迎接一切挑战和勇于战胜一切困难的精神力量。

中华文明具有重视理想信念的优良传统。早在封建社会，中国人民就形成了均贫富、天下大同、天人合一等理想信念。中国共产党诞生以后，不仅团结带领中国人民形成了夺取新民主主义革命胜利、夺取抗日战争胜利等理想信念，而且领导中国人民形成了全心全意为人民服务、小康社会、全体人民共同富裕、全过程人民民主、物质文明与精神文明协调发展、人与自然和谐共生、实现中华民族伟大复兴、建设社会主义现代化强国、构建人类命运共同体等理想信念。

中国特色社会主义理想信念是当代中华民族的共同理想信念。改革开放以后，中国共产党坚持以马克思主义为指导，团结带领中国人民积极探索富起来和强起来的可行之道，将中国社会发展引上新轨道、带入新境界，引导中国人民形成了中国特色社会主义理想信念。党的十八大以来，中国共产党坚持以习近平新时代中国特色社会主义思想为指导，领导中国人民奋发图强，将

中国特色社会主义引入新时代，中国人民的中国特色社会主义理想信念空前加强，中国特色社会主义建设事业获得前所未有的精神动力。

中华文明在历史上形成的各种正确理想信念是中国式现代化的强大精神支撑。中国式现代化的历史进程与中国特色社会主义的历史进程大体上是同步的。中国人民在建设中国特色社会主义过程中形成的理想信念，实质上也是中国式现代化的理想信念。中华文明蕴含的理想信念，是中华民族开天辟地、自强不息、砥砺前行的强大精神动力，也是中华民族不断推进中国式现代化的强大精神动力。

中国式现代化本身就是中国人民在中国共产党领导下建构的一种中国特色社会主义理想信念。它承载着中国人民对现代化的独特思考、独特认知、独特信念，是中国特色社会主义理想信念的中心。当代中华民族对中国式现代化的理想信念，就是对中国特色社会主义的理想信念。

中国式现代化需要正确理想信念的引领。中华民族推进中国式现代化的理想信念，只能产生于中华文明不断演进的历史之中，也只能在中华文明不断发展的进程中得到强化和巩固。推进中国式现代化，中国人民应该以其作为当前最重要的理想信念，为之求索，为之工作，为之奋斗，为之前进，为之进步，为之作为，为之贡献。

五、中华文明为中国式现代化提供实践智慧引领

动物有智力，但不可能有智慧。智慧是人类的专利品。人类智慧包括两类，一类是理论智慧，另一类是实践智慧。理论智慧

使人类具有理智能力，能够进行理性思维，能够建构抽象概念、思想理念、价值观念和理想信念，并且能够懂得遵循客观规律的道理。实践智慧是人类行动的智慧，表征人类具有理智行动能力的事实。

马克思主义认为，“全部社会生活在本质上是实践的”[①]。人类需要理论思维，但不能局限于抽象的理论思辨；人类需要理论智慧，但不能把理论引向神秘主义轨道。哲学家是拥有理论智慧的人，也是拥有实践智慧的人。“哲学家们只是用不同的方式解释世界，问题在于改变世界。”[②]如果哲学家的理论智慧不能转化为改变世界的实践智慧，他们的理论智慧必定会受到质疑。

中华文明既包含精深厚重的理论智慧，也蕴含经世致用的实践智慧。例如，孔子不仅从理论上研究为政之道，而且懂得为政的实践之道。子张曾经向孔子求教推行仁政的具体做法。孔子说：“恭、宽、信、敏、惠。恭则不侮，宽则得众，信则人任焉，敏则有功，惠则足以使人。”[③]其意指，为政者做到庄重、宽厚、诚信、勤敏和慈惠，就是在实行仁政，因为庄重不会使为政者受到侮辱，宽厚可以使为政者赢得民心，诚信可以使为政者受到信任，勤敏可以使为政者创造出优秀业绩，慈惠可以使为政者能够调动人力。

中华文明蕴含的实践智慧能够为中国式现代化提供实践启示。注重经世致用的儒家思想让我们认识到，推进中国式现代化，必须同时加强理论研究和实践探索。习近平在党的二十大报

① 马克思，恩格斯. 马克思恩格斯文集：第一卷 [M]. 北京：人民出版社，2009：501.
② 马克思，恩格斯. 马克思恩格斯文集：第一卷 [M]. 北京：人民出版社，2009：502.
③ 论语 大学 中庸 [M]. 陈晓芬，徐儒宗，译注. 北京：中华书局，2015：209.

告中强调："我们必须坚持解放思想、实事求是、与时俱进、求真务实，一切从实际出发，着眼解决新时代改革开放和社会主义现代化建设的实际问题，不断回答中国之问、世界之问、人民之问、时代之问，作出符合中国实际和时代要求的正确回答，得出符合客观规律的科学认识，形成与时俱进的理论成果，更好指导中国实践。"[①] 显而易见，中国式现代化必须以深入系统的理论研究和理论智慧作为前提，但它的落脚点是"中国实践"。

中华文明必须服务中国式现代化的中国实践。关于中国式现代化的理论研究和理论创新没有止境，推进中国式现代化的实践探索和实践创新也没有止境。推进中国式现代化，既需要实践基础上的理论创新，也需要理论基础上的实践创新。从源远流长、博大精深的中华文明中汲取理论资源、思想资源，不断推进实践基础上的理论创新，是中国式现代化的内在要求；从中华文明中借鉴实践智慧，不断推进理论基础上的实践创新，也是中国式现代化的内在要求。

六、中华文明服务于中国式现代化建设的伟大事业

中国式现代化是以历史悠久的中华文明作为基础和依托的现代化，是中华民族正在大力推进的伟大事业。中华文明历史悠久，底蕴深厚，经久不衰，历久弥新，既是中华民族繁衍发展的坚强精神支撑，也是中国演进前行的强大动力。中国式现代化更需要中华文明为其立心、为其铸魂。

① 习近平. 高举中国特色社会主义伟大旗帜 为全面建设社会主义现代化国家而团结奋斗：在中国共产党第二十次全国代表大会上的报告 [M]. 北京：人民出版社，2022：17—18.

中华文明是一个历史性概念，也是一个现实性和可能性概念。它包括历史性、现实性和可能性三个维度。

历史性维度的中华文明存在于中华民族的集体记忆中，具体表现为中华民族在中华大地上生存和发展所刻写的经济生活记忆、政治生活记忆、文化生活记忆。这种意义上的中华文明是过去的，但它仍然是鲜活的。中华民族的集体记忆是历史性中华文明的保鲜剂。

现实性维度的中华文明存在于中华民族的生活现实中，具体表现为中华民族当下的思维方式、思想理念、价值观念、理想信念、实践智慧等，或者说，具体表现为中华民族当下拥有的宇宙观、天下观、国家观、民族观、历史观、道德观等。这种意义上的中华文明是现时的，因而也是人们最能够直接感知的。中华民族热火朝天的现实生活是现实性中华文明的寓所。

可能性维度的中华文明存在于中华民族的愿望中，具体表现为中华民族传承发展中华文明的长远规划、美好愿景和理想追求。这种意义上的中华文明是未来的，但也是可以期待的。中华民族传承发展中华文明的坚定信念、坚强意志、强烈意愿是可能性中华文明可以期待的主观条件。

从历史性维度来看，中华文明是中华民族长期在中华大地上进行物质生产、精神生产、制度建设等所取得的丰硕成果的总称，具有人口文明、物质文明、政治文明、精神文明、社会文明、生态文明、网络文明等诸多具体形态。中华民族是创造中华文明的主体。中华文明凝结着中华民族的共同智慧。

伟大的中华民族创造了伟大的中华文明，伟大的中华文明又成就了伟大的中华民族和伟大的中国。中华民族在五千多年的文明发展史上，创造中国历史、中华文化，建构具有自身特色的集体性经济生活记忆、政治生活记忆、文化生活记忆，谱写了中华文明源远流长、绵延不绝、博大精深的辉煌篇章。中华民族、中国与中华文明是相辅相成的辩证关系。

中华文明是中华民族的根和魂。传承发展中华文明，主要是继承和发扬中华民族在历史上形成的正确思维方式、思想理念、价值观念、理想信念和实践智慧，主要是学习和借鉴中华民族在中华大地上创造人口文明、物质文明、政治文明、精神文明、社会文明、生态文明、网络文明的强大智慧和能力。

中华文明有两个面，一面是精神标识，另一面是文化精髓。在五千多年的发展史上，中华文明形成了丰富多彩的精神标识，也积淀了博大精深的文化精髓。中华文明的精神标识是比较容易感知的，它的文化精髓则具有隐而不显的特征，但我们可以对其进行梳理、归纳和总结。

中国式现代化是具有深厚文明底蕴的现代化。中华民族在五千多年文明发展史上形成的中华优秀传统文化、革命文化、社会主义先进文化，是中华文明的主要精神标识和文化精髓，是中国式现代化得以顺利开启、成功推进、不断强化的深层原因。中华文明蕴含的正确思维方式、思想理念、价值观念、理想信念和卓越实践智慧，能够为中国式现代化提供思维方式引领、思想理念引领、价值观念引领、理想信念引领和实践智慧引领。

深厚文明底蕴是中国式现代化别具一格、出类拔萃的根本原因。中华文明是中华民族在中华大地上共同创造的伟大文明，也必然因为打上中华民族的显著民族特色而彰显自身的突出特性。2023 年 6 月 2 日，习近平出席文化传承发展座谈会，并发表重要讲话，要求深刻把握中华文明的突出特性，并且将其归纳为突出的连续性、创新性、统一性、包容性、和平性五个方面，为我国社会各界深入了解中华文明的历史、有效推进中华优秀传统文化创造性转化创新性发展、进一步推进中国特色社会主义文化建设、更好推进中国式现代化指明了正确方向。

研究中华文明是我国学术界当前的热点，其核心主题是中华文明的传承发展问题，其根本目的是要让中华文明更好地服务于中国式现代化。党的十八大以后，中国特色社会主义进入新时代，习近平新时代中国特色社会主义思想形成，中国式现代化加速推进，全体中国人民迈入小康社会，创造人类文明新形态成为中华民族的共同使命，“强起来”奋斗目标空前临近，中华文化和中华文明的国际传播力影响力进一步提升。以习近平同志为核心的党中央高瞻远瞩，遵循历史与逻辑相统一、理论与实践相统一、民族性与世界性相统一、特殊性与普遍性相统一的原则，对中华民族伟大复兴之大局和世界百年未有之大变局复杂交织的时代背景进行科学研判，对世界之变、时代之变、历史之变加速演进的人类社会现实进行深刻反思，作出全面复兴中华优秀传统文化、深入推进马克思主义中国化时代化、大力建设中国特色社会主义文化、奋力创造人类文明新形态等重大文化发展战略部署，中华文明的传承发展问题受到我国社会各界前所未有的高度重视，深化中华文明的理论研究也成为我国学术界的共同愿望和光荣责任。

第一章

中华民族叙事体系中的中华文明

中华文明是中华民族在历史上不断进行物质生产、精神生产、制度建设等活动所取得成果的总称，是世界上历史最悠久、积淀最深厚、演进最复杂、内容最丰富的文明形态之一，是中华民族叙事体系一以贯之的核心主题。考察中华民族叙事体系中的中华文明，即追溯中华文明的起源和演进。通过这种考察，我们既能够追忆中华民族创造伟大中华文明的辉煌历史，也能够在重温中华民族的历史记忆、文化记忆和文明记忆基础上增强历史自信、文化自信和文明自信。考察中华民族叙事体系中的中华文明，追溯中华文明的源头，领略中华文明跌宕起伏的演进历史，是我们深入了解和研究中华文明的前提和基础。

一、神话叙事中的中华文明

世界上的绝大多数民族具有神话叙事。神话是一种想象，它让我们猜想人类登上历史舞台之前的世界状况；神话是一种记忆，它让我们追忆史前时代的沧海桑田、斗转星移；神话是一种历史，它让我们建构没有人类在场的自然史、宇宙史；神话是一种提醒，它让我们洞察人类发展史的短暂及其在宇宙发展史中微不足道的事实；神话是一种叙事，它让我们叙述超越经验的东西，并且让我们乐在其中、陶醉于其中。

神话叙事主要以叙述神的故事为主题，是文学叙事的重要形式。在中华民族的神话叙事中，关于神的故事往往与关于鬼的故事交织在一起，讲神就会讲鬼，讲鬼就会讲神，神鬼并存是中国神话叙事的重要特征。神话叙事具有虚构性、想象性，是人类在古代解释世界存在状况的重要方式。它不同于以历史事实为内容的历史叙事，但它是人类文化的重要形态，在人类社会具有深远影响。纵然是到了科学非常发达的当今时代，神话叙事在人类社会的影响依然不容忽视。

中华文明的根在原始社会。我们经历过从类人猿进化为人的历史环节，经历过智能未完全开化的蒙昧阶段，经历过与动物未完全区分开来的野蛮阶段，而后才逐渐步入文明阶段。进入文明阶段之前，我们的智能、环境适应能力、社会生产力都是低下的，也没有工业、艺术、哲学等构成文明的要件。我们应该认识到，我们的祖先曾经非常蒙昧、野蛮，他们甚至没有清晰的自我意识，不能认识自身人之为人的本质和独特性。

文明是人类摆脱蒙昧、野蛮之后的状态，或者说，文明是相对于蒙昧和野蛮状态而言的。对于人类来说，摆脱蒙昧和野蛮既具有历史发展的必然性，也具有不容置疑的伦理性。人类从蒙昧、野蛮的状态逐渐转入文明状态，这符合人类历史演进的客观规律，也符合人类的伦理价值诉求。人之为人，其根本目的是要摆脱蒙昧和野蛮，使其自身具有人的本质特征。人的本质特征是什么？它就是文明。人类是文明的存在者，不是蒙昧、野蛮的存在者。文明是人类的独特标识，也是人类的根本标识。

处于蒙昧、野蛮状态的人类对自身所处的世界缺乏正确认识。我们不知道世界是什么，更不知道世界何以如此。智能低下让我们或多或少显得“幼稚”。正因为如此，恩格斯把处于蒙昧阶段的人类称为“人类的童年”[①]。“童年”的人类已经在努力创造文明。例如，“音节清晰的语言的产生是这一时期的主要成就”[②]。那个历史时期的人类总体上是“幼稚”的，对世界的认识和言说都处于低级水平。“童年”之后，人类不断成长，朝着文明的方向不断发展，但这一过程是漫长的、渐进式的、极其复杂的，很难以简单的方式叙述清楚。

① 马克思，恩格斯. 马克思恩格斯文集：第四卷 [M]. 北京：人民出版社，2009：33.
② 马克思，恩格斯. 马克思恩格斯文集：第四卷 [M]. 北京：人民出版社，2009：33.

智能低下的古代人类普遍会通过神话来解释世界的存在。“世界上的几个文明古国，中国、印度、希腊、埃及等，古代都有着丰富的神话，希腊和印度的神话更相当完整地被保存下来。只有中国的神话，原先虽然不能说不丰富，可惜中间经过散失，只剩下一些零星的片段，东一处西一处地分散在古人的著作里，毫无系统条理，不能和希腊各民族的神话媲美，是非常抱憾的。”[①] 古代人类普遍借助神话解释世界，古代中国人也不例外。中华民族的神话没有得到很好留存，但我们拥有神话的历史事实不容置疑。

古代中国神话是中华文明的重要内容。虽然古代中国神话是零散的，但是它们不仅实实在在地存在，而且对中华文化、中华文明的建构和发展产生了深远影响。时至今日，中华文明已经有五千多年发展历史，但古代中国神话并没有随着时间的推移而从中华民族的历史记忆、文化记忆和文明记忆中消失，盘古开天地、后羿射日、精卫填海、女娲补天等古代神话故事依然在当代中华民族中间广泛传播。古代中国神话是中华民族在远古时期创造的中华文明形态，体现古代中国人的智能发展状况，反映古代中国人认知世界和解释世界的独特方式，彰显古代中国人的生存智慧。

盘古是古代中国神话中的男神。他的神话故事叙述了中华民族开辟天和地的伟业。根据这一神话故事，宇宙原本是天地未分的混沌状态，盘古用一把神斧劈开宇宙，使其一分为二，并且用双手和双脚顶天立地，最终精疲力竭而死。这一神话固然具有虚构性，但它展现了中华民族自强不息、勇于开拓、甘于奉献的道德精神。盘古开天辟地的神业是中华民族精神的源头。在中国，

① 袁珂. 中国神话传说 [M]. 北京：北京联合出版公司，2016：10.

无论在哪一个时代，人们都以能够成为开天辟地、顶天立地的人为荣。

女娲是古代中国神话中的女神。相传，她以女性之躯勇敢修补天洞，用黏土造出人类，是中华民族的母神。从女娲身上，我们不仅可以看到巾帼不让须眉的勇敢形象，而且可以看到中国女性母仪天下的大爱品性。女娲位居中国女神之首，诠释了中国女神精神的核心要义，塑造了中国女性精神的原型。她是中国女性学习的榜样。在中华文化中，女性的慈爱、女性的勇敢、女性的自强、女性的伟大、母爱的伟大等历来受到推崇和赞美。

神话通常是通过文学叙事建构的。古希腊神话多见于荷马的《荷马史诗》和赫西奥德的《神谱》中。《荷马史诗》由《伊利亚特》和《奥德赛》两部长篇史诗构成。虽然两部史诗包含不少关于古希腊历史、地理、民俗等方面的内容，但是它们的内容主要是神话。《神谱》则是完全以古希腊神的谱系为主题。它将古希腊人信奉的神划分为原始神（如卡俄斯、盖亚、厄洛斯等）、提坦神族（如天体之神克利俄斯、地母神瑞亚等）、奥林匹斯神族（如天帝宙斯、天后赫拉、太阳神阿波罗、智慧女神雅典娜、酒神狄俄尼索斯等）。中国的《山海经》也是一部以文学体裁写成的神话著作。该著作以山为经、以海为纬来叙述远古中国社会的状况，在内容上涉及天文、地理、历史、气象、生物、医药等主题，但相关论述大都具有神话色彩。《西游记》更是一部以神话为主题的小说。该小说位列中国“四大名著”之中，在20世纪80年代被拍成电视剧后几乎家喻户晓。中国人都知道小说中的如来、观音菩萨、玉皇大帝、王母娘娘、太上老君、孙悟空、猪八戒、沙和尚等是虚构的神，但总是津津有味地观看电视剧《西游记》。之所以如此，这既与中华民族根深蒂固的神话情结有关，也与中华民族崇尚中国传统文化的优良传统有关。中华民族是一个特别尊重传统、维护传统的民族。我们立足当下之时，总是喜欢回顾过往。古装戏在现代中国总是具有广大市场，其根源就在于此。

神话是人类文化的重要形式。它是一定历史阶段的产物。神话不同于宗教。它主要建立在文学想象之上，而不是建立在稳固的宗教信仰基础上。它反映远古时期的人类在智能不够发达的情况下认知和诠释世界存在状况的独特方式。宗教从根本上来说建立在宗教信仰之上，而不是建立在文学想象基础上。它是人类智能达到相当高的水平之后认知和解释世界存在状况的独特方式。大多数神话建构于远古时期，而宗教都是人类进入文明社会之后创造的。从西方来看，基督教直到中世纪初才出现。从中国来看，道教直到东汉时期才形成，佛教也是在汉代才从印度传入。我们不能完全以审视宗教的眼光来看待神话。

神话是有价值的。除了具有文学欣赏价值以外，它还具有不容忽视的道德教化价值。人类创造神话的目的，不仅要借助传奇性的神话故事彰显文学的魅力，而且要利用神话故事讲述和传播重要的道德价值观念。从中国神话来看，盘古、后羿、精卫、女娲、孙悟空等神的身上都承载着某种道德价值观念。例如，盘古身上承载着自强不息、顶天立地等道德价值观念，孙悟空身上承载着勇往直前、伸张正义等道德价值观念。通过阅读和了解中国神话，中华儿女能够受到有益的道德教育。中国神话能够发挥增进中华伦理文明的积极作用。

立足当今现实土壤，我们没有理由否定古代中国神话的价值。那些古代神话至少具有不可否认的历史合理性。它们产生于我们祖先智能比较低下的历史时期，具有那个历史时期的烙印和特征。人类从类人猿进化而来，但我们从来没有在进化成人类之后嘲笑类人猿的存在状况。同理，我们站在当今的语境，也不应嘲笑我们的祖先在古代建构的神话。作为建构古代中国神话的先祖的子孙，嘲笑先祖即嘲笑我们自身。

中华文明可能远远不止五千多年历史。作为中华儿女，我们应该做的是从古代中国神话中追寻自己的文明基因和精神血脉。我们的祖先书写了古代中国的伟大神话，借助它们建构了中华民族伟大精神的雏形。神话时代是中华民族精神的萌芽时期。透过古代中国神话，我们可以确定中华民族的精神原型就是自强不息、厚德载物的道德精神。这也是中华文明的精神源头。自强不息、厚德载物是中华民族的文明基因，是中华民族精神血脉的源头。这一文明基因和精神血脉通过盘古开天地、女娲补天等神话故事得到表达，具有无比强大、无比气派的特质。中华文明就是在中华民族无比强大、无比气派的文明基因和精神血脉基础上生长起来的参天大树。

二、历史叙事中的中华文明

神话是特定历史阶段的产物。当人类智能发展到比较高的水平，虚构神话的合理性就会遭到质疑，人类就会用更有说服力的叙事方式取而代之。神话是远古时代的产物。虽然当代人类仍然对神话怀有浓厚兴趣，但是虚构神话毕竟已经不再是一种时尚。我们之所以依然在传承传播祖先遗留的神话，主要是想将它们作为一种有价值的想象、记忆、历史、提醒、叙事予以保存。无论走得多远，我们都不能忘记走过的路。我们人类从神话中走来，总是怀着神话情结。文明并没有反神话的特性。

神话叙事中的中华文明因其虚构性容易遭到质疑。当这种质疑达到一定程度时，人们就会要求用历史叙事取而代之。与神话叙事不同，历史叙事是关于历史事实的叙述，其根本特征是反对将叙述建立在虚构性之上，主张还原历史的真实性。历史叙事中的中华文明，也可以被称为史记中的中华文明。

人类创造历史，也注重保存历史。得到保存的历史就是历史记忆。相传，中国哲学家老子就是周朝朝廷分管文史的小官吏。早在先秦时期，中国人就已经重视史料的整理和保存。汉武帝建元六年（公元前135年），我国出现第一部纪传体通史——司马迁的《史记》。《史记》是我国史学和文学发展史上的丰碑，被鲁迅先生称为“史家之绝唱，无韵之《离骚》”。

《史记》共有一百三十篇，五十二万多字，讲述了我国从轩辕黄帝到汉武帝太初年间（公元前104—公元前101年）的三千年左右历史。全书由“本纪”“表”“书”“世家”“列传”五个部分构成，其中“本纪”主要讲述帝王和各个王朝的历史，“表”主要讲述各个朝代王侯将相的历史，“书”主要讲述各个王朝典章制度的历史，“世家”主要讲述皇亲国戚的历史及其家族兴衰史，“列传”主要讲述各种具体人物事迹以及周边民族的历史，可谓时间跨度大、主题宏大、内容包罗万象。加上司马迁本人坚决贯彻“究天人之际，通古今之变，成一家之言”的史学思想具有哲学高度，《史记》实质上是一部集史学、文学和哲学于一体的鸿篇巨著。

司马迁以讲述轩辕黄帝的历史作为全书的开头。他在《五帝本纪第一》的开头说：“黄帝者，少典之子，姓公孙，名曰轩辕。生而神灵，弱而能言，幼而徇齐，长而敦敏，成而聪明。”[①] 其意指，轩辕黄帝刚出生就显示出灵异性，几个月就会说话，幼年时思维敏捷，少年时非常勤勉，成年后非常睿智。不过，在讲述轩辕黄帝的时候，司马迁提到了神农氏、蚩尤、炎帝等著名历史人物。显而易见，中华民族的历史和中华文明的源头并不在轩辕黄帝那里，完全可能更早。

神农氏在中国社会广为人知，被尊称为“神农”“神农大帝”“药王”“五谷王”“五谷先帝”。他生活在七千多年前，是一个

---

① 司马迁. 史记：一 [M]. 陈曦，王珏，王晓东，等译. 北京：中华书局，2019：2.

部落的首领，在当时具有很高威望和影响力，深受民众拥戴，每当出现部落冲突时，只要他挺身而出，问题就会迎刃而解。神农氏的威望还建立在他造福百姓的历史事实上。他是中国农业和医药的发明者，遍尝百草，教人农耕和医疗，为百姓带来了巨大福祉。不过，轩辕黄帝当世之时，神农氏已经衰老，其对社会的影响力和控制力已经衰退。司马迁说："轩辕之时，神农氏世衰。诸侯相侵伐，暴虐百姓，而神农氏弗能征。"[①] 神农氏年老力衰，眼看着诸侯互相征伐、残害百姓而无能为力。

神农氏是中国农耕文明和医疗文明的重要开拓者。与其他民族一样，远古时期的中华民族面对的是极其恶劣的生存环境。他们生产力水平低下，不懂农耕、医疗，必须随时应对来自自然界的危险和危害。由于无知，他们一次次犯"食物中毒"的错误。由于不懂医疗、没有医药，他们生病时不知所措。采集、狩猎时，猛兽的袭击随时可能出现，而他们只能舍命相搏。在那样的生存环境下，神农氏的出现当然是福音、福祉，自然能够受到广大百姓的欢迎和拥戴，他所开创的农耕文明和医疗文明当然应该载入中华民族的史册。

神农氏是中华民族敬重的"三皇"之一，轩辕黄帝则是中华民族敬重的"五帝"之一。轩辕黄帝之所以能够位列"五帝"之首，是因为他坚持传承燧人、伏羲、神农"三皇"教人狩猎、占卜、农耕、医疗等形成的中华文明传统，反对诸侯相互侵伐、残暴对待百姓，主张以德服人、以德感人、以德化人。他坚决维护神农氏的权威，打败并感化欺凌其他诸侯的炎帝，擒获并杀死犯

---

① 司马迁. 史记：一 [M]. 陈曦，王珏，王晓东，等译. 北京：中华书局，2019：2.

上作乱的蚩尤，凭借军事实力和道德感召力取代神农氏成为天子，被拥戴为“黄帝”。征服和感化炎帝是轩辕黄帝的重大历史功绩，为他确立自己的重要历史地位起到了加分作用。炎帝被感化后，对轩辕黄帝感恩戴德，紧随其后，成就了彪炳中国史册的伟业。

如果说“三皇”为中华农耕文明、医疗文明等做出了开创性贡献，那么，轩辕黄帝所做的主要历史贡献在于，在“三皇”影响力和控制力衰退的历史关头，为捍卫和传承远古时期的中华文明发挥了承上启下的关键作用。他上承“三皇”尤其是神农氏之志，力保他们开创的中华文明传统于不倒，下启颛顼、帝喾、尧、舜等帝王，使中华民族的文明基因和精神血脉得到赓续，让中华大地摆脱了诸侯相互征伐的混乱局面，将中国远古社会重新引上了文明发展道路。从这种意义上来说，轩辕黄帝是中华文明发展史上举足轻重的人物，理应受到中华儿女万世敬仰。

轩辕黄帝位列“五帝”之首，因德泽天下而闻名于世。黄帝死后，其孙昌意之子高阳继位，称帝为“颛顼”。颛顼帝“静渊以有谋，疏通而知事；养材以任地，载时以象天，以鬼神以制义，治气以教化，洁诚以祭祀”，因此，“动静之物，大小之神，日月所照，莫不砥属”。[①] 这是指，颛顼帝沉稳而有谋略，开明而有智慧；能够因地制宜发挥地力，根据天象运行确定四季，根据神灵旨意规定行为规范，调理阴阳五行教化人民，能够态度虔诚地进行祭祀。因此，只要有鸟兽草木、大小神灵、有日照的地方，人们无不尊敬、归附他。可见，颛顼帝是一个德才兼备的好帝王。

颛顼帝驾崩之后，黄帝的曾孙高辛继位，称帝为“帝喾”。司

---

① 司马迁. 史记：一 [M]. 陈曦，王珏，王晓东，等译. 北京：中华书局，2019：4.

马迁指出："高辛生而神灵，自言其名。普施利物，不于其身。聪以知远，明以察微。顺天之义，知民之急。仁而威，惠而信，修身而天下服。"[①] 帝喾出生时就非常神奇灵异，自己说出了自己的名字；他对百姓广施恩泽而不顾自身利益，聪明睿智能了解远方事情，能够明察秋毫；他遵循自然规律，了解百姓疾苦；他具有仁德和威望，造福于人，讲信用，注重修身，因而天下人都服从于他。帝喾也是一位德才兼备的好帝王。

帝喾死后，挚帝继位，但其执政不力。挚帝死后，尧帝继位。"其仁如天，其知如神。就之如日，望之如云。富而不骄，贵而不舒。"[②] 其意指，尧帝的仁德犹如覆盖大地的苍天，其智慧犹如无所不晓的神明，百姓像万物向阳一样依附他，像大旱望云一样期盼他；他富有而不骄奢，尊贵而不放纵。最重要的是，尧帝"能明驯德，以亲九族。九族既睦，便章百姓。百姓昭明，合和万国"[③]。尧帝具有顺天应人的美德，能够先使自己的九族亲善；引导九族亲善之后，他就用规章制度治理百姓；引导百姓能够遵循规章制度之后，他又致力于促进天下各国之间和睦相处。众所周知，尧帝是一位贤能的帝王。

尧帝年老时，不以亲疏任用人才，选择舜作为接班人，但对舜进行了长期考察和试用。《史记》记载："舜年二十以孝闻，年三十尧举之，年五十摄行天子事，年五十八尧崩，年六十一代尧践帝位。践帝位三十九年，南巡狩，崩于苍梧之野。"[④] 舜帝注重自身道德修养，弘扬政德，凡事亲力亲为，深得百姓敬重。用司马

① 司马迁. 史记：一 [M]. 陈曦，王珏，王晓东，等译. 北京：中华书局，2019：4.
② 司马迁. 史记：一 [M]. 陈曦，王珏，王晓东，等译. 北京：中华书局，2019：6.
③ 司马迁. 史记：一 [M]. 陈曦，王珏，王晓东，等译. 北京：中华书局，2019：6.
④ 司马迁. 史记：一 [M]. 陈曦，王珏，王晓东，等译. 北京：中华书局，2019：18.

迁的话来说，就是“天下明德皆自虞帝始”，“四海之内咸戴帝舜之功”。[1]舜帝还留下了任用大禹治理黄河水患的经典故事。大禹勤劳敏捷，从不违背道德规范，仁爱可亲，为人诚实，居外治水13年，三过家门而不入，深得舜帝信赖。

据《史记》记载，三皇五帝时期，我国民风淳朴、政治清明、贤能君王前赴后继，是中华文明发展史上极其耀眼、光辉的一页，给中华儿女留下了美好的历史记忆。在那个时代，从政者普遍讲政德、崇仁政、惠百姓，不谋私，不专权，以清正廉洁为荣，想百姓所想，急百姓所急；百姓自强、勤劳、勇敢，拥戴贤能君王，积极参与政治生活，服从贤能君王的领导；整个社会弥漫着强烈的贤能政治、民主政治氛围，百姓安居乐业。

与古希腊人一样，三皇五帝时期的中国人对政治怀有强烈的敬畏，把政治生活视为一种具有内在善性的生活方式，要求从政者在从政过程中向善、求善、行善。在他们眼里，原始部落和诸侯国都是以追求善为根本宗旨的政治共同体，在这样的政治共同体中，君王与百姓休戚相关、相互善待、命运与共，因而能够形成比较好的政治文化。孔子正是从这种意义上指出：“政者，正也。”[2]“政治”是正直、公正、正气、清正廉明的象征。

中华民族具有十分悠久而光荣的发展历史。神农氏教人农耕和医疗，开启中华农耕文明、医疗文明；伏羲观天象、悟地理，参透阴阳之道，创造八卦，开启中华哲学文明；轩辕黄帝上承“三皇”之志，下启“五帝”之德，开启中华民族以德治国的行政传统；秦始皇结束诸侯争霸，统一中华，增强了中华民族的命运

① 司马迁. 史记：一[M]. 陈曦，王珏，王晓东，等译. 北京：中华书局，2019：18.
② 论语 大学 中庸[M]. 陈晓芬，徐儒宗，译注. 北京：中华书局，2015：145.

共同体意识；汉武帝雄才大略，派张骞出使西域，开启联通亚欧的丝绸之路；玄奘赴天竺求取佛经，将佛教引入中华文化体系，开启儒、道、佛在中国交相辉映、相得益彰的历史图景；孙中山领导辛亥革命，倡导“三民主义”，推翻统治中国几千年的封建帝制，开启中华民族奋发图强的新历史；中国共产党在国家蒙难、人民蒙羞、文明蒙尘的历史关头横空出世，坚持马克思主义指导思想，夺取新民主主义革命胜利，成立中华人民共和国，推进社会主义革命和建设，进行改革开放和社会主义现代化建设，奋力建设中国特色社会主义，使中华民族空前接近伟大复兴的价值目标。这一切的一切，都被写进了中国的历史、中华民族的历史、中华文明的历史，都是我们应该刻写的历史记忆。

史记中的中华文明是史学家书写的中华文明史。它将客观性和主观性融为一体，既具有强烈的客观性，也包含浓烈的主观性。史学家试图将中华文明不断演进的历史客观地叙述出来，但他们又总是自觉或不自觉地将自己的主观认识和判断投射于其中。司马迁胸怀“究天人之际，通古今之变，成一家之言”的志向，书写了《史记》这一鸿篇巨著，但著作兼有客观性和主观性的特点跃然纸上。例如，在叙述秦始皇统一中国的历史时，司马迁高度评价了他实现华夏统一的丰功伟绩，又依据个人认识对他进行了评价。在司马迁看来，“秦并海内，兼诸侯，南面称帝，以养四海，天下之士斐然乡风，若是者何也？曰：近古之无王者久矣”[①]。其意指，秦始皇平定四海，兼并各个诸侯国，南面称帝，蓄养百姓，天下人士竞相支持，这是因为华夏大地长期诸侯争霸，百姓

---

① 司马迁. 史记：一[M]. 陈曦，王珏，王晓东，等译. 北京：中华书局，2019：194.

因为没有帝王统治受苦太久。与此同时，司马迁也对秦始皇的人品作出了自己的评价。他说："秦王怀贪鄙之心，行自奋之智，不信功臣，不亲士民，废王道，立私权，焚文书而酷刑法，先诈力而后仁义，以暴虐为天下始。"[①]司马迁对秦始皇的个人评价不是完全没有道理，但显然存在谴责过度的问题。在我们看来，秦始皇具有不同于常人的卓越政治智慧，具有维护中国历史统一性、中国国土统一性和中华民族统一性的坚定理想，具有使用天下英才的胆略，具有经略大国的才华，否则，他不可能完成统一中国这一艰巨事业。殊不知，春秋战国时期，诸侯争霸，战乱不止，社会分裂，礼崩乐坏，民不聊生，没有贤能人士出现，国家统一和民族统一无从谈起。秦始皇统一中国，对于维护中国的统一性、中华文化的统一性和中华文明的统一性发挥了不容否定的重要历史作用。

除了《史记》以外，我国还有《汉书》《资治通鉴》等以历史叙事为主题的著作。这些史论著作是中国历史、中华文化、中华文明的重要载体。研究史记中的中华文明让我们明白一个道理，"文明"是一个外延特别宽广、内涵特别丰富的概念。文明并非专指好的东西。它也指历史上形成的糟粕。中华文明就是一个兼有精华和糟粕的统一体。秦始皇统一中国，使中华文明的价值统一性得到了维护，应该予以高度肯定，但他不懂国家治理和社会建设，将征伐诸侯国的战略和方法简单地移植到国家治理领域，混淆"创业"和"守业"，因而在国家治理方面犯了严重错误。司马迁说："借使秦王计上世之事，并殷周之迹，以制御其政，后虽有

① 司马迁. 史记：一 [M]. 陈曦，王珏，王晓东，等译. 北京：中华书局，2019：194.

淫骄之主而未有倾危之患也。”[①] 历史地看，秦始皇具有创建万世伟业的理想，但他只懂创业，不懂守业；只懂创业难，不懂守业更难。这是他没有成就万世伟业的根本原因。立足当代，反观历史，我们既应该为源远流长、博大精深的中华文明感到自信，也应该看到中华文明内含的诸多消极因素。以史为镜，以史为鉴，这是我们了解和研究中华文明应有的正确态度。

① 司马迁. 史记：一[M]. 陈曦，王珏，王晓东，等译. 北京：中华书局，2019：194.

三、哲学叙事中的中华文明

哲学的诞生是人类文明发展史上具有里程碑意义的重大事件。自然界没有哲学，不依赖哲学而进化。人类也不是在踏上地球的第一天就拥有了哲学。哲学是人类社会发展到一定历史阶段的产物。在没有哲学的历史时期，人类对世界、人自身以及人与世界的关系缺乏深刻认识，甚至很少思考这些问题，因而在智能上处于低级水平。拥有哲学之后，人类开启了智慧之门，开始以哲学的眼光审视世界、自我以及自我与世界的关系，生存意识和生存状况发生根本性变化。一言以蔽之，人类活得更像人了。

哲学诞生于公元前七世纪前后，即德国哲学家雅斯贝斯所说的“轴心时代”。在“轴心时代”，中国产生了先秦哲学，老子、孔子、墨子、韩非子等一大批哲学家登上历史舞台，构成了中华文明发展史上极其耀眼的图景。在西方，古希腊哲学也应运而生，泰勒斯、赫拉克利特、巴门尼德、苏格拉底、柏拉图、亚里士多德等哲学家纷纷出场，为古希腊文明发展做出杰出贡献。

哲学是人类认识世界、解释世界和叙述世界的高级方式。它既不同于以虚构性为基础的神话叙事，也不同于以历史真实性为基础的历史叙事。它是人类智能达到很高水平的产物，体现人类拥有卓越智慧的事实。真正意义上的哲学不是爱智慧的学问，而是智慧之学。爱智慧的人不一定能够成为哲学家，只有那些拥有高超智慧的人才能配享哲学家的身份和名号。哲学叙事聚焦于世界存在的大本大原问题，如世界的本原是什么、世界的本质是什么、世界的根本特性是什么、世界是怎样运行的、世界与人的关系是怎样的等等，因此，哲学叙事是人类所能拥有的最宏大的叙事。

中国是世界哲学的重要发祥地，也是世界哲学的发展重镇。老子、孔子等先秦哲学家对中国社会、中华民族和中华文明发展的影响广泛而深刻。他们不仅拉开了中国哲学发展的序幕，而且为传承发展中华民族的文明基因和精神血脉做出了杰出贡献。中华民族的文明基因和精神血脉早在五千多年前就已经形成，但它们只是零散地分布在中华儿女身上，并没有凝聚成一种民族性的、集体性的形态。三皇五帝注重修炼自身的精神品质，尤其是自身的道德品质，也重视化育百姓的文明意识、道德观念，但他们的所思所想、所作所为毕竟没有达到哲学自觉的高度。他们是贤能君王，但不是具有高超智慧的哲学家。他们具有丰富而深刻的思想，也拥有实践智慧，但他们没有将它们升华为哲学思想和哲学智慧。他们缺乏哲学家施展哲学思维的高度自觉，更缺乏将哲学思维系统化、理论化的能力。他们德高望重、社会实践能力很强，也重视用自己的德性和德行引导百姓，但他们不懂得如何指引国家、民族的整体发展方向。由于这些原因，一旦出现贤能君王缺位的情形，中国社会就会陷人动荡不安。春秋战国时期的诸侯争霸，与其说是各诸侯国争夺军事霸权和政治霸权的战乱，不如说是中华民族缺乏国家统一意识、民族共同体观念而导致的内战。

老子、孔子等先秦哲学家的出现，不仅催生了中国哲学，而且为提升中华民族的精神品质和传承发展中华文明提供了新方式、新方法、新路径。

先秦哲学对传承发展中华文明所做的贡献至少有五个主要方面。

第一，从根本上提升了中华民族的思维方式。哲学首先是一种思维方式。没有哲学思维引导的人类社会只能在盲目中发展。我国很早就有神话、占卜、舞蹈、音乐等文化形态，这些文化形态对锤炼和提升人们的思维方式能够起到一定的作用，但它们的作用是有限的。神话能够推动人们思考世界的起源、本质以及人的来源、本性等深刻问题，有助于提高人们的想象思维，但它既不能给这些问题提供有说服力的解答，也不能引导人们对世界形成宏观、整体的认识和把握。占卜能够起到一定的预测作用，但不能对世界发展、社会发展、文明进步和个人命运提供绝对可靠的断言。舞蹈和音乐能够陶冶人们的情操，甚至能够将人们引入忘我的境界，但不能为人们认知世界和自身提供强有力的理性支持。先秦哲学的产生，标志着中华民族开始从理性思维的高度认识、理解和把握世界、自身的存在，标志着中华民族在思维方式上的一次革命性飞跃。

第二，从根本上提升了中华民族的认知能力。哲学是一种认知能力。人类可以从感性的层面认知世界，也可以从理性的层面认知世界。前者让人看到世界的现象性，后者让人看到世界的规律性。先秦哲学出现之前，中华民族主要生活在现象世界里，眼里主要是眼花缭乱的现象，很难洞察现象背后的规律性。老子、孔子等先秦哲学家诞生以后，“道”这一哲学概念应运而生，天之道、人之道、圣人之道、君子之道等概念相继提出，中华民族开始认识到现象背后存在玄奥之道的事实，使求道、悟道、知道成为中华民族生活的重要内容。先秦哲学引导着中华民族从现象走向本质、从表面走向内在、从肤浅走向深刻，从而在认知能力上发生了根本性转变。先秦哲学使中华民族形成了哲学认知能力。自从有了先秦哲学，中华民族开始借助道家哲学、儒家哲学、墨家哲学、法家哲学等哲学理论认知世界，其对世界的认知广度和深度都发生了质变。

第三，从根本上提升了中华民族的思想观念。哲学是一种思想观念。没有哲学的中华民族在思想观念上是零散的、非系统的、经验的。神农氏探索农耕技术，遍尝百草，教人们农耕和医疗，但这种教育的范围和成效性都是有限的。神农氏死后，农耕和医疗得到了传播，但它们带给人们的主要是物质财富和身体健康，并不能从根本上提高人们的思想认识。人们从事着农耕活动和医疗活动，但并不知道它们对于人类的根本意义，更不知道自己为什么活着。老子、孔子等先秦哲学家出现之后，中华民族在他们的哲学思想的引导下，不仅生活着，而且开始思考自己为什么会来到世界上、自己生存的意义是什么、人之为人的根本是什么、人与人之间的关系应该是怎样的、人与非人类的存在者之间的关系应该是怎样的、人为什么要建立国家、人为什么要发明政治、人为什么要讲道德、人为什么要言语得体、人为什么要兼顾他人的利益等深层次问题。关于这些问题，老子的《道德经》、孔子的《论语》等哲学著作都提供了富有哲理的解答。通过学习这些哲学著作，人们就会形成上善若水、道法自然、君子务本、为政以德等思想观念。

第四，从根本上提升了中华民族的话语体系。哲学是一种话语体系。先秦哲学出现之前，中华民族使用的主要是日常话语、农耕话语、医疗话语、占卜话语、艺术话语，这些话语的主要功用是帮助人们进行日常和工作交流，具有很强的语境性特征。老子、孔子等先秦哲学家所使用的哲学话语则具有超越语境的鲜明特点。他们借助道、天之道、人之道、自然、善、恶、仁、义、理、智、信等一般性概念以及圣人处无为之事、有无相生、智者不惑、中庸之为德等哲学论断，表达中华民族的思想、情感，从而使中华民族的话语体系具有了哲学特征。哲学话语体系的形成，标志着中华民族在话语创新方面取得重大进展，标志着中华文明取得重大突破。先秦以降，哲学话语在中华民族的话语体系中所占据的地位不断提升，并且将中国社会变成了哲学型社会。自强不息、厚德载物、自知者明、知止不殆、仁者爱人、浩然之气等哲学话语是在中国社会最有影响的话语。

第五，从根本上提升了中华民族的行为风范。哲学是理论智慧，也是实践智慧。真正的哲学一定会关注和研究人的行为。马克思说："全部社会生活在本质上是实践的。"[①] 不过，实践不是盲目的行动，而是遵循规范的行动。哲学不仅能够引导人们形成正确的思想理念、价值观念和理想信念，而且能够引导人们遵循社会规范，从而引导人们形成优良的行为风范。先秦哲学区分为道家、儒家、墨家、法家等诸多流派，各个流派的哲学思想并不相同，但它们都指向一个共同目的，即为人们提供行为指南。道家哲学的核心观点是倡导道法自然，呼吁人们遵循自然之道，自在、自然、自由地生活，不做作，不伪善，修炼真道德，为而不争，

① 马克思，恩格斯. 马克思恩格斯文集：第一卷 [M]. 北京：人民出版社，2009：501.

做道德上的真人。儒家哲学的核心观点是倡导积极作为，呼吁人们担当人之为人应尽的各种责任，自立、自强、自信地生活，修身、齐家、治国、平天下，为促进社会发展、文明进步做出积极贡献。墨家哲学的核心观点是倡导兼相爱、交相利，呼吁人们相互关心、相互关爱、相互帮助，反对人与人之间相互仇恨、相互敌对、相互冲突。先秦哲学诸流派都致力于引导人们的行为，都致力于为人们提供普遍有效的行为规范，对提升中华民族的行为风范发挥了不容忽视的作用。

中国哲学在先秦开启之后不断发展，形成了具有自身特色的学科体系、学术体系和话语体系，在世界哲学中占据着极其重要的地位，为建构和发展中华文明做出了重要贡献。哲学是中华文明的精华，对中华民族的思维方式、思想理念、价值观念、理想信念和行为模式具有广泛而深刻的影响。中国社会一直是哲学型社会，几乎每一个人都以成为哲学家为荣。在中国，人们可以没有宗教信仰，但不能没有哲学思想。哲学智慧在中国社会受到广泛推崇。在中国人眼里，只有哲学智慧才能引导个人过上幸福生活，也只有哲学才能将整个人类引上行稳致远的轨道。

四、危机叙事中的中华文明

危机是事物的一种非正常状态，意指事物对自身发展的正常轨道的偏离。自然界按照自然规律演进，这是它的正常状态。如果自然界因为遭到人为破坏而不能正常地按照自然规律演进，这就是自然危机或生态危机。人类社会按照社会规律发展，这是它的正常状态。如果人类社会因为某种原因（如世界大战）而不能正常地按照社会规律发展，这就是社会危机。危机叙事就是关于各种危机状态的叙述。

中华文明诞生于五千多年前，尔后在历史长河中经历大浪淘沙的发展，其间遭遇过挑战、阻力、困难和挫折，但总体上展现了突出的连续性、创新性、统一性、包容性、和平性等特征。中华文明是世界上唯一一种没有出现断裂的文明形态，能够不断自我创新，能够不断整合为一个整体，能够不断吸收其他文明形态的积极成果，能够不断与其他文明形态和平相处，从而不断展现出自身作为伟大文明的气象、气势、气质。

中华文明具有旺盛生命力。它的旺盛生命力具有两个来源，一个是内部，另一个是外部。

从内部来说，中华文明不仅具有非常有效的平衡机制，而且具有稳定的传承传播机制。在中华文明内部，道家、儒家、佛家等主要思想流派总是保持着既相互争鸣又相互尊重的关系，共同影响和引导着中华民族的生活和生存。各种不同思想流派以和而不同的方式共存，对中华文明发展起到了稳定器的重要作用。另外，中华民族恐怕是世界上最尊重传统、最讲究历史、最强调记忆、最捍卫过去的民族。我们总是把传统、历史、记忆和过去作为当下和未来的参照。老子说："执古之道，以御今之有。"① 古人所掌握的道理，能够启发后世的人为人处世。最尊重传统、最讲究历史、最强调记忆、最捍卫过去的民族特点对中华文明的传承发展也起到了维稳的作用。

从外部来说，中华文明总是对异质文明形态抱持开放的态度。中华民族深知有容乃大的道理，所以从来不拒绝文化和文明的交流、互鉴和融合。习近平说："中华文明是在同其他文明不断交流互鉴中形成的开放体系。"② 一方面，中华文明一直坚持从其他文明中汲取积极成果；另一方面，中华文明也总是将自己的积极成果传播出去。佛教从印度传入我国以后，我国人民就汲取了它勉励人们向善、求善、行善的教义。鉴真在唐代东游日本，在日本传播中华文化和中华文明，被尊称为日本律宗初祖。

中华文明在朝代更替中发展。虽然它总体上展现为平稳发展的过程，但是也曾遭遇过深重的危机。鸦片战争以后，在外国列强的轮番侵略下，中华民族陷入了国家蒙难、人民蒙辱、文明蒙

① 老子 [M]. 饶尚宽，译注. 北京：中华书局，2006：34.
② 习近平关于社会主义精神文明建设论述摘编 [M]. 北京：中央文献出版社，2022：228.

尘的危局。外国列强占我国土，掠夺我资源，凌辱我人民，破坏我文明，致使中华民族遭受前所未有的历史大劫难。尤其是，外国列强试图通过消灭中华文化的方式破坏中华文明。它们在疯狂进行军事侵略、经济渗透的同时，大肆推进文化入侵，强迫中华民族接受西方价值观念和生活方式，引诱中华民族学习西方语言。在此大背景下，中华文明受到严峻挑战，遭受严重危险，面临难以为继的危机。

中华民族在重大危机面前觉醒。一批批中华儿女为挽救国家、人民和中华文明作出了艰苦努力。太平天国运动、戊戌变法运动、义和团运动、辛亥革命接连而起，仁人志士也提出了各种各样的救亡图存方案，但最终都以失败而告终。辛亥革命推翻了中国封建帝制，但没有将陷入苦难和危机的国家、人民和中华文明完全拯救出来。在那样一种万分危急的历史关头，马克思主义传到了中华大地，一批接受马克思主义思想的先进人士创建了中国共产党。习近平说："中国产生了共产党，这是开天辟地的大事变，深刻改变了近代以后中华民族发展的方向和进程，深刻改变了中国人民和中华民族的前途和命运，深刻改变了世界发展的趋势和格局。"①

马克思主义的传入和中国共产党的诞生，不仅深刻影响了中华文明的发展进程，而且深刻影响了人类文明的发展格局。马克思主义对中华文化发挥了强有力的改造作用。在马克思主义传入中国之前，我国的仁人志士主要依靠中华优秀传统文化来拯救国家、人民和中华文明，但事实证明这是一条走不通的道路。中华

① 习近平. 在庆祝中国共产党成立100周年大会上的讲话[M]. 北京：人民出版社，2021：3.

优秀传统文化尤其是儒家伦理思想有助于推动仁人志士为救亡图存杀身成仁，但无法提供从根本上解救国家、人民和中华文明的有效方案。只有马克思主义和以其作为指导思想的中国共产党才能将国家、人民和中华文明从危机之中拯救出来。

中国共产党团结带领中国人民发动的新民主主义革命对挽救国家、人民和中华文明起到了关键作用。坚持马克思主义同中国具体实际相结合，中国共产党领导中国人民，团结一切可以团结的力量，推翻了帝国主义、封建主义、官僚主义三座大山，将国家、人民和中华文明从近代危局中拯救出来，重新实现国家独立、民族独立、文明独立，谱写了重新站起来的历史故事。

新民主主义革命拯救了中国，拯救了中国人民，拯救了中华文明。中国、中国人民和中华文明的命运紧密相连，彼此是相辅相成的关系。没有独立自主、繁荣昌盛的中国，就没有中国人民和中华文明；没有独立自主、发展壮大的中国人民，就没有中国和中华文明；没有独立自主、赓续不断的中华文明，就没有中国和中国人民。中华文明是中国的根本，是中国人民的根和魂。中国共产党领导的新民主主义革命，是中国历史上的重大事件，是中华民族发展史的重大事件，是中华文明发展史的重大事件，应该被一代代中华儿女铭刻在历史记忆之中。

五、现代化叙事中的中华文明

“现代化”是人类社会的一个现代发展阶段，一般意指人类社会从传统性向现代性转变的必经阶段。每个民族所走的现代化道路不尽相同。中华民族的现代化，就是中国式现代化。习近平说：“中国式现代化，是中国共产党领导的社会主义现代化，既有各国现代化的共同特征，更有基于自己国情的中国特色。”[①] 历史地看，中华人民共和国的成立，既标志着新中国的诞生，也标志着中国式现代化的开始。中国共产党领导中国人民建立中华人民共和国，其根本目的就是要建设一个繁荣富强的社会主义现代化国家。

新民主主义革命的最伟大成果是缔造了中华人民共和国。中华人民共和国建立在帝国主义、封建主义和官僚主义的废墟上，是一个崭新的社会主义国家，因而被中国人称为“新中国”。新中国的成立标志着我国进入社会主义发展阶段，社会主义建设成为我国经济社会发展的主旋律。

---

① 习近平. 高举中国特色社会主义伟大旗帜 为全面建设社会主义现代化国家而团结奋斗：在中国共产党第二十次全国代表大会上的报告 [M]. 北京：人民出版社，2022：22.

对于中华民族来说，现代化叙事中的中华文明就是社会主义文明。中华人民共和国于1949年10月1日成立，这一重大历史事件不仅标志着中华民族在政治上实现完全独立，而且标志着中华文明的发展进入新阶段。在这一新的历史阶段，中华民族的总体任务是建设社会主义文明，但由于中华人民共和国本身是在曲折中发展，社会主义文明的建设历程也具有曲折性。

社会主义文明是中华文明演进发展的最新成果。苏联已经在创造社会主义文明方面提供了前车之鉴，但它对于中华民族来说毕竟是前所未有的新事业。新中国成立后，我国进入社会主义发展阶段，创建社会主义文明被提上紧迫日程，但由于整个国家处于百废待兴阶段，各种挑战此起彼伏，中华民族创建社会主义文明的过程呈现为一个困难重重、波澜壮阔、跌宕起伏的历史进程。

在社会主义革命和建设时期，中华民族既要面对在我国延续了几千年的封建制度以及帝国主义、霸权主义的颠覆破坏和武装挑衅，又要确立社会主义基本制度、推进社会主义建设、进行中华民族有史以来最广泛最深刻的社会变革。为了解决前一个问题，中华民族必须具有坚定而强大的斗争精神，敢于与国内外反动势力作坚决斗争。这种斗争形势严峻，其激烈程度不亚于中华民族在新民主主义革命时期的革命斗争，所以被称为“社会主义革命”。为了解决后一个问题，中华民族必须展现强大的建设智慧和能力。

毛泽东在中共七届三中全会上的报告中对新中国成立之后的斗争形势作了深刻分析。他指出，“七届二中全会以来，我们党领导的新民主主义革命在全国范围内取得了胜利，成立了中华人民共和国。这是一个伟大的胜利，是中国从古未有的大胜利”，但

“在伟大胜利的形势下，我们面前还有很复杂的斗争，还有许多困难”。[①] 从国内来说，战争已经在大陆基本结束，但台湾和西藏没有解放，国民党反动派在大陆通过土匪游击战、特务活动、间谍活动以及煽动落后分子、离间各民族、散布谣言等方式，破坏中国共产党与人民政府的威信，破坏中国共产党与各民主党派之间的合作，破坏社会主义建设。毛泽东将所有这些破坏活动称为“反革命活动”[②]，并且号召广大人民群众深入开展革命斗争。

社会主义革命斗争形势复杂，但刚刚夺取新民主主义革命胜利的中国共产党与其领导的中国人民保持着高昂的革命斗志。毛泽东对夺取社会主义革命胜利充满信心。他说：“我们当前总的方针是什么呢？就是肃清国民党残余、特务、土匪，推翻地主阶级，解放台湾、西藏，跟帝国主义斗争到底。”[③] 毛泽东特别重视斗争策略。他说：“我们不要四面出击。四面出击，全国紧张，很不好。我们绝不可树敌太多，必须在一个方面有所让步，有所缓和，集中力量向另一方面进攻。我们一定要做好工作，使工人、农民、小手工业者都拥护我们，使民族资产阶级和知识分子中的绝大多数人不反对我们。这样一来，国民党残余、特务、土匪就孤立了，地主阶级就孤立了，台湾、西藏的反动派就孤立了，帝国主义在我国人民中间就孤立了。”[④]

社会主义革命和建设时期是中国共产党团结带领中国人民推进社会主义文明建设的起步阶段，其核心工作是净化社会风气，形成有利于社会主义革命和建设的文化环境和文明价值体系。

---

① 毛泽东. 毛泽东文集：第六卷 [M]. 北京：人民出版社，1999：73.
② 毛泽东. 毛泽东文集：第六卷 [M]. 北京：人民出版社，1999：68.
③ 毛泽东. 毛泽东文集：第六卷 [M]. 北京：人民出版社，1999：74.
④ 毛泽东. 毛泽东文集：第六卷 [M]. 北京：人民出版社，1999：75—76.

1951—1952 年，党中央在全国范围内开展了“三反”和“五反”运动。“三反”就是反贪污、反浪费和反官僚主义。“五反”就是反行贿、反偷税漏税、反盗骗国家财产、反偷工减料和反盗窃经济情报。“三反”和“五反”运动是中国共产党在社会主义革命和建设时期为创建社会主义文明采取的重大举措。

“革命”与“建设”复杂交织的社会背景对社会主义文明建设的早期工作有着深刻影响。中华民族在社会主义革命和建设时期创造的社会主义文明兼有革命性和和平性特征。一方面，新民主主义革命时期的革命思想观念和革命实践经验被沿袭了下来，处于起步阶段的社会主义文明充满着革命斗争的气息；另一方面，新中国成立，中华民族站了起来，中国人民开始当家作主，和平和发展成为中国社会生活的最重要主题，社会主义文明增添了大量新内容、新形式。不过，总体来看，中华民族在社会主义革命和建设时期创造的社会主义文明处于始发阶段，其内容和形式都处于孕育状态，显得有些稚嫩，同时又散发出勃勃生机。

中华民族在社会主义革命和建设阶段经历了计划经济的阵痛之后，迈入了改革开放和社会主义现代化建设时期。在“改革”和“开放”这两部引擎的强有力驱动下，中国人民参与社会主义建设的愿望、热情、智慧和能力被最大限度地激发出来，整个中国社会开始呈现出前所未有的活力。在此背景下，社会主义文明展现出极强的开放性、包容性，但面对的新问题、新挑战也异常繁多、复杂。

日益深化的社会变革对社会主义中国的经济结构、政治结构、社会结构和文化结构产生巨大冲击，尤其是对中国人民的思想理念、价值观念和理想信念施加了深刻影响。从计划经济体制向市场经济体制的转变，既激发了中国人民的创造智慧和创造能力，也搅动了不少人追求功名利禄的欲望；既增强了中国人民的存在感、获得感和幸福感，也将不少领域变成了“名利场”；既提高了中国人民维护自由权利的意识，也在不少人中间滋长了个人主义、利己主义等风气。改革是一把双刃剑。它冲击了传统、改变了传统，也引发了诸多新问题、新挑战。

持久开放不仅影响中国人民审视世界的视角、眼光，而且影响中国人民的思维方式、思想理念、价值观念和理想信念。国门打开，有些人更多地看到外国文化尤其是西方资本主义文化的不合理性和局限性，因而进一步增强了对中华文化和中华文明的热爱和敬重，另一些人仅仅看到它的合理性和优越性，因而滋生了崇洋媚外的西化主义倾向。开放也是一把双刃剑。它扩大了中国人民的视野、眼界，也使不少中国人在接触外国文化特别是西方资本主义文化的过程中迷失了自我，丧失了中华文化立场，丢失了中华文明自信。

在改革开放和社会主义现代化建设时期，中华文明经受了严峻考验，其主要表现是中华优秀传统文化受到巨大冲击，西方资本主义文化在中国大行其道。面对这种局面，邓小平早在改革开放之初就指出：“现在有些青年，有些干部子女，甚至有些干部本人，为了出国，为了搞钱，违法乱纪，走私受贿，投机倒把，不惜丧失人格，丧失国格，丧失民族自尊心，这是非常可耻的。”① 20 世纪 80 年代，中国社会在改革开放的驱动下展现了前所未有的生机和活力，也出现了比较严重的精神问题。有些人通

① 毛泽东邓小平江泽民论社会主义道德建设 [M]. 北京：学习出版社，2001：2.

过各种渠道，向中国社会输入了黄色、下流、淫秽、丑恶的照片、影片、书籍；有些人公开贩卖西方资本主义国家的价值观念；有些人肆无忌惮地质疑、否定中华优秀传统文化；有些人以腐化堕落为荣，道德败坏、精神迷失成为社会突出问题。针对这种情况，邓小平强调："我们要建设的社会主义国家，不但要有高度的物质文明，而且要有高度的精神文明。所谓精神文明，不但是指教育、科学、文化（这是完全必要的），而且是指共产主义的思想、理想、信念、道德、纪律，革命的立场和原则，人与人的同志式关系，等等。"① 邓小平同志是在 1980 年 12 月 25 日《贯彻调整方针，保证安定团结》的讲话中作出这番论述的，其核心要义是强调社会主义物质文明与精神文明应该同时推进。

要求同时推进社会主义物质文明和精神文明建设是邓小平理论的重要内容。基于对新民主主义革命、改革开放和社会主义现代化建设的经验教训的历史反思，邓小平洞察了社会主义物质文明与精神文明之间的辩证关系，反复强调两者并驾齐驱的必要性和重要性，认为两者齐头并进恰恰体现了社会主义的优越性。他说："不加强精神文明的建设，物质文明的建设也要受破坏，走弯路。光靠物质条件，我们的革命和建设都不可能胜利。"②

江泽民也强调社会主义物质文明与精神文明共同进步的必要性和重要性。他指出："社会主义的优越性，不仅表现在它能够极大地解放和发展社会生产力，创造出高度的物质文明，而且表现在它能够消除资本主义和其他剥削制度所必然产生的种种贪婪和腐败现象，创造出高度的精神文明，保证社会的全面进步。坚

① 毛泽东邓小平江泽民论社会主义道德建设 [M]. 北京：学习出版社，2001：3.
② 毛泽东邓小平江泽民论社会主义道德建设 [M]. 北京：学习出版社，2001：4.

持两个文明全面发展，坚持两手抓和两手都要硬，这是邓小平同志总结改革和建设的经验得出的一个具有长远指导意义的重要结论。两个文明建设缺少任何一个方面，都不成其为有中国特色的社会主义。”[①] 邓小平和江泽民坚持马克思主义的唯物辩证法立场，都把社会主义精神文明建设置于突出的地位，并且强调社会主义物质文明与精神文明之间的相互依赖性、相互影响性和相互转化性。

胡锦涛不仅从微观层面关注社会主义精神文明建设问题，而且从宏观层面重视整个中华文明的传承发展问题。一方面，他对社会主义精神文明作出了更加宽泛的界定；另一方面，他把社会主义精神文明置于中华文明的宏大体系中来加以审视。他说：“建设中国特色社会主义，是以经济建设为中心，社会主义物质文明、政治文明和精神文明全面发展、全面进步的事业。物质文明、政治文明和精神文明都是社会文明的重要方面。缺少其中任何一个方面，社会都不可能健康地向前发展。”[②] 胡锦涛还高度重视生态文明建设。他强调：“实施可持续发展战略，促进人与自然的和谐，实现经济发展和人口、资源、环境相协调，坚持走生产发展、生活富裕、生态良好的文明发展道路，这既是全面建设小康社会的必然要求，也是贯彻落实科学发展观的重要实践。”[③] 除此以外，胡锦涛还揭示了中华文明的历史悠久性和连续性。他说：“中华文明是世界古代文明中始终没有中断、连续五千多年发展至今的文明。

① 毛泽东邓小平江泽民论社会主义道德建设 [M]. 北京：学习出版社，2001：8.

② 胡锦涛. 科学发展观重要论述摘编 [M]. 北京：中央文献出版社，党建读物出版社，2008：32.

③ 胡锦涛. 科学发展观重要论述摘编 [M]. 北京：中央文献出版社，党建读物出版社，2008：38.

中华民族在漫长历史发展中形成的独具特色的文化传统，深深影响了古代中国，也深深影响着当代中国。”①

在改革开放和社会主义现代化建设时期，党中央主要领导人的中华文明观有显著拓展，这说明中国共产党对社会主义文明的认知、理解和把握出现了巨大变化。波澜壮阔的改革开放和社会主义现代化建设对中国社会的影响是广泛而深刻的，它们对当代中华民族的思维方式、思想理念、价值观念和理想信念产生了不容忽视的影响。仅从当代中华民族的文明观念来看，它们的影响就显而易见。在改革开放和社会主义现代化建设的推动下，当代中华民族不再将社会主义文明仅仅归结为物质文明和精神文明两个方面，而是开始从更加高远、更加全面、更加系统的层面来认识和界定中华文明，将中华文明的外延和内涵扩展到涵盖物质文明、政治文明、精神文明、生态文明等诸多文明形态的程度，这标志着中华民族在文明观方面取得新的重大进展。

党的十八大以后，中国特色社会主义进入新时代，中华文明发展也进入新时代。“中国特色社会主义新时代是我国发展新的历史方位。”② 这一历史方位是我们审视、理解和把握现代化叙事中的中华文明的根本视角。

中国特色社会主义新时代是习近平新时代中国特色社会主义思想形成的时代。在中国特色社会主义新时代，以习近平为主要代表的中国共产党人，坚持把马克思主义基本原理同中国具体实际相结合、同中华优秀传统文化相结合，创立了习近平新时代中

① 胡锦涛. 科学发展观重要论述摘编 [M]. 北京：中央文献出版社，党建读物出版社，2008：8.

② 中共中央关于党的百年奋斗重大成就和历史经验的决议 [M]. 北京：人民出版社，2021：23.

国特色社会主义思想。“习近平新时代中国特色社会主义思想是当代中国马克思主义、二十一世纪马克思主义，是中华文化和中国精神的时代精华，实现了马克思主义中国化新的飞跃。”① 习近平新时代中国特色社会主义思想是新时代中国特色社会主义建设事业的指导思想。

新时代中国特色社会主义建设的核心任务是推进中国式现代化。中国式现代化是具有中国特色的现代化理念、现代化模式，是推动中国社会全面现代化的总引擎，是中国特色社会主义建设事业的根本动力。它是人口规模巨大的现代化、全体人民共同富裕的现代化、物质文明与精神文明相协调的现代化、人与自然和谐共生的现代化、走和平发展道路的现代化，其本质要求是“坚持中国共产党领导，坚持中国特色社会主义，实现高质量发展，发展全过程人民民主，丰富人民精神世界，实现全体人民共同富裕，促进人与自然和谐共生，推动构建人类命运共同体，创造人类文明新形态”②。

中国特色社会主义新时代是社会主义文明获得新的重大发展、新的重大进步、新的重大进展的时代。在中国特色社会主义新时代，中国式现代化对中华文化和中华文明的当代发展发挥了强有力的驱动作用，中国共产党坚持以习近平新时代中国特色社会主义思想特别是习近平文化思想作为中华文化和中华文明发展的指导思想，坚持以社会主义核心价值观引领文化建设和文明建设，

---

① 中共中央关于党的百年奋斗重大成就和历史经验的决议 [M]. 北京：人民出版社，2021：26.

② 习近平. 高举中国特色社会主义伟大旗帜 为全面建设社会主义现代化国家而团结奋斗：在中国共产党第二十次全国代表大会上的报告 [M]. 北京：人民出版社，2022：23—24.

坚持以中华优秀传统文化、革命文化和社会主义先进文化培根铸魂，坚持奋力创造中华民族现代文明，坚持提炼展示中华文明的精神标识和文化精髓，坚持加快构建中华文化和中华文明的话语体系和叙事体系，坚持提升中华文化和中华文明传承传播能力建设，坚持深化文明交流和互鉴，从而将中华文化和中华文明发展引上新阶段、新高度、新水平、新境界。

第二章

中华文明独具特色的精神标识

每一个事物都有其独特标识。标识是一个事物彰显其根本特征的代表性记号、符号或典型标志物。一个事物通过其代表性标识来显示它有别于其他事物的根本特征，人则通过事物的代表性标识来识别其独特性和判断不同事物之间的根本区别。中华文明具有独具特色的精神标识。精神标识是中华文明的外在表现形式，是中华民族在创造、传承和发展中华文明的过程中形成的代表性标志，是中华文明从根本上与其他文明形态区别开来的记号、符号或标志物，包括独特的人物性精神标识、物品性精神标识、事件性精神标识、思想性精神标识、语言性精神标识等诸多形式。

一、独特的人物性精神标识

中华文明是中华民族创造的文明形态。中华民族是中华文明的创造主体、发展主体和主要传承传播主体。中华儿女无论生活在哪里，身上都有中华文明极其鲜明的烙印和特征。中华文明是中华儿女共同的文明基因。中华儿女都是因为具有中华文明基因而获得中华大家庭的成员身份。

中华民族是长期共同生活在中华大地上的各个民族结成的民族共同体。它由汉族、苗族、土家族、蒙古族、维吾尔族等 56 个民族组成，是一个由多民族构成的大家庭。在这个民族大家庭中，各个民族守望相助、命运与共、和谐相处、相互支持、同生共荣，共同享有“中华民族”这一光荣称号，形成了稳固的中华民族共同体意识。

“中华民族”是一个类概念，它不仅概括了中华民族作为一个族群的整体性和统一性特征，而且说明了中华民族本质上是一种社会关系的事实。马克思说：“人的本质不是单个人所固有的抽象物，在其现实性上，它是一切社会关系的总和。”[①] 使用“中华民

① 马克思，恩格斯. 马克思恩格斯文集：第一卷 [M]. 北京：人民出版社，2009：501.

族”这一概念时，我们所指的不是一个个具体的中华儿女，而是指所有中华儿女组成的民族共同体。中华儿女在中华大地上相互交往、相互交流、相互合作、相互促进，结成难解难分的社会关系，中华民族也应运而生。因此，所谓“中华民族共同体意识”，实质上是指中华儿女对彼此之间守望相助、命运与共、和谐相处、相互支持、同生共荣的复杂社会关系的意识把握和观念反映。

中华儿女则是一个个具体的个人。马克思指出：“全部人类历史的第一个前提无疑是有生命的个人的存在。”[①]作为一个民族共同体，中华民族既具有整体性和统一性特征，也具有个体性和特殊性特征。也就是说，在现实表现层面，中华民族既是一个整体或统一体，也是一个个有生命的个人或个体。中华儿女就是构成中华民族的个人或个体。通过“中华儿女”这一概念，我们看到的是中华民族的每一个成员在中华大地上自强不息、生生不息、奋斗不息、前进不息、发展不息的生动图景。

创造中华文明的中华民族，既作为一个整体或集体来承载和展现中华文明，也作为众多个人或个体来承载和展现中华文明。前者说明中华文明能够作为中华民族的整体性或集体性精神而存在，后者说明中华文明也可以作为中华儿女的个人性或个体性精神而存在。例如，我们通常所说的“中国精神”，就是指中华民族的整体性或集体性精神；与此同时，我们又不得不认识到，每一个中华儿女都有各自的个体性思想理念、价值观念和理想信念。

人民是历史的创造者，也是文明的创造者。每一个中华儿女都是中华文明的创造主体，都能够为中华文明的创造、建构和发

---

① 马克思，恩格斯. 马克思恩格斯文集：第一卷 [M]. 北京：人民出版社，2009：519.

展做出贡献，但这并不意味着所有中华儿女为此所做的贡献是均等的，更不意味着所有中华儿女都能够成为中华文明同等重要的人物性精神标识。历史地看，只有极少数特别优秀的中华儿女能够成为中华文明的重要人物性精神标识。具体地说，只有那些能够从中华民族的家庭成员中脱颖而出并能够为中华文明发展做出特别突出贡献的中华儿女才能被公认为中华文明的重要人物性精神标识。

基于上述认识，我们将中华文明的人物性精神标识分为两类：一类是广大中国人民；另一类是出类拔萃的中华儿女。

中华文明的人物性精神标识首先是一个个活生生的中国人。这样的中国人是普通的，可以被称为“广大中国人民”，但他们身上确实承载着中华文明的基因和血脉。他们的所思所想和所作所为都打上了中华文明的显著痕迹，时时彰显出中华文明的典型特征，处处流露出中华文明对其施加的深刻影响。普通的中国人就是典型的中国人。他们是因为受到中华文明的深刻影响而成为地地道道的中国人的。中华文明塑造了他们的外貌、性格、道德品质、精神气质和行为方式。从这种意义上来说，能够成为中国人，这不是个人可以选择的事情。纵然一个中国人变换了国籍和身份，他在外国人眼里还是中国人。一个美国人完全可能对一个拿到美国绿卡的中国人说：“关于这件事，你们中国人是怎么看的？”

中华文明在中国人身上植入的文明基因和打上的文明烙印是难以消除的。在中华大地上生活的中国人和在外国土地上生活的中国人都具有中华文明的深刻烙印。生活在中华大地上的中国人自然而然时时刻刻流露出受到中华文明深刻影响的痕迹。他们展现着中国人特有的思维方式，说着中国人特有的话语，表达着中国人特有的情感，建构着中国人特有的思想理念、价值观念和理想信念，采取着中国人特有的行为模式。无论怎么看，他们都是实实在在的中国人。生活在外国土地上的中国人会千方百计保持自身身上的中华文明印记。远赴海外的中国人之所以会修建各种各样的唐人街，其根本原因就在于此。

我们必须承认，特别优秀的中华儿女能够成为中华文明特别引人注目的人物性精神标识，但前提是他们必须“足够优秀”。“足够优秀”的人通常是指道德上完善的人。他们具有良好的道德修养、优良的道德品质、完美无缺的道德形象、广泛而强大的道德影响力。在古代中国，这种人被称为“圣贤”。在现代中国，这种人被称为“道德楷模”或“道德模范”。中国社会从古至今一直是伦理型社会，因此，人们往往以道德修养和道德品质作为判断一个中国人能否成为中华文明人物性精神标识的最重要标准。中华文明具有大量以个人身份出现的人物性精神标识。

远古时期的“三皇五帝”是有资格成为中华文明重要人物性精神标识的人物。道德高尚是三皇五帝的共同特点。他们大公无私、公而忘私、不因私废公，不以权谋私，心系天下苍生，关心百姓疾苦，谋求百姓幸福，在百姓中间具有广泛影响力，深受广大百姓爱戴。他们身上展现的品德不仅感天动地，而且受到百姓高度肯定。在他们身上，看不到“官本位”意识，更看不到官僚主义作风。他们是身居高位的皇帝，但他们总是与百姓打成一片，并且处处维护百姓的根本利益。他们胸怀仁爱精神，不会残暴地虐待百姓。为了让天下百姓过上幸福美好的生活，他们甚至牺牲自己也在所不惜。相传神农氏就是因为试吃有毒药植而死。三皇五帝是中华文明的开创者，也是中华文明的代表人物。

孔子、老子、墨子、韩非子、荀子、孟子、庄子等先秦哲学家是有资格成为中华文明重要人物性精神标识的另一批人物。这些人在诸侯争霸的春秋战国时期横空出世，不仅开创了中国哲学，而且用他们的优良道德品质为当时和后世的中国人树立了道德典范。例如，孔子著有《论语》，建构了系统化的儒家伦理思想，并且坚持践行它们，在中国社会具有广泛而深远的社会影响。中华儿女世世代代敬仰孔子，在全国各地和世界各地建立了难以计数的孔庙、孔子学院。孔子不仅是儒家伦理思想的重要标志和象征，而且是中华文明的重要标志和象征。

屈原应该被视为中华文明的重要人物性精神标识之一。他是一位伟大的爱国诗人，是中国浪漫主义文学的奠基人，著有《离骚》《九歌》《九章》《天问》等著名诗作，在我国被尊称为“楚辞之祖”。不过，屈原与其说是因为他的诗歌造诣闻名于世，不如说是因为他的爱国主义情操而受到中华民族万代敬仰。他曾经担任楚怀王的左徒，为振兴楚国殚精竭虑，对内主张变法图强，对外主张联齐抗秦，曾经创造过国富兵强的局面。但楚国很快衰败，最终被秦国所灭，屈原因此而悲愤、绝望，投汨罗江而死。屈原身上，既有“路漫漫其修远兮，吾将上下而求索”的探求真理的伟大精神，也有赤诚爱国、真诚报国的崇高爱国主义情操。为了纪念屈原，中国人将每年农历五月初五确定为端午节；中国行星探测任务被命名为“天问系列”，中国首次执行火星探测任务的探测器被命名为“天问一号”。1953 年，世界和平理事会通过决议，确定屈原为当年纪念的世界四大文化名人之一。可见，屈原是一位在中国得到普遍认可且具有国际影响的伟大诗人、政治家，将其列入中华文明的重要人物性精神标识具有不容置疑的合理性。

北宋时期的政治家、文学家范仲淹应该位列中华文明的重要人物性精神标识之中。他德才兼备，文韬武略，为人正直，为官正派，为学正道，为政勤奋，提出了“先天下之忧而忧，后天下之乐而乐”的政治伦理思想，并在工作和生活中始终表现出仁人志士的高尚气节。范仲淹提出的“先天下之忧而忧，后天下之乐而乐”的政治伦理思想影响了一代代中华儿女，是中华民族忧乐精神的高度凝练和现实体现。毛泽东曾经高度评价范仲淹，称赞他是文武双全、知兵善战的中国知识分子。江泽民曾经指出，所有党员领导干部都应该吃苦在前、享乐在后，即都应该“先天下之忧而忧，后天下之乐而乐”。[①]

南宋抗金名将、军事家、政治家、诗人、民族英雄岳飞应该被视为中华文明的重要人物性精神标识。他具有精忠报国的爱国主义情操。为了激励他弘扬精忠报国的爱国主义情操，岳母特意在他的后背刻写了“精忠报国”的字样，这就是在中国家喻户晓的“岳母刺字”故事。岳飞为人正直，道德修养优良，军事才华出类拔萃，组建岳家军，擅于激发人民群众保家卫国的意识和爱国主义精神，曾经率领南宋军队多次击败金国军队，是一位有勇有谋、勇而怀仁的爱国主义者，但他最终遭到奸臣秦桧陷害，被以“莫须有”的罪名杀害。岳飞著有壮烈诗篇《满江红·怒发冲冠》。该诗内容如下：

怒发冲冠，凭栏处、潇潇雨歇。抬望眼，仰天长啸，壮怀激烈。三十功名尘与土，八千里路云和月。莫等闲，白了

① 毛泽东邓小平江泽民论社会主义道德建设 [M]. 北京：学习出版社，2001：285.

少年头，空悲切。

靖康耻，犹未雪；臣子恨，何时灭？驾长车，踏破贺兰山缺。壮志饥餐胡虏肉，笑谈渴饮匈奴血。待从头，收拾旧山河，朝天阙。

《满江红》抒发了岳飞本人在国家遭到外敌入侵时的愤慨和随时准备精忠报国的强烈愿望，在我国广泛传播，被高度认可，甚至被谱写成歌曲《满江红》。岳飞是被中国人民世代敬仰的民族英雄，应该被视为中华文明的重要人物性精神标识。

孙中山先生创建兴中会、中国同盟会和中国国民党，高举彻底反帝反封建旗帜，倡导三民主义思想，领导发动举世闻名的辛亥革命，推翻了长期统治中国的封建专制制度。另外，他是中华优秀传统文化的杰出继承者、弘扬者和践行者。他坚信文化的力量，认为文化强是民族强、国家强的根本支撑，坚持天下为公、以人为本、以民为本等中国传统伦理思想，提倡“为众人服务”的道德观和“教育救国”的教育观。孙中山是伟大的爱国主义者、伟大的民族英雄、中国民主革命的伟大先驱和中华民国的缔造者，应该被奉为中华文明的重要人物性精神标识。

新民主主义革命时期，我国产生了毛泽东、朱德、周恩来、刘少奇、彭德怀、贺龙、习仲勋等一大批无产阶级革命家，他们为中国革命鞠躬尽瘁，身上具有中国特有的无产阶级革命家精神。蔡和森、李大钊、缪伯英、杨开慧、向警予、夏明翰、刘胡兰、江姐等革命烈士为夺取新民主主义革命胜利抛头颅、洒热血，为中华儿女树立了热爱中国共产党、热爱人民、热爱祖国的光辉典范。这些革命家和革命烈士的名字已经铭刻在中华民族的历史记忆以及中国共产党的集体记忆之中，应该被尊奉为中华文明的重要人物性精神标识。

雷锋也是中华文明的重要人物性精神标识。他出生在解放前，主要成长于解放后。出生后不久，雷锋即成了孤儿，童年生活苦难重重。中华人民共和国成立，雷锋和其他中国人民一样成为当家作主的中国公民。为了报答党、国家和人民的恩情，他勤奋学习、勤奋工作，坚持党性原则，处处践行为人民服务理念，创造了以其名字命名的“雷锋精神”。雷锋出身平凡，但他品德高尚，忠诚于党和人民。雷锋精神是立足本职、爱岗敬业的职业精神，是苦干实干、不计报酬、甘于奉献、争做贡献的艰苦奋斗精神，是忠于党和人民、舍己为公、大公无私的奉献精神，是全心全意为人民服务的道德精神，是为共产主义事业不懈奋斗的革命精神。雷锋牺牲后，毛泽东于 1963 年 3 月 5 日专门题词，号召全国人民向雷锋同志学习，此后每年 3 月 5 日成为“学雷锋纪念日”。“雷锋”这一名字在中国无人不知，雷锋精神对中国人的影响无处不在。

二、独特的物品性精神标识

物品可以区分为自然物品和人造物品。自然物品浑然天成，由自然界进化而成，不具有人为制造的痕迹和特征。自然界的一草一木、一石一卵、一山一水、一丘一陵，皆为自然物品。自然物品是自然界的标志物，但如果被赋予文化意义，它们也可能成为人类文明的精神标识。人造物品由人工制造而成，具有人工制造的痕迹和特征。最重要的是，人类在制造人工物品时，总是将自己的思想理念、价值观念和理想信念投射于其中，所以人造物品是内含人类精神的物品，或者说，它们本质上是文化产品。

中华民族具有借助自然物品表达思想感情的传统。孔子曾经说过："知者乐水，仁者乐山。知者动，仁者静。知者乐，仁者寿。"[①] 从表面来看，孔子是在讲述"知者"（智者）与"仁者"的区别，而从内涵上来说，孔子是在论述道家哲学与儒家哲学的不同，并且是在借助水和山表达截然不同的道家哲学智慧和儒家哲学智慧。简而言之，道家更多地推崇理论智慧，儒家更多地推崇实践智慧，两者对智慧的认知和界定存在显著差异。

① 论语 大学 中庸 [M]. 陈晓芬，徐儒宗，译注. 北京：中华书局，2015：70.

长江和黄河是中华民族的母亲河。两条河一南一北，流淌在中华大地上。长江全长 6300 公里，其源头在青海省西南部唐古拉山脉主峰各拉丹冬雪山。源头之下，长江曲曲折折自西向东流淌，流经青海、西藏、四川、云南、重庆、湖北、湖南、江西、安徽、江苏、上海等省、自治区和直辖市，最终汇入东海。黄河全长 5464 公里，其源头在青藏高原巴颜喀拉山北麓的约古宗列盆地。源头之下，黄河也是曲曲折折自西向东流淌，流经青海、四川、甘肃、宁夏、内蒙古、山西、陕西、河南、山东等省、自治区，最终流入渤海。两条大河不仅养育了在中华大地上繁衍生息的中华民族，而且孕育了源远流长、博大精深的中华文化和中华文明。长江和黄河川流不息，象征着中华文化和中华文明绵延不绝，因此，中华民族将它们尊称为自己的母亲河，并且常常赋予它们深厚而独特的文化意蕴。

中华民族对长江和黄河怀有诚挚的敬畏之情。中华儿女就像敬畏母亲一样敬畏养育自己的母亲河。我们用《长江之歌》《黄河大合唱》等歌曲抒发自己对母亲河的敬畏和敬爱。在中华儿女眼中，长江和黄河远远超越了其作为自然物品的意义和价值。它们浑然天成，但由于中华民族的主观精神的投入而被拟人化。它们如同人类社会的母亲一般，胸怀最无私的大爱，孕育一代一代中华儿女，但从来没有要求中华儿女“知恩图报”。拟人化、精神化的长江和黄河，是孕育中华儿女物质生命的母亲，也是孕育中华儿女精神生命的母亲。对于中华儿女来说，它们是两个具有丰富内涵的文化符号、文明符号，能够充当中华文明的重要物品性精神标识。

中华民族在历史上制造了难以计数的人造物品。这些人造物品以乐器、建筑、书籍等形式存在，品种多样。由于它们融入了中华民族的思想理念、价值观念和理想信念，所以是承载着中华文化元素和中华文明精神的物品。它们中的一些物品所承载的中华文化元素和中华文明精神具有极强的典型性和代表性，因而成为中华文明的重要物品性精神标识。

我国考古学家在新中国成立后发现的周代编钟是中华文明的重要物品性精神标识。根据考古和出土文物发现，我国早在西周的时候就发明了编钟。编钟是汉族在古代使用的一种大型打击乐器。关于编钟的考古发现，不仅说明古代中国具有发达乐器，而且说明古代中国音乐文化繁荣昌盛。音乐是文明的重要标志，音乐作品之中往往蕴含深厚的伦理意蕴。《礼记》指出："凡音者，生于人心者也；乐者，通伦理者也。"[①]编钟是古代中华文明的缩影，承载着古代中国人以音乐陶冶情操的文明传统。它的考古发现和出土证明了中华文明源远流长、博大精深的历史事实。

长城是中华文明最富有精神标识意义的建筑。由于绵延距离很长，长城又被中国人称为"万里长城"。长城至少始建于春秋战国时期。据《史记》记载，早在春秋战国时期，各诸侯国就已经有修建长城防范和抵御外敌的做法。例如，顷襄王十八年的时候，楚国就有人向他提出了修建"长城"的建议，即"盖长城以防"[②]。长城是一道军事防御工事，但它本身的价值远不局限于此。中国长城修建时间长，自西周开始，几乎跨越各个朝代，无比坚固，在中华大地上绵延两万多公里，既展现了中华民族卓越的建筑技术和水平，也承载着中华民族的大一统政治理念和中华文明赓续

① 礼记 孝经 [M]. 胡平生，陈美兰，译注. 北京：中华书局，2016：153.
② 司马迁. 史记：三 [M]. 陈曦，王珏，王晓东，等译. 北京：中华书局，2019：2316.

不断的象征意义。正因为如此，长城是中国国务院公布的第一批全国重点文物保护单位和世界文化遗产。

万里长城具有深厚的文化意义，还象征中华民族坚强不屈的精神品格、中华文化博大精深的独特特质、中华文明赓续不断的突出特性。20 世纪 80 年代，电视连续剧《霍元甲》以《万里长城永不倒》作为主题曲，对提振中华儿女的民族自豪感和爱国主义精神起到了巨大作用。就是到了今天，每当《万里长城永不倒》这首歌曲响起，中华儿女都会热血沸腾，很多人都会情不自禁地跟唱、合唱。

《万里长城永不倒》这首歌唱响在我国改革开放之初。当时崇洋媚外的歪风邪气异常猖獗，一些国人陷入了严重的文化自卑情绪，少数人甚至发表了“外国的月亮比中国圆”的奇谈怪论，以出国为荣的问题十分突出，我国社会出现了相当严重的西化主义问题。在那样一种社会背景下，《万里长城永不倒》这首歌曲的演唱，既具有激浊扬清、拨乱反正的历史作用，也具有高举爱国主义旗帜和弘扬历史自信、文化自信、文明自信和民族自信的历史意义。

矗立在北京天安门的人民英雄纪念碑是中华文明最重要的物品性精神标识之一。它位于天安门广场中心，是中华人民共和国为了纪念中国近现代史上涌现的革命烈士修建的纪念碑，上面刻有“人民英雄永垂不朽”八个金箔大字，是中国第一批全国重点文物保护单位和中国历史上最大的纪念碑。

人民英雄纪念碑的落成具有特别深厚的文化意义和文明意义。在苦难深重的近现代，中华儿女为了救亡图存前赴后继，作出了空前的重大牺牲，其中有很多人的名字被刻进了中华民族的集体记忆之中，但也有很多人在以身殉国的时候连名字都没有留下，是真正意义上的“无名英雄”。革命烈士没有留下名字，但后世的人不能遗忘他们。今天的我们之所以能够拥有越来越美好的生活，是无数革命烈士用鲜血和生命换来的。记住革命烈士，既是为了缅怀他们为救亡图存抛头颅、洒热血的壮举，也是为了增强我们向他们学习的动力。无论走多远，我们都应该记住经过的路。在中国近现代，无数革命烈士为开辟民族振兴、国家繁荣、人民幸福的道路牺牲了生命，他们的牺牲精神是中华文明精神的重要内容，永远值得我们歌颂、传扬。

书籍也能够成为中华文明的物品性精神标识。人类为什么要撰写书籍？因为它们是知识的海洋、文化的精华和文明的阶梯。在没有书籍的历史时期，人类主要借助口口相传的方式传承传播文化和文明。由于口口相传的能力是有限的，并且容易出现流失、遗漏等问题，人类最终不得不开发书面表达的方式。书籍是人类在开发和发展书面表达能力的过程中所完成的一个重大发明。这个重大发明一完成，人类传承传播文化和文明的能力就实现了革命性突破。

中华民族在历史上撰写的书籍难以计数，但可以肯定的是，这些书籍涵盖史论、政论、哲学、文学艺术、文艺批评、自然科学等诸多领域，可谓包罗万象，体现中华民族追求真善美的复杂历史进程，反映中华民族建构自主知识体系的复杂历史图景，是中华文化的瑰宝和中华文明弥足珍贵的物品性精神标识。

我国最著名的史论类书籍当推由《史记》《汉书》《后汉书》《三国志》等构成的二十四史。司马迁的《史记》居于二十四史之首。该书不仅叙述了我国从三皇五帝到汉武帝时期的三千年左右的历史，而且记载了中华文化和中华文明在这一历史时期的发展状况。司马迁克服个人困难，全心全意撰写历史，力图“究天人之际、通古今之变、成一家之言”，既彰显了一个伟大史学家应有的学术修养和道德修养，也展现了中华民族自强不息、厚德载物的文明传统。事实上，司马迁将这样的文明传统融入了他的著述中，使其成为《史记》的思想灵魂。作为一套书籍，《史记》是一面镜子，映照了中华文化和中华文明的思想精髓和主要价值取向。如果要以史为鉴、以史为镜，中华儿女就应该很好地阅读《史记》。

政论类书籍有《贞观政要》《资治通鉴》《读通鉴论》等等。《贞观政要》为唐朝吴兢所著，主要论述了“为君之道，必须先存百姓”“若安天下，必须先正其身，未有身正而影曲，上理而下乱者”[①]等政治思想。《资治通鉴》为北宋司马光所著，书名为宋神宗所赐，以政论为主，兼论历史、军事、民族关系等论题。宋神宗为《资治通鉴》作序，并题为《资治通鉴序》。他说：“《诗》云：‘商鉴不远，在夏后之世。’故赐其书名曰资治通鉴，以著朕之志焉耳。”[②]《读通鉴论》为明末清初王船山所著。该书围绕义利之辨、公私之辨等论题展开，提出了“生有生之理，死有死之理，治有治之理，乱有乱之理，存有存之理，亡有亡之理”的观点，是我国政论类书籍的代表性作品。

哲学类书籍品种繁多，包括老子的《道德经》、孔子的《论语》、墨子的《墨子》、韩非的《韩非子》、孟子的《孟子》、庄子的《庄子》、管仲的《管子》、董仲舒的《春秋繁露》、朱熹的《太

---

① 贞观政要 [M]. 骈宇骞，译注. 北京：中华书局，2016：2.

② 资治通鉴序 御制 [M]// 司马光. 资治通鉴：一. 长沙：岳麓书社，1990：1.

极图说解》、王阳明的《王文成公全书》等等。我国是世界哲学的重要发祥地和发展重镇，自成体系的中国哲学思想和理论通过浩如烟海的哲学书籍得到传播。上述哲学书籍在中国社会广为流传，其内含的哲学思想和理论在塑造中华民族的性格、品格、人格等方面均发挥了积极作用，对中华文化和中华文明的建构、发展、传承传播等也发挥了重要作用。中华民族崇尚哲学智慧，注重培养哲学智慧，重视运用哲学智慧，这些都与中国哲学书籍有着千丝万缕的紧密关系。

中国最著名、最有影响的文学艺术书籍当推四大名著，即《红楼梦》《西游记》《三国演义》和《水浒传》。四大名著在我国家喻户晓，广为人知。它们不仅以纸质形式传播，而且被拍摄成了电视剧。名著中的贾宝玉、林黛玉、薛宝钗、唐玄奘、孙悟空、猪八戒、沙和尚、如来佛祖、观世音菩萨、玉帝、王母娘娘、刘备、曹操、孙权、诸葛亮、关云长、张飞、赵子龙、宋江、武松、李逵等人物形象深入人心，其为人处世所信奉的思想理念、价值观念和理想信念对中国人具有深刻影响。四大名著是中华文明极其重要的物品性精神标识。

能够充当中华文明物品性精神标识的东西数不胜数。这一方面说明中华民族在历史上创造了丰富多彩的物质文明，另一方面也说明中华民族具有创造物质文明的卓越智慧和能力。物质文明是中华文明的基本内容，是中华文明的重要基础，是中华文明强有力的支撑，是人们审视、判断和认识中华文明的价值的重要标准。当我们关注和研究中华文明的独特神韵和价值时，或者说，当我们试图确定中华文明的优势和特色时，我们都必须首先关注它的物质文明维度。中华文明的物品性精神标识往往以人们可感知的方式呈现出来，因而能够引导人们对中华文明形成深刻印象，并起到宣传、传播中华文明的积极作用。

三、独特的事件性精神标识

“事件”不同于“事情”。后者是指人类生活中的一切活动和现象，因此，我们的生活中时时刻刻都有事情在发生；前者是指有重大社会影响的事情。

事件的发生都是有原因的。这种原因可能是客观的，也可能是主观的，甚至兼而有之。例如，辛亥革命就是客观原因和主观原因同时发挥作用的结果。客观上说，中国社会演进到 19 世纪末 20 世纪初的时候，虽然封建经济在当时依然占据着很大的比重，但是资本主义经济不断发展、不断增强，并且呈现出大势所趋的态势，这种经济基础必然要求从根本上消灭封建专制制度，以解放我国被抑制的社会生产力。主观上说，时间演进到 19 世纪末 20 世纪初的时候，中华民族在内外交困的历史背景下，对社会发展问题的主观认识发生了根本性变化，要求从根本上改变社会制度的主观愿望已经成为社会主流意识。由于客观动因和主观动因同时具备，辛亥革命很容易在全国范围内获得支持。

重大事件的发生都以文化作为深层的动因。例如，第一、二次世界大战爆发的深层原因是帝国主义国家顽固坚持的资本主义价值观念。所谓资本主义价值观念，就是以资本控制社会发展轨道的价值观念。由于资本的本性是贪婪地攫取利润，所以资本主义价值观念的核心要义是掠夺利益。在没有尖锐利益冲突时，资本主义国家能够和平相处，甚至结成同盟国，而一旦出现尖锐利益冲突，它们就会分道扬镳，甚至不惜刀兵相见。在观察、考察和审察重大事件时，我们必须关注和探究隐藏于它们背后的深层文化原因。

中华民族发展史上发生过很多大大小小的事件，其中有些事件意义特别重大，重大到对中华文明发展进程产生决定性影响的程度。研究中华文明发展史，不能不研究这样的重大事件。习近平指出："每到重大历史关头，文化都能感国运之变化、立时代之潮头、发时代之先声，为亿万人民、为伟大祖国鼓与呼。"[①] 中华文化的脉动，既可能是对中国社会发生重大事件作出的反应，也可能是推动中国社会发生重大事件的深层原因。历史地看，中国历史上发生的一些事件产生了重大社会影响，以至它们成为了中华文明的事件性精神标识。这至少包括如下重大事件。

（一）神农氏传授农耕和医疗技术。神农氏出现之前，中华民族只会以极其原始的方式生存，过着蒙昧、野蛮的生活，主要靠天吃饭，没有农业、工业、艺术，生存水平非常低下，没有文明品位。中华民族得到神农氏的传授，才掌握了农耕和医疗技术。这两种技术的出现和普及，不仅改变了中华民族的生存状况，而且将中华民族从原始生活方式中拯救了出来，使之真正踏上了文明发展之路。神农氏传授农耕和医疗技术是中华民族发展史的首要事件，因为它拉开了中华文明的序幕，开辟了中华文明的发展

① 习近平关于社会主义文化建设论述摘编 [M]. 北京：中央文献出版社，2017：7.

道路，在中华民族发展史和中华文明发展史上具有里程碑意义。

（二）先秦诸子百家争鸣。先秦时期是中华文明出现重大转折的一个历史拐点。在诸侯争霸的社会动荡时期，中国哲学横空出世，孔子、老子、墨子等一大批中国哲学家登上历史舞台。他们自由地建构各自的哲学思想和理论，自由地组建各自的哲学学派，并且努力用各自的哲学思想和理论影响中国社会发展进程。孔子、老子等先秦哲学家开创中国哲学并展开激烈争鸣的事件，不仅对先秦时期的中国社会产生了广泛影响，而且对中华文化和中华文明的后世发展产生了深远影响。先秦时期是中华文化和中华文明发展的第一个高潮。它主要是由先秦哲学家掀起的高潮，但它的影响并不仅仅局限于哲学领域，而是扩大到了整个中国社会。先秦诸子百家争鸣的历史事件应该被列入中华文明的事件性精神标识系列。

（三）秦始皇统一中国。秦始皇是一个有争议的历史人物，但他结束诸侯争霸、统一中国的行为应该被高度肯定。中华民族自古就具有强烈的民族共同体意识和华夏一统的观念。我国在夏、商、周朝是统一的，春秋战国时期出现了诸侯争霸局面，但分久必合，秦始皇统一中国是大势所趋。秦始皇秉承中华民族求大同的思想传统，顺应历史潮流，实现祖国统一，确实创造了历史伟绩。秦朝之后，我国有分有合，在近代甚至陷入了被外国列强瓜分的危机，但没有出现根本性分裂。秦始皇统一中国，对推动中华民族铸牢中华民族共同体意识、树立国家不可分观念、形成民族团结精神等起到了重要历史作用。

（四）中国古代四大发明。秦始皇统一中国之后，我国长期处于封建社会，其间历经复杂的朝代更替，但总体上显得比较平稳。

在漫长的封建社会时期，最重要的事件之一是中华民族在此过程中推出了造纸术、指南针、火药、印刷术四大发明。四大发明对古代中国的政治、经济、文化的发展发挥了巨大推动作用，经各种方式和途径传向整个世界，对世界发展和人类文明进步产生广泛而深刻的影响，说明中华民族具有卓越的创造智慧和能力，中华文明历来在人类文明发展史上占据十分重要的地位，是促进世界发展和人类文明进步的强大力量。

（五）辛亥革命。中国封建社会出现过文景之治、贞观之治、开元盛世、洪武之治、康乾盛世等繁荣时期，但最终因为晚清政府因循守旧、闭关锁国等原因而陷入近代危局。在外国列强轮番侵略、疯狂掠夺的历史情境下，中华民族发动了规模浩大的太平天国运动、戊戌变法运动、义和团运动，努力救亡图存，但都以失败而告终。辛亥革命最终也以失败而告终，但它推翻了长期主宰中国社会的封建专制制度，建立了中华民国，在推进中国现代化进程中发挥了不容忽视的历史作用。辛亥革命是中华民族历史上的重大事件，对中华文明的发展进程具有深远影响。

（六）中国共产党成立。中国共产党在国家蒙辱、人民蒙难、文明蒙尘的紧要历史关头诞生，这是开天辟地的大事变。历史地看，它从根本上改变了近代以后中国社会的状况，将中国社会从危机状况中解救了出来；从根本上改变了中华民族的命运和前途，使中华民族迎来了伟大复兴的希望；从根本上改变了中华文明的发展格局，把中华文明从濒临中断的危机中拯救了出来。没有中国共产党，就没有新中国；没有中国共产党，就没有中华民族的伟大复兴；没有中国共产党，就没有中华文明的再现辉煌。

（七）新民主主义革命。太平天国运动、戊戌变法运动、义和团运动、辛亥革命等相继失败以后，中国共产党坚持以马克思主义理论为指导，团结带领中国人民发动了举世闻名的新民主主义革命，推翻帝国主义、封建主义和官僚资本主义三座大山，创建中华人民共和国，实现人民当家作主，将我国发展引上社会主义轨道，这是国际共产主义运动史上的重大历史事件，也是世界发展史上和人类文明发展史上的重大事件。

（八）抗日战争。中华民族的抗日战争发生在新民主主义革命时期，是新民主主义革命的重要内容，但因其在新民主主义革命时期占据十分重要的特殊地位，将其界定为一个具有特殊意义的重大历史事件是站得住脚的。抗日战争历时 14 年，中华民族付出惨重代价、作出巨大牺牲，不仅打败了穷凶极恶的日本侵略者，而且为世界反法西斯战争的胜利做出卓越贡献。在抗日战争期间，中华民族表现出了不畏强敌、同仇敌忾、勠力同心、敢于牺牲、奋勇向前的革命精神，展现了进行伟大斗争的杰出智慧和能力。

（九）中华人民共和国成立。中华人民共和国成立是中华民族发展史上的重大标志性事件。毛泽东在中国人民政治协商会议第一届全体会议的开幕词中说："我们团结起来，以人民解放战争和人民大革命打倒了内外压迫者，宣布中华人民共和国的成立了。我们的民族将从此列入爱好和平自由的世界各民族的大家庭，以勇敢而勤劳的姿态工作着，创造自己的文明和幸福，同时也促进世界的和平和自由。我们的民族将再也不是一个被人侮辱的民族了，我们已经站起来了。"① 中华人民共和国成立，宣告中国的旧时代已经结束，中国的新时代已经开始。虽然新中国坚持继承旧中

① 毛泽东. 毛泽东文集：第五卷 [M]. 北京：人民出版社，1996：344.

国的优秀文化传统，但是它更多地是创造和创新。

（十）改革开放。中华人民共和国成立之后，中国人民齐心协力投身社会主义革命和建设，由于无师可学，在经济体制上几乎照搬了苏联的计划经济体制。这种经济体制有利于中国共产党在社会主义革命和建设时期调动和整合经济资源、强化党中央对经济的集中管理、确立社会主义公有制的主导地位，但不能充分调动企业、个人等经济主体的能动性、创造性，因而很快将我国国民经济带到崩溃边沿。为了挽救国民经济，党中央英明决策，决定实行改革开放政策。党中央指出，“改革开放是党的一次伟大觉醒，是中国人民和中华民族发展史上一次伟大革命”[①]。

（十一）倡导培育和弘扬社会主义核心价值观。党的十八大报告提出关于社会主义核心价值观的三个“倡导”，即在国家层面倡导富强、民主、文明、和谐等价值观念，在社会层面倡导自由、平等、公正、法治等价值观念，在个人层面倡导爱国、敬业、诚信、友善等价值观念。这是党中央首次对社会主义核心价值观作出明确表述，标志着中国共产党对社会主义核心价值观的意义和价值的认识达到新高度、新境界，标志着社会主义中国有了明确的价值目标，标志着社会主义中国发展到新阶段、新水平。社会主义中国不能没有社会主义核心价值观的价值引领和价值护航。

（十二）中国特色社会主义进入新时代。在以习近平同志为核心的党中央坚强领导下，在习近平新时代中国特色社会主义思想正确指导下，在全国各族人民的共同努力下，在中国式现代化的强有力驱动下，中国特色社会主义在党的十八大以后进入新时代。

---

① 中共中央关于党的百年奋斗重大成就和历史经验的决议 [M]. 北京：人民出版社，2021：22.

这不仅意味着中国特色社会主义建设事业取得巨大成就，中华民族实现第一个百年奋斗目标，开始实现第二个百年奋斗目标新征程，而且意味着中华民族伟大复兴的宏伟目标临近实现。在中国特色社会主义新时代，中国特色社会主义文化繁荣发展，将为中国共产党团结带领中国人民奋力创造人类文明新形态提供强大动力和精神支撑。

中华文明的事件性精神标识不止上述内容。中华民族发展史上还发生了不胜枚举的其他事件，它们也对中华文明发展进程施加了影响，甚至被刻写进了中华民族的历史记忆、文化记忆和文明记忆。本章仅仅致力于勾勒对中华文明发展进程产生了根本性或决定性影响的重大事件。这种做法固然存在遗漏重要内容的问题，但不会影响我们探析中华文明事件性精神标识的整体逻辑理路。我们的目的很简单，希望引导人们认识这样一个事实：中华民族发展史上发生的很多重要事件，超越了其自身的存在意义，对中华文明的发展进程具有不容忽视的影响，应该被列入中华文明事件性精神标识之中。

四、独特的思想性精神标识

思想是文明的灵魂。它给文明注入精神，使文明变得厚重，赋予文明超越历史和时代的价值。文明因为思想而变得有广度、深度和温度。有广度的文明不狭隘，有深度的文明不肤浅，有温度的文明不冷漠。思想依托文明而存在，文明也依托思想而存在。没有思想，就没有伟大的文明；没有文明，也没有伟大的思想。在蒙昧、野蛮时代，思想和文明都是缺乏的。只有进入文明社会，思想和文明才能够作为两朵美丽鲜花，同时在人类社会绽放，香满人间，为人类社会提供最有营养的精神食粮。

思想是内在于人类脑海的东西，但它可以外化为一定的形态。它的外在形态主要有五种，这就是人们常说的概念、理念、论断、知识和理论。人类可以通过建构概念、理念、论断、知识和理论的方式将思想转化为具体的形态，并使之成为人们可以认知、理解和把握的东西。当思想存在于脑海时，它只是一个个主观的意象，只有主体知道它存在于何处、如何存在。当思想外化为具体形态时，它就变成了可感知的表象。也就是说，思想可以是抽象的，也可以是具体的。

伟大的思想大都是集体智慧的结晶。中华文明在不断发展过程中凝结了丰富而深刻的思想。它们有中华儿女作为个人发挥创造智慧之功，但主要是中华民族作为集体发挥创造智慧之功。个人能够成为思想的主体，但个人建构思想的过程本质上是集体努力的结果。思想家都是在前人思想的基础上建构新思想的。在很多时候，思想家所建构的新思想只不过是对前人思想进行进一步阐释的产物。拿当代中国学者来说，我们很多时候只不过是通过阐释先秦哲学家的思想来推进所谓的思想创新。

中华文明的思想性精神标识大体上包括如下内容。

一是《周易》的辩证法思想。《周易》又称《易经》。该书非一人所作，据说为伏羲首创，主要论述占卜算卦的方法，但后来经过很多人扩充、解释、演绎，使之成为一部哲学经典著作。无论《周易》如何成书，它都集中体现了中国智慧。该书认为世界是一个统一体，具有九九归一的意蕴，但统一的世界又分为阴阳两极或两爻，阴阳两爻既相互对立又相互统一，这就是一生二的道理。而后，每三爻组合产生八卦。每两卦组合，又导致六十四卦的产生。《周易》绝不仅仅是关于占卜算卦的书，其中包含特别丰富、特别深刻的哲学思想，其核心要义是既强调世界永恒不变的一面，又强调世界万事万物不断变化的一面，世界的不变和变化都遵循一定的规律，人在世界之中生存应该展现坚守不变而又随机应变的智慧和能力。《周易》对儒家哲学、道家哲学、墨家哲学、法家哲学、佛家哲学等有深刻影响，并且深入到了中国人的生活和工作之中，对中华文明的建构和发展产生了根本性影响，在中华文明发展史上占据着至高无上的地位，是构成中华文明思想性精神标识的首要内容。

《周易》是一本充满理论智慧和实践智慧的著作。孔子曾经说过："加我数年，五十以学《易》，可以无大过矣。"[①]《易》就是《周易》。孔子意指，如果能够给他增加几年寿命，让他能够在五十岁的时候学习《周易》，他就没有什么大的过失了。《周易》内含丰富而深刻的辩证法思想，讲透世界之道、世界之理，能够给人提供为人处世的方法和路径，能够为人应对错综复杂、变化莫测而又有规律可循的人生境遇、社会局面和世界格局提供思想理念指引、价值观念引导和理想信念指向。它凝聚着中华民族的集体智慧，汇聚着中华民族尊天法地、自强不息、厚德载物、能屈能伸的伟大智慧，彰显了中华文明兼顾永恒和变化、兼顾原则和变通、兼顾自身和他者的思想精髓。

二是儒家思想。儒家思想主要是哲学思想，但也涉及史论、政论、文艺批评等诸多方面，其核心要义是要求人们以积极、乐观的态度投入现实生活，重视修炼自身的道德修养，心有大我，胸怀天下，超越狭隘的个人利益，勇于承担齐家、治国、平天下的道德责任，在国家和民族危难之时能够挺身而出，哪怕牺牲自己的生命也在所不惜。儒家思想是中国传统思想的主流，在中国传统社会广泛受到欢迎和推崇，对中国传统社会的人们有着极其深刻的影响。

儒家为人们投入现实生活提供的根本方法是道德。它认为道德是个人安身立命的根本，也是一个国家、民族行稳致远的根本。孔子说："道之以政，齐之以刑，民免而无耻。道之以德，齐之以礼，有耻且格。"[②]人们非常看重自己的道德修养和道德形象，对人

---

① 论语 大学 中庸 [M]. 陈晓芬，徐儒宗，译注. 北京：中华书局，2015：80.

② 论语 大学 中庸 [M]. 陈晓芬，徐儒宗，译注. 北京：中华书局，2015：16.

的管理和引导应该注重以德感人、以德服人，而不是动不动就诉诸武断的政令或残酷的惩罚。孔子还说："德不孤，必有邻。"[①] 道德不仅有利于树立人的道德形象，而且能够使人受到欢迎。中华民族具有尊重道德、推崇道德、践行道德的优良传统，这主要源于儒家强调道德和德治的思想。

三是道家思想。道家思想主要是哲学思想，但也不局限于此，其核心要义是要求人们自然、自由、洒脱地生活，不要过多地拘泥于世俗的羁绊。道家还强调和推崇真诚的美德，反对虚假做作、巧言令色、哗众取宠、虚假伪善。道家思想与儒家思想的根本不同在于，它要求人们生活在现实之中又超越于现实。

道家也强调道德修养，但它要求人们修炼真德、余德、长德、丰德和普德。老子说："修之于身，其德乃真；修之于家，其德乃余；修之于乡，其德乃长；修之于邦，其德乃丰；修之于天下，其德乃普。"[②] 老子要求人们修德于自身，形成真德——真实的德；修德于自己的家庭，形成余德——充裕的德；修德于自己生活的地方，形成长德——长久的德；修德于自己的国家，形成丰德——丰硕的德；修德于天下，形成普德——普遍的德。道家思想主张自然，但反对以自我为中心；追求自由，但反对我行我素；追求洒脱，但反对自私自利。它实质上追求的是自然而有规律的生活、自由而有规矩的生活、洒脱而有秩序的生活。道家思想也是中华文明的重要思想性精神标识。

四是墨家思想。墨家思想也是中华文明的重要思想性精神标识，但它并没有受到应有的高度重视。究其原因，可能是因为墨

---

① 论语 大学 中庸 [M]. 陈晓芬，徐儒宗，译注. 北京：中华书局，2015：47.
② 老子 [M]. 饶尚宽，译注. 北京：中华书局，2006：130.

家思想的代表人物墨子热衷于批判。他不仅猛烈抨击先秦社会存在的不公，而且对孔子所开创的儒家思想进行了毫不保留地攻击。它列举儒家思想的种种不足和弊端，揭露儒家仁爱思想的缺陷，极力维护和宣传墨家思想，显示出唯我独尊的架势。

墨家思想具有批判的辛辣和自以为是的狂妄，但我们不得不承认，它的有些思想非常深刻，并且对中华民族建构中华文明的历史进程产生了巨大影响。作为墨家思想代表人物的墨子，深谙人类社会生活的合作性以及人与人之间的相互依赖性。他说："唇亡则齿寒。"①在现实中，并非所有人都能够深刻认识人与人之间相互依存的道理，所以尔虞我诈、相互伤害。墨子说："天下之人皆不相爱，强必执弱，富必侮贫，贵必敖贱，诈必欺愚。"②在墨子看来，现实中夫妻不相爱、父子不相爱、兄弟不相爱、邻居不相爱、君臣不相爱的事情非常普遍，这是导致社会混乱的根本原因。为了解决人与人之间不相爱的问题，墨子提出了"兼相爱、交相利"③的思想。"兼相爱、交相利"的思想意指"天下之人皆相爱，强不执弱，众不劫寡，富不侮贫，贵不敖贱，诈不欺愚"④。从社会主义中国来看，"兼相爱、交相利"是应该大力倡导的伦理观。

五是法家思想。法家崇尚法治，与推崇德治的儒家形成鲜明对比。在儒家思想占据主流地位的古代中国，法家的存在空间受到严重挤压。秦始皇逆主流而动，大力推行法治，但好景不长，很快以失败而告终。我们认为，这并不意味着法家在中国完全缺乏生长的土壤，应该自动退出历史舞台。事实上，法家思想在中

① 墨子 [M]. 方勇，译注. 北京：中华书局，2015：163.
② 墨子 [M]. 方勇，译注. 北京：中华书局，2015：125.
③ 墨子 [M]. 方勇，译注. 北京：中华书局，2015：133.
④ 墨子 [M]. 方勇，译注. 北京：中华书局，2015：126.

国传统社会一直被统治阶级重用，只是表面上并没有被置于非常耀眼的位置而已。

法家思想崇尚法治。作为法家的杰出代表，韩非主张“法不阿贵，绳不挠曲”[①]。所谓法治，就是“以法治国，举措而已矣”[②]。其意指，法治就是借助法律来治理国家，就是用法作为衡量事物的标准罢了。韩非强调法治，但从不否定道德的作用。他说：“德者，内也。”[③]道德是人内部具有的东西。因此，“德者，得身也”[④]。有德者，其实是具有内在道德修养，而这是对自身最有利的东西。法家思想本质上是以法治为主、德治为辅的思想。韩非、商鞅、管仲等法家代表人物要求人们树立忠诚、孝顺、诚信等美德，但更强调以法治国、制度公平、富国、强兵等思想，认为“奉法者强，则国强；奉法者弱，则国弱”[⑤]。法家崇尚法治的思想也是中华文明的一条思想主线，它对中华民族法治思想的形成和发展具有深刻影响。

六是毛泽东思想。先秦之后，中华民族的思想演绎异彩纷呈，尤其是在哲学领域产生了汉唐哲学、魏晋玄学、宋明理学、明清哲学等哲学思想流派，这些哲学思想包含不容忽视的积极成果，但相比较而言，它们都不能与毛泽东思想的影响相提并论。毛泽东思想是以中华民族在传统社会形成的哲学思想、史论思想、政论思想、兵法思想等作为基本思想来源，以马克思主义思想作为主要思想来源，以中国人民的生活经验作为重要参照，同时充分

① 韩非子 [M]. 高华平，王齐洲，张三夕，译注. 北京：中华书局，2015：50.
② 韩非子 [M]. 高华平，王齐洲，张三夕，译注. 北京：中华书局，2015：50.
③ 韩非子 [M]. 高华平，王齐洲，张三夕，译注. 北京：中华书局，2015：187.
④ 韩非子 [M]. 高华平，王齐洲，张三夕，译注. 北京：中华书局，2015：187.
⑤ 韩非子 [M]. 高华平，王齐洲，张三夕，译注. 北京：中华书局，2015：41.

发挥毛泽东本人的思想创新智慧和能力，形成的一个特别具有中国特色的思想体系。

毛泽东思想的精要是实事求是。它是以毛泽东为核心的第一代中国共产党人集体智慧的结晶。在创造毛泽东思想的过程中，毛泽东发挥了主要作用。他注重理论学习、理论建构、理论创新，但更重视理论联系实际、具体问题具体分析。他反对本本主义、教条主义，反对把中国传统思想和马克思主义思想教条化、程式化，主张把中国传统思想和马克思主义思想同现代中国社会的具体实际相结合，因地制宜，随机应变，实事求是，以实践作为检验真理的唯一标准，因此，在认识和处理中国问题时，他总是能够展现卓尔不凡的高超智慧。

历史地看，中国从来没有一种思想像毛泽东思想那样，能够受到中国人民最广泛、最普遍、最热烈的认可。究其原因，从根本上来说是因为毛泽东思想是一种吸收了人类各种思想精华而又包含诸多创新因子的思想体系。毛泽东博览群书，精通人类发展史和世界发展史，体悟和掌握了马克思主义思想的精要，并且能够将各种思想融会贯通，因而能够形成自成体系、独具特色的毛泽东思想。毛泽东思想是中国传统思想实现创造性转化创新性发展的产物，是马克思主义思想中国化时代化的产物，是中华民族思想智慧得到充分展现的产物，是中华文明最重要、最有代表性的思想性精神标识。

七是习近平新时代中国特色社会主义思想。党的十八大以来，习近平总书记立足于中国特色社会主义进入新时代的历史方位，高瞻远瞩，对事关中国共产党行稳致远、民族伟大复兴、国家伟大振兴等重大理论和实践问题进行深入系统的思考和科学判断，针对新时代坚持和发展什么样的中国特色社会主义、怎样坚持和发展中国特色社会主义、建设什么样的社会主义现代化强国、如何建设社会主义现代化强国、如何应对世界百年未有之大变局等重大问题，提出一系列原创性的高度系统化的治国理政新理念、新思想、新战略，为创建习近平新时代中国特色社会主义思想做出主要贡献，为中华文明创造了最新的思想性精神标识。

习近平新时代中国特色社会主义思想的形成是中国共产党发展史上的大事，也是中华民族发展史上的大事。它是当代中华民族推进经济社会发展、建设社会主义现代化强国、实现伟大复兴、促进人类文明进步的根本指导思想。“习近平新时代中国特色社会主义思想是当代中国马克思主义、二十一世纪马克思主义，是中华文化和中国精神的时代精华，实现了马克思主义中国化新的飞跃。”①

习近平文化思想是习近平新时代中国特色社会主义思想的文化篇。习近平基于对物质与精神的关系问题的深入思考，揭示了精神对个人、民族、国家和整个人类安身立命的极端重要性，把文化和文明视为人类精神的结晶，对中华文化和中华文明的传承发展问题展开深刻论述，全面归纳了中华文明的突出特性，提出建设中华民族现代文明的新时代命题，形成了习近平文化思想。

习近平新时代中国特色社会主义思想不仅是中国共产党团结带领中国人民推进各项事业的根本指导思想，而且为整个人类推进世界发展和文明进步指明了正确方向。倡导和平、发展、公平、正义、民主、自由等全人类共同价值，提出构建人类命运共同体

---

① 中共中央关于党的百年奋斗重大成就和历史经验的决议 [M]. 北京：人民出版社，2021：26.

的中国方案，呼吁世界各国切实推进文明交流互鉴，主张共同发展、同生共荣，提出全球文明倡议，等等，体现了习近平新时代中国特色社会主义思想的人类情怀、国际视野、世界眼光，说明习近平新时代中国特色社会主义思想是真正的马克思主义思想。

五、独特的语言性精神标识

语言是人类在进化过程中锻炼的一种能力或本领。为了生存，人类必须具有制造工具、劳动、言说、记忆等能力。语言能力只不过是人类必须具备的诸多能力中的一种。人类借助语言表达思想情感。语言一旦被人类说出来，它就成了言语。

使用语言是人类的一种生存方式。生存着的人类几乎时刻都在使用语言。我们或者自言自语，或者说着心语，或者说着梦话，或者用语言思维，或者与人对话。只要生存着，我们就在使用语言。我们对语言具有严重依赖。如果一个人没有语言能力，那么他的人格就不够健全，他的生活世界也是残缺的。

一个社会的文明程度高低，首先是通过生活于该社会的人所说的语言得到体现。如果一个社会的文明程度高，人们说话往往比较文雅。如果一个社会的文明程度低，人们说话往往比较粗俗。无论一个社会是在朝着越来越文明还是越来越粗俗的方向演进，语言都是风向标。要提高一个社会的文明水平，应该首先推进语言文明建设。

语言文明是现代社会的基本标志。它处于人类文明体系的基础位置，对整个人类文明体系发挥着强有力的支撑作用。语言文明要求人们说话文雅，不粗鲁；礼貌，不粗暴；民主，自己说话，也让别人说话；包容，自己发声，也能够倾听不同声音；得体，言语适当，不恶语伤人。没有语言文明，一个社会的物质文明、政治文明、精神文明、社会文明和生态文明不可能达到很高的程度。

中华民族特别重视语言文明。我国自古就被称为“礼仪之邦”，这与中华民族注重语言文明的优良传统紧密相关。语言文明是中华民族所倡导的“礼”的重要内容。《礼记》指出，一个人说话的时候应该“安定辞”[①]，即应该用谨慎、和气、得体的方式说话。中华民族特别讲礼。“礼”的一个重要含义是指“不妄说人，不辞费”[②]，其意指，不哗众取宠，也不胡说废话。

中华民族将语言文明与人的道德修养挂钩，并且把“语德”视为道德的一种重要形态。“语德”就是人们通常所说的“口德”。所谓“语德”或“口德”，是指人们说话应该遵循的道德规范。说话是人的自然权利，但这并不意味着我们可以随心所欲地胡言乱语。孔子曾经说过：“道听而涂说，德之弃也。”[③]一个人在路上听到传言就到处传播，这是不道德的做法。中华民族重视“语德”或“口德”，并且视之为“积德”的基本维度。

语言文明是中华文明的首要内容。中华民族由56个民族构成，每个民族都有自己的语言，但我们具有自己的共同语，这就是官方规定的普通话。我国普通话的主体是汉语。在我国，汉族说汉语，蒙古族、维吾尔族、藏族、苗族等少数民族也说汉语。汉语

---

① 礼记 孝经 [M]. 胡平生，陈美兰，译注. 北京：中华书局，2016：17.
② 礼记 孝经 [M]. 胡平生，陈美兰，译注. 北京：中华书局，2016：18.
③ 论语 大学 中庸 [M]. 陈晓芬，徐儒宗，译注. 北京：中华书局，2015：213.

是中华民族使用最广泛的语言，是中华民族的共同语、通用语。

汉语是中华文明的主要语言体系。中华文明主要借助汉语彰显自身的存在。由于汉语是由语音、文字、词语、句子等构成的一个庞大体系，所以中华文明的语言体系十分复杂。在不断演进的过程中，中华文明与汉语形成内容与形式的复杂关系，两者相互影响、相互作用、相互促进、相辅相成、相得益彰。

中华文明具有大量语言性精神标识。中华民族时刻都在说话，但这绝不意味着我们所说的每一句话都能够成为中华文明的语言性精神标识。只有那些最能够体现中华文明精神的语言才能成为中华文明的语言性精神标识。当然，要找到这样的语言性精神标识并非易事。学术界对此也颇有争议。我们认为，中华文明的语言性精神标识主要有六个字。

一是“道”。“道”是中华民族喜欢使用的一个概念。中华民族推崇“道”，重视求道、悟道、得道、知道。“道”是一个抽象概念，但它挂在每一个中华儿女的嘴巴上。我们把“路”称为“道路”，意指我们所走的每一条路本质上都是在求道，道在远处，所以我们必须不断求索。我们喜欢谈论天之道、地之道、人之道、圣人之道、孔子之道、老子之道、孟子之道、君子之道、生命之道，也喜欢谈论夫妻之道、父子之道、为官之道、为学之道、为人之道。老子指出，“道可道，非常道”[1]。虽然我们并不时刻都知道什么是道，但是我们就是喜欢说道、论道。我们所说的“道”，是指事物的本质和规律。它是隐藏于事物背后的东西。虽然它不容易说清楚，但是我们总是坚信它存在的实在性。我们中华民族

① 老子 [M]. 饶尚宽，译注. 北京：中华书局，2006：2.

不信仰上帝之类的神，但我们普遍信仰道。我们信道、从道，渴望得道，乐于传道。道是中华民族的最高信仰。

二是“理”。“理”是中华民族普遍常用的一个概念。中华民族推崇理，普遍喜欢讲“理”。我们所说的“理”，是指“道理”。在汉语中，“道”与“理”不同，但它们具有内在关联性，并且相互贯通。韩非说：“道者，万物之所然也，万理之所稽也。理者，成物之文也；道者，万物之所以成也。”[①]这是说，道是万事万物如此这般的原因，是所有理的汇总；理是构成万事万物的条理，是万事万物如此这般地构成的根据。韩非还指出：“夫缘道理以从事者，无不能成。”[②]其意指，凡事根据道理来做，没有不成功的。中华民族总是从道中来推导理，也总是从理中来追溯道，更是喜欢将“道”与“理”连用，从而形成讲道理的传统。道理不容易说清楚，但中华民族就喜欢讲说不清楚的道理。中华民族普遍有这样的信念：人在任何时候都应该讲道理，讲道理才能名正言顺地做事情，没有道理就无法做事。

三是“仁”。中华民族普遍喜欢使用“仁”概念。“仁”的核心要义是“仁爱”。孔子以“爱人”解释“仁者”的含义，因而造就“仁爱”这一概念。所谓“仁爱”，是指爱人之心、爱人之情。在孔子看来，“仁爱”是人之为人的根本，如果一个人没有仁爱之心，他就没有做人的根本。他说：“不仁者不可以久处约，不可以长处乐。仁者安仁，知者利仁。”[③]没有仁爱之心的人不可能长久生活在穷困之中，也不可能长久生活在安乐之中；仁爱的人安

① 韩非子 [M]. 高华平，王齐洲，张三夕，译注. 北京：中华书局，2015：208.
② 韩非子 [M]. 高华平，王齐洲，张三夕，译注. 北京：中华书局，2015：194.
③ 论语 大学 中庸 [M]. 陈晓芬，徐儒宗，译注. 北京：中华书局，2015：40.

于仁爱，有智慧的人总是做有利于增进仁爱的事。中华民族推崇“仁”，讲仁心，讲仁爱，讲仁慈，讲仁道，讲仁政，认为仁者无敌，反对心恶、冷漠、歹毒、霸道、暴政。孟子说：“仁者爱人，有礼者敬人。爱人者，人恒爱之；敬人者，人恒敬之。”①中华儿女普遍持有孟子式的仁爱信念。

四是“义”。中华民族所说的“义”概念，实质上是“道义”“仁义”等词语的简称。它是人最应该重视的价值。孟子曾经说过：“鱼，我所欲也，熊掌，亦我所欲也；二者不可得兼，舍鱼而取熊掌者也。生，亦我所欲也，义，亦我所欲也；二者不可得兼，舍生而取义者也。”②孟子以鱼和熊掌的关系喻指生命与道义的关系，认为两者都很重要，但相比之下，道义更重要。中华民族历来强调“义”的根本性和优先性，要求人们以义为先、以义为主，特别是涉及义与利的关系问题时，应该先义后利、重义轻利，甚至见义忘利。这就是中华民族崇尚的正确义利观。

五是“和”。中华民族所说的“和”概念是指“和谐”“和合”“和平”等含义。与强调冲突、矛盾的西方人不同，中华民族历来坚持以和为贵的价值观念。我们认为世界的本质是和谐，人与人可以和谐相处，民族与民族可以和谐相处，国与国可以和谐相处，人与自然界可以和谐相处，人与整个宇宙可以和谐相处，和谐是个人、家庭、民族、国家、世界、宇宙的根本，不和谐只会导致无休无止的矛盾和冲突。我们强调“和”，但并不否定人与人之间、事物与事物之间的差异性，更没有不尊重差异性之意。和而不同、求同存异恰恰是中华民族所说的“和”的精义所在。

---

① 孟子 [M]. 万丽华，蓝旭，译注. 北京：中华书局，2006：185.
② 孟子 [M]. 万丽华，蓝旭，译注. 北京：中华书局，2006：252.

六是“正”。“正”是中华民族普遍喜爱的一个字。我们用它创造了很多词语，如“正直”“公正”“端正”“方正”“纯正”“正确”“守正”“正能量”“身正不怕影子斜”“名正言顺”“邪不胜正”“一身正气”“上梁不正下梁歪”等等。“正”意指真善美，与假恶丑相比较而言。我们特别强调为官者必须正直、公正。孔子说：“政者，正也。子帅以正，孰敢不正？”[①]政的核心要义是正，为政者能够做到正直、公正，下属就不敢不正。

中华民族的发展历史跌宕起伏，甚至在近代陷入了濒临亡国灭种的危局，但我们的语言一直保持着顽强的生命力。在近代，外国列强试图强迫我们学习外语，但没有能力彻底消解我们对汉语的热爱和传承传播能力。汉语是中华文明最典型的语言性精神标识。它在历史演进中形成了自己独具特色的语音体系、文字体系、词汇体系、语法体系、修辞体系，在抵御外语挑战的过程中展现了强大力量，为中华文明的传承发展做出了重要贡献。中华文明要永葆生机和活力，中华民族应该捍卫汉语的尊严、保护汉语的存在空间、促进汉语的创新发展。

---

① 论语 大学 中庸[M]. 陈晓芬，徐儒宗，译注. 北京：中华书局，2015：145.

第三章

中华文明别具一格的文化精髓

中华文明有两个面，一面是精神标识，另一面是文化精髓。在五千多年发展史上，中华文明形成了丰富多彩的精神标识，也积淀了博大深厚的文化精髓。中华文明的精神标识是比较容易感知的，因为它们是显性的，而中华文明的文化精髓具有隐而不显的特征，我们对它们的认识、理解和把握更难一些。根据中华文明演进和发展的历史脉络，我们可以从五个方面来探析它在历史中积淀的文化精髓。

一、历史悠久的中华文化

原始社会没有发达的文明，但它有文化。人类在原始社会过着蒙昧、野蛮的生活，但已经创造语言、舞蹈、音乐、雕刻、占卜等文化形式。在蒙昧阶段，人类甚至存在“食人之风”[①]。在现代人看来，“食人之风”野蛮而残暴，但它毕竟是原始社会的文化。在原始社会，人类主要依靠狩猎、采集谋生，食物来源没有保障是严重问题，食人之事时有发生在所难免。

“文化”和“文明”两个概念是难以截然区分的。有些学者认为“文化”包罗万象，而“文明”是指文化凝结而成的精华。其意指，文化既可能是好的，也可能是坏的，而文明只能是好的东西。这种观点很容易被反驳。根据历史唯物论，原始社会的人类是蒙昧、野蛮的，因此，原始社会被称为非文明社会，而后来的奴隶社会、封建社会、资本主义社会、社会主义社会则被统称为文明社会。众所周知，奴隶社会的一个显著特点是奴隶没有被当作真正的人来看待，而是被当作牲口一样对待；贩卖奴隶就如同贩卖牲口一样，在奴隶社会处处可见。如果说文明只能是好的，

① 马克思，恩格斯. 马克思恩格斯文集：第四卷 [M]. 北京：人民出版社，2009：33.

那么，奴隶社会就应该被视为“好社会”。这种推理显然是站不住脚的。

文明也有好坏之分。这就好比这样一个事实，有些人盲目崇拜以美国为代表的西方资本主义文明，但我们都知道，西方资本主义文明是好坏参半的状况。从好的方面来说，资本主义国家普遍倡导自由、平等、民主等现代价值观念，普遍要求把生活规划的权利和责任交给个人，普遍倡导“天职”意识和职业伦理，但它们在落实这些价值观念的时候并不能做到令人满意的程度。从资本主义制度本身来说，它本质上是一种以压迫、剥削下层民众为本性的制度，居于统治地位的资产阶级不可能与下层民众命运与共，而是总是考虑如何利用下层民众的廉价劳动力赚取剩余价值。马克思曾经一针见血地指出，资产阶级“用公开的、无耻的、直接的、露骨的剥削代替了由宗教幻想和政治幻想掩盖着的剥削”①。在马克思看来，资本主义社会的文明程度比奴隶社会、封建社会高，但这绝不意味着它是文明已经达到完美程度的社会。正因为如此，他呼吁无产阶级勇于充当资本主义社会的掘墓人，奋力创建社会主义社会，最终实现共产主义社会。

由于史料有限，我们对原始社会的很多认知建立在想象基础上。想象是一种思维方式。它并不总是可靠，但它毕竟具有一定的合理性。对于中华民族来说，我们在很多时候只能依靠有限的考古发现、神话叙事、历史叙事等途径了解自己的祖先在原始社会的生存状况。如果把中华民族的祖先在原始社会的生存描述为一种梦幻般的状况，这一定具有某些道理。

① 马克思，恩格斯. 马克思恩格斯文集：第二卷 [M]. 北京：人民出版社，2009：34.

中华文化发端于原始社会。与其他民族一样，中华民族在原始社会表现出极其严重的蒙昧性和野蛮性，但我们很早就形成了独具特色的文化思想。这样的文化思想主要表现为中华民族在远古时期谋求生存的思想理念、价值观念和理想信念，是中华民族在极其恶劣的自然环境下战天斗地的强大精神支撑，是中华民族精神的根基。

尊天法地的思想理念、价值观念和理想信念是中华原始文化的核心内容。原始社会的中华民族对天和地怀有强烈的敬畏，普遍倾向于把它们神圣化，认为人类是它们创生的产物，人类应该以天地为师，学习和效法天地的品德，只有这样，才能得到天地的庇佑。

《周易》这一经典淋漓尽致地阐述了中华原始文化尊天法地的思想理念、价值观念和理想信念。它撰写于文明社会，自殷末周初汇聚了多人智慧，系统论述了中华文化和中华文明的起源、演进路径、发展规律、主要内容、演变趋势等重大论题，是我们了解和研究中华文化和中华文明无法回避的一部经典。在本章中，我们通过分析《乾》卦、《坤》卦、《屯》卦、《蒙》卦和《需》卦来说明《周易》对中华原始文化尊天法地的思想理念、价值观念和理想信念的深刻论述。

第一，《乾》卦要求人们学习和效法自强不息而又不居功自傲的天德。《乾》卦象征天。《象传》说："天行健，君子以自强不息。"[①] 天居高临下，高高在上，创生万物，稳健运行，展现自强不息的品德，但它并没有显露出狂傲、霸道的恶行，而是总是表现

① 周易 [M]. 杨天才，张善文，译注. 北京：中华书局，2011：8.

出不卑不亢的稳重姿态。对于人来说，不仅仅应该学习天自强不息的品德，更应该学习它稳健的品德。这就是“潜龙勿用”的道理。天是宇宙万物的创生力量（元），但它并不居功自傲，追求万物亨通（亨）、和谐（利）、光明正大（贞）。

第二，《坤》卦要求人们学习和效法尊天顺天而又厚德载物的地德。

《坤》卦象征地。《象传》说：“地势坤。君子以厚德载物。”[①] 地位居天之下，但它也是创生万物的力量（元），追求万物亨通（亨）、和谐（利）、光明正大（贞）。它具有顺从之德，心甘情愿追随、顺从天之意、天之德，而不是与天作对。天德稳健，彰显阳刚之美；地德柔顺，充满阴柔之美；两者相比较而存在，相互依存，相辅相成，相得益彰。对于人来说，不仅仅应该学习地厚德载物的品德，更应该学习它柔顺的品德。

《乾》卦和《坤》卦在《周易》中位居前两位，既是在描述天和地的存在状况、本质特征和主要品德，也是在表达尊天法地的思想观点。人为天和地所创生，天和地为人的父母，人就应该学习和效法天之德和地之德。具体地说，无论是男人还是女人，都应该是阳性和阴性完美融合的统一体；男人应该以阳刚为本，但也不能跋扈霸道；女人应该以阴柔为本，但也应该自立、自强。

《周易》中的世界是阴阳两极构成的世界，是一幅太极图。天地并存，相辅相成，同生共荣，而不是相互敌对、相互对峙、相互抗衡。阴阳平衡、和谐是世界能够创生万物的基础。阳不能脱离阴而独善其身，阴也不能脱离阳而独立自主。整个世界以太极

① 周易 [M]. 杨天才，张善文，译注. 北京：中华书局，2011：29.

的方式存在，人类社会以太极的方式存在，人也以太极的方式存在。阴阳平衡，刚柔相济，万物才能生机勃勃。

第三，《屯》卦要求人们学习和效法天与地所遵循的阴阳平衡之道。

万物初生的图景是通过《屯》卦得到描述的。《乾》和《坤》卦试图实现的元亨利贞目标，必须通过《屯》卦得到初步落实。《屯》卦的卦辞说："屯：元亨，利贞。"[①] 根据《周易》的解释，《屯》卦既象征阴阳最初交融的伟大，也象征万物初生之难。《象传》说："'泣血涟如'，何可长也。"[②] 阴阳初交，其中有难以想象的困难，有难以想象的血泪，有难以想象的悲痛，这既是难以长久之象，也预示着世界万物必须不断进化。《屯》卦中的世界万物是初生的，因而是低级的，但它象征天地创生万物的开始。

第四，《蒙》卦要求人们学习和效法人类从蒙昧到启蒙、从野蛮到文明的必然性。

《周易》认为，世界万物的进化是一个循序渐进的过程，人类也不例外。《屯》卦之后是《蒙》卦。《蒙》卦的卦象，既是蒙昧、幼稚之象，也是启蒙、教育之象。《象传》说："山下出泉，蒙。君子以果行育德。"[③]《蒙》卦的卦象是指，山下流动着泉水，意味着蒙昧渐渐开启；君子应该以果断的行为培养美德。《蒙》卦暗示，人类必然从蒙昧走向启蒙、从野蛮走向文明；中华民族曾经经历过漫长的蒙昧、野蛮阶段，而后才逐渐步入启蒙、文明阶段；中华民族历来把道德教化视为实现人类启蒙和提升人类文明水平的

① 周易 [M]. 杨天才，张善文，译注. 北京：中华书局，2011：44.
② 周易 [M]. 杨天才，张善文，译注. 北京：中华书局，2011：52.
③ 周易 [M]. 杨天才，张善文，译注. 北京：中华书局，2011：55.

根本手段。

第五，《需》卦要求人们学习和效法世界万物所遵循的对立统一法则。

《蒙》卦之后是《需》卦。所谓“需”，意指“须”，即“等待”之意，因此，《需》卦象征真心诚意地等待，不能轻举妄动。在《需》卦中，中华民族崇尚的水德已经出场。不过，水是生命之源，但如果水流成川，也会给人造成前进的阻碍。《需》卦要求人们学习水滋养万物的品德，同时提醒人们应该看到水可能成为前进阻碍的事实。《象传》说：“云上于天，需。君子以饮食宴乐。”[①] 其意指，水在天上为云，云在天上可变成雨，雨最终会降落到地上，在这种情况下，君子应该在家中安享食物，静待天晴。

《周易》是一部晦涩难懂的书，但我们读懂它之后会发现，它从头至尾都是在用宇宙万物存在的道理教化人们，敦促人们尊天道、法地道、行人道。在《周易》中，天之道、地之道、人之道是相通的，但这种相通性的内在逻辑是天之道是元道或原道，地之道是遵循天之道的结果，人之道则是基于天之道、地之道衍生的道，因此，人的生存法则是人法地、地法天、天法道、道法自然。

我们可以借助《周易》来了解中华民族在原始社会创造的原始文化。它以图说卦象的方式，将中华民族乃至整个人类繁衍发展的历史和演进规律诠释得非常清晰，特别是把人类如何从蒙昧状况转入文明状况的过程叙述得非常明白。可以说，《周易》是中华文化的重要源头，对后来的儒家、道家、墨家等诸子百家都产生了巨大影响。

---

① 周易 [M]. 杨天才，张善文，译注. 北京：中华书局，2011：64.

我们之所以借助《周易》来诠释中华民族在原始社会创造的神秘朦胧的原始文化，是因为该书恰恰具有神秘朦胧的特征。《周易》本来就像一部天书，其中处处包含着深奥的道理、哲理，但那些道理、哲理又总是以晦涩、模糊的方式存在着。它是中华文化的缩影，既显得气势恢宏，又显得难以捉摸。

《周易》内含的文化品质能够在很大程度上代表中华文化和中华民族的品质。中华文化容易给外国人留下扑朔迷离的印象。这可能恰恰是世界上唯一没有出现中断的伟大文化的根本特征。由于源远流长、博大精深，它当然会显得难以把握。中华文化就如同一个伟大的智者，他拥有高深莫测的智慧，而普通人只能仰望他、敬畏他、崇敬他。

《周易》是一部智慧之书。它成书于文明社会，但它的智慧之根在中华民族生活的原始社会。我们可以跟随《周易》所描绘的图景，想象中华民族的神祖盘古开天辟地之功，想象中华民族的祖先在中华大地上采集、狩猎的艰难困苦。中华原始文化以尊天法地的思想理念、价值观念和理想信念作为核心内容，是中华文化绵延发展的根基。这一根基无比强大，为中华民族后来形成民胞物与、天人合一、人与自然和谐共生等思想观念奠定了基础。记住自己的原始文化根基，是中华民族应该代代相传的美德。

二、多元融合的中华优秀传统文化

中华优秀传统文化主要是指中华民族在中国封建社会创造的文化精髓。中国封建社会从战国时期一直延续到1840年鸦片战争。战国时期之前，中国处于奴隶社会。1840年鸦片战争至中华人民共和国成立前，这段时间的中国为半殖民地半封建社会。

中国封建社会长达两千多年。两千多年封建社会存在很多弊端和局限性，但也创造了丰富多彩、辉煌灿烂的中国古代文化。毛泽东指出："中国的长期封建社会中，创造了灿烂的古代文化。清理古代文化的发展过程，剔除其封建性的糟粕，吸收其民主性的精华，是发展民族新文化提高民族自信心的必要条件；但是决不能无批判地兼收并蓄。"[①] 中华民族在封建社会创造的中国古代文化包含大量积极成果，这就是我们通常所说的中华优秀传统文化。

中国封建社会的专制统治非常严密，但在文化领域总体上采取了多元主义文化政策。这既与中华文化早在春秋战国时期就形成的诸子百家争鸣格局有关，也与中华文化长期保持的开放性和包容性直接相关。中华民族具有崇尚文化多元主义的优良传统，

① 毛泽东邓小平江泽民论社会主义道德建设 [M]. 北京：学习出版社，2001：56.

历来对内部的不同民族文化和外来的异质文化都抱持开放、包容的态度。历史地看，我们除了在个别历史阶段片面推崇某种文化形态以外，大部分时间走的是文化多元主义道路。例如，秦始皇统一中国后，曾经焚书坑儒、独尊法家思想，但秦朝迅速灭亡，中国再次回归多元文化社会。汉武帝时期，董仲舒曾经推进“罢黜百家，独尊儒术”的文化运动，试图确立儒家思想的正统和主导地位，使之成为“大一统”的主流意识形态，但那场运动是否真正起到了统一社会意识形态的历史作用是需要商榷的。中华民族崇尚文化多元主义的意识根深蒂固，这并不是可以轻易改变的社会现实。

中华优秀传统文化是一个庞大的文化价值体系。它不是由某种单一的文化形态构成，更不是由某个单一的文化要素构成，而是由多种文化形态的多种文化要素构成。有趣的历史事实是，就在董仲舒推进“罢黜百家，独尊儒术”文化运动的同时，来自古印度的佛教文化在我国迅速传播，与我国土生土长的儒家文化、道家文化等文化形态相互融合，在我国形成了儒释道既相互争鸣又相互融合的文化格局。

中华优秀传统文化具有多种文化资源复杂融合的显著特征。在中国传统社会，尤其是汉唐以后，儒家、道家、墨家、法家、佛家等多种文化形态同时并存，相互影响，共同演奏出中华文化特有的交响乐。因此，在发掘和研究中华优秀传统文化时，我们不能想当然地将它简单地归结为一种由儒家、道家或其他某个流派构成的民族文化形态，而是应该高度重视、充分关注、深入研究它内部的多元性、多样性和复杂性。

中华优秀传统文化具有多元性、多样性和复杂性特征，但这绝不意味着它是不可归纳、总结的。习近平说："中华民族在长期实践中培育和形成了独特的思想理念和道德规范，有崇仁爱、重民本、守诚信、讲辩证、尚和合、求大同等思想，有自强不息、敬业乐群、扶正扬善、扶危济困、见义勇为、孝老爱亲等传统美德。中华优秀传统文化中很多思想理念和道德规范，不论过去还是现在，都有其永不褪色的价值。"① 这说明我们至少可以从思想理念、道德规范等方面对中华优秀传统文化的主要内容进行归纳总结。

本章拟从世界观、历史观、国家观、百姓观和道德观五个方面来归纳总结中华优秀传统文化的主要内容。

一是以道作为世界统领的世界观。中国哲学家普遍将"道"视为世界的统领。道家老子说："道大，天大，地大，人亦大。"② 显而易见，"道"在道家哲学中是统领世界的力量。儒家哲学家喜欢讲天、地、人"三才"，同时强调它们都受制于"道"，因而有天之道、地之道、人之道的区分。天、地、人不同，但它们都接受"道"的统领。《周易》说："有天道焉，有人道焉，有地道焉。兼三才而两之，故六。六者非它也，三才之道也。"③《周易》这本书讲述天之道、地之道、人之道；它兼容天、地、人三才而两两相重，所以形成了六爻；六爻并没有指向其他的意义，说的就是关于"三才"之道。受到中国哲学的影响，传统社会的中华民族对"道"怀有根深蒂固的信念。所谓"道"，是指世界存在的普遍规律。中国哲学要求人们求道、问道、悟道、知道、行道，就是要求人们善于探求事物发展的规律、领悟事物发展的规律、认知

① 习近平关于社会主义文化建设论述摘编 [M]. 北京：中央文献出版社，2017：144.
② 老子 [M]. 饶尚宽，译注. 北京：中华书局，2006：63.
③ 周易 [M]. 杨天才，张善文，译注. 北京：中华书局，2011：638.

事物发展的规律、遵循事物发展的规律，这是中华优秀传统文化的首要维度。

二是以史为鉴的历史观。善于从历史记忆中汲取经验教训，是中华优秀传统文化的重要内容，也是中华民族的突出优点。中华民族很早就形成了重视历史、尊重历史、维护历史、借鉴历史的优良传统。司马迁撰写《史记》，不仅是为了记录从轩辕黄帝到汉武帝的中国历史，更重要的是要引导人们从那一段历史中汲取经验教训。司马光著《资治通鉴》也是出于类似的目的。习近平说："历史是一面镜子，从历史中，我们能够更好看清世界、参透生活、认识自己；历史也是一位智者，同历史对话，我们能够更好认识过去、把握当下、面向未来。"① 总是把过去、当下和未来相联系来思考问题，总是把历史性、现实性和可能性相联系来思考问题，是中华民族早在传统社会就已经形成的优良传统，彰显了中华民族历史观的中国特色，体现了中华优秀传统文化的独特价值。

三是家国同构的国家观。每一个民族都有国家观，但这并不意味着所有民族具有同样的国家观。中华民族在国家观方面的独特之处在于，我们历来坚持家国同构的理念。也就是说，我们历来把家庭视为国家的缩影，称之为以"家"命名的国；与此同时，我们总是把国家视为放大的家，称之为以"国"命名的家；由于家国同构的思想理念根深蒂固，我们中华民族坚持把家庭和国家的命运紧密相连，坚持将两者的关系理解为一荣俱荣、一损俱损的关系。在中国传统社会，每一个中国人在家庭中是父母的儿女，

---

① 习近平关于社会主义文化建设论述摘编 [M]. 北京：中央文献出版社，2017：17.

在国家中则是国家的儿女。孟子说："人有恒言，皆曰'天下国家'。天下之本在国，国之本在家，家之本在身。"[①]其意指，天下、国家、家庭和个人命运相连，彼此是相辅相成的关系。家国同构的思想理念是中华优秀传统文化的重要维度，在铸牢中华民族共同体意识、增强中华民族的向心力和凝聚力、培养中华民族的爱国主义精神等方面发挥了极其重要的作用，受到一代代中华儿女的传承弘扬。

四是民为邦本的百姓观。如何认识和处理国家与百姓的关系，是中国古代政治哲学的一个聚焦点。孔子的《论语》对该问题有很多论述。例如，它要求统治者做到"尊五美，屏四恶"，"五美"是指"惠而不费，劳而不怨，欲而不贪，泰而不骄，威而不猛"，"四恶"是指"不教而杀谓之虐；不戒视成谓之暴；慢令致期谓之贼；犹之与人也，出纳之吝谓之有司"。[②]孔子所说的"五美"和"四恶"实质上都是统治者应该如何对待百姓的问题，其总体观点是要求统治者善待百姓，不虐待百姓。荀子指出："君者，舟也；庶人者，水也。水则载舟，水则覆舟。"[③]把百姓视为国家的根本，要求统治者善待百姓，这是中华优秀传统文化最有价值的思想之一。

五是以德润身的道德观。倡导以德润身是中国传统社会广泛传播的道德观。先秦道家、儒家、墨家等诸子百家都具有重视道德和强调以德润身的思想传统。老子说："含德之厚，比于赤子。"[④]如果一个人身上饱含道德，他可以比得上初生的婴儿。老子认为，只有通过修炼养成的道德才是"真德"。《大学》说："富润

① 孟子 [M]. 万丽华，蓝旭，译注. 北京：中华书局，2006：150.
② 论语 大学 中庸 [M]. 陈晓芬，徐儒宗，译注. 北京：中华书局，2015：240.
③ 荀子 [M]. 安小兰，译注. 北京：中华书局，2016：81.
④ 老子 [M]. 饶尚宽，译注. 北京：中华书局，2006：133.

屋，德润身，心广体胖，故君子必诚其意。”[①] 如果一个人有充足的财富，他可以花钱装饰他的房子，使之变得富丽堂皇；如果一个人的道德修养达到了很高程度，他的身心都会受益；如果一个人心胸开阔，他的身体自然也会变得舒适安泰。因此，君子一定要使自己行动的意念真诚。倡导以德润身的道德观，这既说明中华民族在中国传统社会对道德的内涵、功能、价值等问题已经有非常深刻、正确的认知，也说明中华民族传统道德观是中华优秀传统文化的伦理思想内核，是中华民族在传统社会创造的重要文化遗产。

中华优秀传统文化是一座文化宝库。它汇聚了儒家、道家、墨家、法家、佛家等各个哲学流派的世界观、历史观、国家观、百姓观、道德观，可谓是古代中国的哲学智慧库。这一智慧库是由中国哲学家建造，但它得到了中华民族的广泛价值认同，因此，它其实也是中华民族在中国传统社会打造的大智慧库。坚持以道统领世界，要求人们求道、问道、悟道、知道、行道；坚持以史为鉴，要求人们向历史记忆学习；坚持家国同构，要求人们将爱家和爱国有机统一起来；坚持民为邦本，要求统治者善待广大百姓；坚持以德润身，要求人们注重道德修养：所有这些思想都是中华优秀传统文化的思想精华。它们不仅具有历史合理性，而且具有哲学合理性。它们具有永不褪色的价值。

① 论语 大学 中庸 [M]. 陈晓芬，徐儒宗，译注. 北京：中华书局，2015：261.

三、气壮山河的中国革命文化

中国具有源远流长的革命文化传统，其源头可以追溯到秦朝。秦朝末年发生的陈胜吴广起义是我国历史上第一次大规模的农民起义。这些农民起义在中国历史上具有重要意义，为中国革命文化传统的形成发挥了奠基性作用。1840 年鸦片战争爆发以后，我国爆发了三元里抗英斗争、太平天国运动、洋务运动、戊戌变法、义和团运动、辛亥革命等旧民主主义革命运动，尤其是孙中山领导的辛亥革命推翻了统治中国几千年的封建专制制度，我国革命文化传统得到进一步延续和增强。1919 年，五四运动爆发，标志着中国共产党领导的新民主主义革命拉开帷幕。历经北伐战争、土地革命战争、抗日战争和全国解放战争，中国共产党团结带领中国人民夺取新民主主义革命胜利，创建了中华人民共和国。新民主主义革命时期是中国革命文化得到集中体现的历史时期。本章关于中国革命文化的探析，主要聚焦于中国共产党领导的新民主主义革命。

新民主主义革命时期是中华文明精神和中华文化精神受到血与火洗礼的历史时期。中华文明通过新民主主义革命形成的文化精髓主要有五个方面。

一是马克思主义思想的传入与新民主主义革命思想的形成。

十月革命一声炮响，给中国送来了马克思主义。马克思主义思想和理论在中国的传播和发展，是中国历史、中华文明史和中华文化史上具有里程碑意义的重大事件。它不仅为中国共产党诞生提供了思想基础，而且为中国共产党团结带领中国人民、中华民族开展新民主主义革命提供了正确理论指引。毛泽东说：“马克思列宁主义的普遍真理一经和中国革命的具体实践相结合，就使中国革命的面目为之一新，产生了新民主主义的整个历史阶段。”①

在新民主主义革命时期，中国共产党形成了马克思主义基本原理同中国具体实际相结合的新民主主义革命思想。它是马克思主义中国化产生的重要成果，为中国新民主主义革命取得伟大胜利提供了思想保证，彰显了马克思主义中国化的必要性和价值维度。习近平在党的二十大报告中指出：“马克思主义是我们立党立国、兴党兴国的根本指导思想。实践告诉我们，中国共产党为什么能，中国特色社会主义为什么好，归根到底是马克思主义行，是中国化时代化的马克思主义行。”② 马克思主义思想和理论是外来的，但一经转化为中国的新民主主义革命思想，它就获得了最强大生命力。中国新民主主义革命思想在新民主主义革命时期形成，深刻改变了中华文化和中华文明发展的格局和方向，是对中华文化和中华文明近代发展具有决定性影响的文化精神力量。

新民主主义革命时期形成的毛泽东思想，既是中华文明的重

① 毛泽东邓小平江泽民论社会主义道德建设 [M]. 北京：学习出版社，2001：31.

② 习近平. 高举中国特色社会主义伟大旗帜 为全面建设社会主义现代化国家而团结奋斗：在中国共产党第二十次全国代表大会上的报告 [M]. 北京：人民出版社，2022：16.

要精神标识，也是中华文明的重要文化精髓。新民主主义革命思想集中体现在毛泽东思想之中。毛泽东思想是马克思主义基本原理同中国具体实际相结合的伟大成果，是中国共产党团结带领中国人民夺取新民主主义革命胜利的指导思想。

二是伟大建党精神。

2021 年 7 月 1 日，习近平在庆祝中国共产党成立 100 周年大会上的讲话中指出："一百年前，中国共产党的先驱们创建了中国共产党，形成了坚持真理、坚守理想，践行初心、担当使命，不怕牺牲、英勇斗争，对党忠诚、不负人民的伟大建党精神，这是中国共产党的精神之源。"[①] 一百多年来，中国共产党团结带领中国人民，坚持弘扬伟大建党精神，并在此基础上建构了中国共产党的精神谱系。

伟大建党精神是中国共产党精神谱系的首要内容，是中华文明在新民主主义革命初期形成的文化精髓。它随着中国共产党的不断发展而发展，随着中国共产党精神谱系的不断拓展而拓展，是中国共产党和中国人民创造的新民主主义革命精神体系的第一种重要形态。

伟大建党精神是中国共产党的珍贵精神财富，也是中华民族的珍贵精神财富。中国共产党视之为精神之源、光荣传统、红色血脉，倍加珍视，不断将其发扬光大。中国人民也应该从中国共产党的伟大建党精神中汲取养料，以滋养和丰富中华民族精神，与中国共产党建构共同的精神家园。

三是伟大革命家精神。

---

① 习近平. 在庆祝中国共产党成立 100 周年大会上的讲话 [M]. 北京：人民出版社，2021：8.

伟大革命培养伟大革命家。革命家是社会革命的政治领袖，也是社会革命的精神领袖。伟大革命家的伟大之处在于，他们具有伟大革命家精神，拥有不同于常人的革命思想、革命价值观念和革命理想信念，能够在革命中发挥中流砥柱的关键作用。

我国在新民主主义革命时期产生了毛泽东、朱德、刘少奇、周恩来、任弼时、彭德怀、陈毅、聂荣臻、贺龙等老一辈无产阶级革命家。他们是坚定的马克思主义者，具有坚定的共产主义信仰，具有热爱中国共产党、热爱中国人民、热爱中华民族、热爱中国的崇高道德情怀，为新民主主义革命事业义无反顾、以身作则、鞠躬尽瘁，形成了伟大的无产阶级革命家精神。

毛泽东、朱德等无产阶级革命家身上的革命家精神，内含心有大我、大公无私、赤诚报国、甘于奉献、忠诚于党的伟大事业、全心全意为人民服务、一心一意谋取中华民族伟大复兴、勤勤恳恳奋斗等主要内容，在中国人民和中华民族中间具有广泛而深刻的影响，是激励中国共产党人与中国人民、中华民族命运与共、同舟共济、团结奋斗的强大精神力量。

四是伟大革命牺牲精神。

革命年代催生革命英雄。革命英雄的共同特征在于，他们都具有坚不可摧的革命信念，都具有不懈奋斗的革命意识，都具有赴汤蹈火的革命勇气，都具有抛头颅、洒热血的革命气概，都具有舍我其谁的革命精神。

我国新民主主义革命时期涌现了难以计数的革命烈士。他们具有为人民服务的真挚道德情感，具有坚强革命意志，具有革命英雄主义精神，为夺取革命胜利忠贞不渝、不畏艰难、不怕牺牲、前赴后继，彰显了无比坚定的革命信念，形成了无比壮烈的革命牺牲精神。革命战士在马克思主义思想和理论指导下，在中国共产党坚强领导下，在共产主义信念引领下，在广大人民群众大力支持下，不怕苦、不怕累、不怕牺牲，勇往直前，形成了坚不可摧的革命信念和勇往直前的革命奋斗精神。

革命战士在新民主主义革命时期形成的伟大革命牺牲精神，是中国革命记忆的重要内容。习近平说："我们一定要牢记革命先辈为中国革命事业付出的鲜血和生命，牢记新中国来之不易。"①为了纪念、记住、传承、弘扬它，党和政府在北京天安门广场修建了人民英雄纪念碑，在全国各地修建了烈士陵园、革命纪念馆、革命博物馆等纪念性设施。李大钊、蔡和森、缪伯英、夏明翰、刘胡兰、江姐等革命烈士永远活在中国人民心中。

五是伟大革命奉献精神。

伟大革命需要伟大人民的大力支持。李自成领导的明末农民起义是在广大人民的支持下发动的，但它最终因为没有为人民谋取利益而失去人民的支持。辛亥革命失败的根本原因是它没有发动人民，没有得到人民的广泛支持。

中国共产党领导的新民主主义革命之所以能够成功，除了具有马克思主义的思想指导、中国共产党的英明领导等重要原因以外，从根本上来说是因为它得到了中国人民的最广泛支持。中国共产党为人民而革命，为人民而奋斗，为人民谋取根本利益，因而能够得到中国人民的大力支持。

中国人民是善良、勤劳、勇敢的人民。每当国家和民族陷入危难，中国人民总是会挺身而出、迎难而上。在新民主主义革命

---

① 习近平. 论中国共产党历史 [M]. 北京：中央文献出版社，2021：13.

时期，中国人民在人财物上全力支持中国共产党领导的革命运动，展现了难能可贵的革命奉献精神。

习近平说：“淮海战役的胜利是靠老百姓用小车推出来的，渡江战役的胜利是靠老百姓用小船划出来的。任何时候我们都要不忘初心、牢记使命，都不能忘了人民这个根，永远做忠诚的人民服务员。”[①] 新民主主义革命是中国人民广泛参与的革命。中国人民饱受帝国主义、封建主义和官僚资本主义三座大山的压迫之苦，饱受外国侵略者、封建贵族、资产阶级的多重剥削之苦，具有想翻身、想解放的强烈愿望。中国共产党是为他们的根本利益而革命的政党，因此，他们挺身而出，甘于奉献，为中国共产党提供了尽心尽力的支持。如果没有中国人民的全力支持，新民主主义革命胜利是难以想象的。

新民主主义革命是一场从根本上改变中国发展局面、中华民族前途命运、中华文明进步方向的革命。中国共产党坚持以马克思主义为指导，坚持依靠广大人民，坚持团结一切可以团结的力量，开展推翻帝国主义、封建主义和官僚资本主义的革命斗争，实现“站起来”目标，创造了气壮山河的中国革命文化，为中华文明发展史增添了感天动地的辉煌篇章。

中国革命文化值得中华儿女代代传扬。立足中国特色社会主义新时代，享受着前所未有的美好生活，我们应该牢记近代以来为民族独立和人民解放顽强奋斗的所有仁人志士，牢记为中国共产党建立、巩固和发展以及为夺取新民主主义革命胜利做出重大贡献的毛泽东、周恩来、刘少奇、朱德、邓小平、陈云等老一辈无产阶

---

① 习近平. 论中国共产党历史 [M]. 北京：中央文献出版社，2021：13.

级革命家，牢记为夺取新民主主义革命胜利而英勇献身的革命烈士，牢记为夺取新民主主义革命胜利而无私奉献的广大人民群众。这些人身上承载着惊天地、泣鬼神的中国革命文化精神。

四、守正创新的社会主义先进文化

中华人民共和国成立，标志着中华民族实现“站起来”奋斗目标，标志着中国发展从此开启了新纪元，标志着中国式现代化进程拉开帷幕，标志着中华文明增添了社会主义先进文化这一文化精髓。

社会主义先进文化是中国共产党在马克思主义文化思想指导下团结带领中国人民创造的具有中国特色的社会主义文化形态，是马克思主义文化思想与中华民族的文化生活实际相结合、与中华优秀传统文化相结合的产物，是以社会主义作为其根本特征和鲜明特色的文化范式。

社会主义先进文化是以中国共产党党员的先进性作为价值引领的社会主义文化形态。中国共产党是用马克思主义武装起来的无产阶级政党，是中国工人阶级、中国人民和中华民族的先锋队，是中国新民主主义革命和中国特色社会主义建设事业的领导核心，代表中国先进生产力和先进文化的前进方向。它不仅要求党员干部在各个方面展现先进性，而且要求他们用自身的先进性引领中国社会发展、中华文化发展和中华文明发展。

人民性是社会主义先进文化不同于其他文化形态的根本之处。纵观人类文化发展史，奴隶社会的文化是由奴隶主主导的文化形态，其根本宗旨是维护奴隶主的根本利益和奴隶制度的合理性基础；封建社会的文化是由封建贵族主导的文化形态，其根本宗旨是维护封建贵族的根本利益和封建制度的合理性基础；资本主义社会的文化是由资产阶级主导的文化形态，其根本宗旨是维护资产阶级的根本利益和资本主义制度的合理性基础。由于新中国实行的是人民民主专政制度，社会主义先进文化的主导权掌握在广大人民手中，其根本宗旨是维护广大人民的根本利益和社会主义制度的合理性基础。

凸显人民性是社会主义先进文化的本质要求。“人民”在新中国获得了特别显赫、特别突出的地位。新中国的全称是中华人民共和国，说明社会主义中国属于中国人民；中国共产党将为人民服务确立为自己的根本宗旨，说明中国共产党是中国人民的政党；中华人民共和国的行政人员被称为“人民公仆”，教师被称为“人民教师”，医生被称为“人民医生”，警察被称为“人民警察”，说明社会主义社会的所有职业都是为人民服务的职业。在社会主义中国，“人民”不仅是社会主义先进文化的精神标识，而且是它的文化精髓；社会主义先进文化永远不能丧失其人民性。

中华文明通过社会主义先进文化展现的文化精髓主要有三个方面。

一是具有中国特色的社会主义思想。

具有中国特色的社会主义思想，是中国共产党团结带领中国人民、中华民族，在社会主义革命和建设、改革开放和社会主义现代化建设、中国特色社会主义建设过程中探索建构的科学社会主义思想，包括毛泽东思想、邓小平理论、“三个代表”重要思想、科学发展观、习近平新时代中国特色社会主义思想等重要内容。

习近平新时代中国特色社会主义思想是具有中国特色的社会主义思想发展的最新成果，是中华文明在思想领域产生的最新文化精髓。《中共中央关于党的百年奋斗重大成就和历史经验的决议》指出：“习近平新时代中国特色社会主义思想是当代中国马克思主义、二十一世纪马克思主义，是中华文化和中国精神的时代精华，实现了马克思主义中国化新的飞跃。”①

具有中国特色的社会主义思想是适合中国国情的总体发展观，是社会主义中国推进国家发展、社会发展、文明发展和文化发展的总观念，是我国在新时代推进改革开放、“五位一体”总体布局、“四个全面”战略布局、国家治理体系和治理能力现代化、中华民族伟大复兴、人类命运共同体构建和创造人类文明新形态的思想统领。

具有中国特色的社会主义思想是一面光辉耀眼的发展观旗帜、观念旗帜和思想旗帜，是激励中国共产党、中国人民不断推进中国式现代化和社会主义建设事业的强大精神动力，是社会主义中国在世界百年未有之大变局中能够不断创造发展奇迹的根本秘诀。它是中国社会主义先进文化的主导精神，决定着中国社会主义先进文化发展的总体方向和根本性质。

在具有中国特色的社会主义思想感召和引导下，中国共产党领导中国人民、中华民族实现了第一个百年奋斗目标，全面建成了小康社会，历史性地解决了绝对贫困问题，取得了社会主义革

① 中共中央关于党的百年奋斗重大成就和历史经验的决议 [M]. 北京：人民出版社，2021：26.

命和建设的伟大成就、改革开放和社会主义现代化建设的伟大成就以及新时代中国特色社会主义的伟大成就，目前正满怀信心地朝着全面建成社会主义现代化强国的第二个百年奋斗目标迈进。

二是具有中国特色的社会主义价值观念。

具有中国特色的社会主义价值观念就是当代中国价值观念，其核心是社会主义核心价值观。习近平说："历史和现实都表明，核心价值观是一个国家的重要稳定器，能否构建具有强大感召力的核心价值观，关系社会和谐稳定，关系国家长治久安。"[①] 社会主义核心价值观是中国共产党团结带领中国人民，在推进社会主义革命和建设、改革开放和社会主义现代化建设、中国特色社会主义建设的过程中逐步建构的价值观念体系，对建设何种社会主义国家、建设何种社会主义社会、培养什么样的社会主义建设者和接班人等根本问题进行了明确规定，是指引社会主义中国发展的国德、大德。

具有中国特色的社会主义价值观念还包括以人民为中心、全过程人民民主、全体人民共同富裕、物质文明与精神文明协调发展、人与自然和谐共生、和平发展等重要内容。以人民为中心的价值观念是中国共产党在长期坚持"为人民服务"这一伦理原则基础上形成的，其根本要求是把人民作为发展的出发点，也把人民作为发展的根本目的。全过程人民民主是基于社会主义民主政治的本质属性而建构的一种民主制度和政治价值观念，其根本目的是全方位实现人民民主专政，实现坚持党的领导、人民当家作主、依法治国有机统一。共同富裕是社会主义的本质要求，也是

---

① 习近平关于社会主义精神文明建设论述摘编 [M]. 北京：中央文献出版社，2022：98.

中国式现代化的重要特征，体现中国共产党始终把人民对美好生活的追求当作奋斗目标的初心和使命。在发展压力巨大的情况下，我国站在人与自然和谐共生的高度谋求发展，大力倡导和践行人与自然和谐共生的生态道德价值观念，彰显了中国共产党、中国人民、中华民族坚持推进生态文明建设的担当精神。

社会主义中国始终坚持和平崛起、和平发展、和平复兴、和平强国的价值观念，不走一些国家通过战争、殖民、掠夺等方式推进现代化的老路，始终致力于弘扬以和平发展造福全人类的国际道德价值观念。

三是具有中国特色的社会主义理想信念。

具有中国特色的社会主义理想信念，就是中国特色社会主义共同理想。中国共产党、中国人民、中华民族团结一心、同心同德，把中国特色社会主义当作共同理想。中国特色社会主义共同理想包括全面建成小康社会、推进国家治理体系和治理能力现代化、实行共建共治共享社会治理制度、实现中华民族伟大复兴、实现全体人民共同富裕、建成社会主义现代化强国等具体内容。

社会主义中国的一切力量都围绕中国特色社会主义这一共同理想而汇聚。由于具有这一共同理想，中国共产党的领导地位得到进一步巩固，中国人民、中华民族更加紧密团结在以习近平同志为核心的党中央周围。中国特色社会主义是引导中国共产党、中国人民不断增强中国特色社会主义道路自信、理论自信、制度自信和文化自信以及实现中华民族伟大复兴的中国梦、实现第二个百年奋斗目标的强大精神动力。

总而言之，社会主义先进文化是守正创新的社会主义文化形态。它始终坚持以马克思主义为根本指导，始终坚持中国共产党领导，始终坚持人民性立场，始终坚持弘扬中华优秀传统文化，同时注重思想创新、理论创新、道路创新、制度创新，因而能够不断焕发出勃勃生机和强大活力。

社会主义先进文化的最新成果是中国特色社会主义文化。习近平说："中国特色社会主义文化积淀着中华民族最深层的精神追求，代表着中华民族独特的精神标识，是中国人民胜利前行的强大精神力量。"[①] 中国特色社会主义文化是社会主义先进文化在中国式现代化强有力驱动下取得的最新发展成果。党的十八大以后，习近平文化思想逐渐形成，对中国特色社会主义文化的建构和发展发挥了根本指导作用，推动着中国特色社会主义文化沿着守正创新的道路蓬勃发展。

建设社会主义文化强国，需要大力发展中国特色社会主义文化。中国特色社会主义文化是社会主义先进文化的发展目标，说明社会主义先进文化的先进性就在于它的中国特色，说明社会主义先进文化不可能是封建文化或资本主义文化的翻版，说明社会主义先进文化只能通过具有中国特色的思想理念、价值观念和理想信念才能体现出来。在西方资本主义文化试图主导世界的背景下，中华民族应该繁荣发展中国特色社会主义文化，应该充分彰显社会主义先进文化的比较优势。

① 习近平关于社会主义文化建设论述摘编 [M]. 北京：中央文献出版社，2017：14.

五、构建人类命运共同体的文化思想

党的十八大以后，近代以来历经磨难而始终保持自强不息、厚德载物精神的中华民族，将中国特色社会主义建设事业推进新时代，同时以更加积极、更加富有建设性的态度参与全球治理，从而在谋求自身发展和促进世界发展两个维度做出卓越贡献。基于对当今世界格局、国际社会现状和人类文明发展规律的深刻认识、理解和把握，我国提出了构建人类命运共同体的方案。这不仅体现了当代中华民族追求世界大融合和全人类同生共荣的良好愿望和伦理智慧，而且彰显了当代中华民族胸怀世界大局、心系国际道义、谋求人类共同利益、着眼长远理想、积极参与全球治理的道德态度和伦理思想境界。提出构建人类命运共同体的中国方案是中华文化和中华文明国际化的重要表现。对此，我们需要从国际伦理的角度展开深入系统的解析。

我国倡议构建的人类命运共同体究竟是何种性质的共同体？这既是我们宣传和传播“构建人类命运共同体”这一中国方案需要解答的首要问题，也是人们了解和认知该方案时必然会追问的首要问题。

习近平在党的十九大报告中呼吁："各国人民同心协力，构建人类命运共同体，建设持久和平、普遍安全、共同繁荣、开放包容、清洁美丽的世界。"[①]这段重要论述描绘了人类命运共同体的宏伟蓝图，但并没有对它的性质作出明确说明。我们认为，中国方案中的人类命运共同体在构建内容上涉及军事、政治、经济、文化、外交、自然环境、伦理等多个领域，其内涵丰富而复杂，但它本质上是一个伦理共同体，主要是对中华民族和马克思主义经典作家探求"共同体"的伦理思想传统进行创造性转化和创新性发展的产物。

中华民族探求"共同体"的伦理思想传统源远流长，为当今中国提出构建人类命运共同体的方案提供了历史合法性思想资源。例如，传统儒家伦理思想对内强调民族共同体意识，倡导整体主义价值观，弘扬以国为家、天下为公的伦理精神，致力于建构以追求"大同"为核心伦理价值取向的社会共同体。《礼记》说："大道之行也，天下为公，选贤与能，讲信修睦。故人不独亲其亲，不独子其子，使老有所终，壮有所用，幼有所长，矜寡孤独废疾者皆有所养，男有分，女有归。货恶其弃于地也，不必藏于己；力恶其不出于身也，不必为己。是故谋闭而不兴，盗窃乱贼而不作，故外户而不闭。是谓大同。"[②]所谓"大同社会"，就是天下一家、道德秩序良好、分配正义得到充分实现的社会共同体和伦理共同体。对外，传统儒家强调亲仁善邻、讲信修睦、和平相处的国际伦理精神。《左传》指出："亲仁善邻，国之宝也。"[③]其意指，

---

① 习近平.决胜全面建成小康社会 夺取新时代中国特色社会主义伟大胜利：在中国共产党第十九次全国代表大会上的报告[M].北京：人民出版社，2017：58—59.

② 礼记译解[M].王文锦，译解.北京：中华书局，2016：298.

③ 李索.左传正宗[M].北京：华夏出版社，2011：16.

仁爱、友好地对待邻居和邻邦是一个国家最应该做的事情。由于中华民族历来重视国际文化交流，并坚持用“亲仁善邻”“讲信修睦”“睦邻友好”等国际伦理原则处理国际关系，我国才创造了丝绸之路联结欧亚、郑和七次下西洋联通亚非、鉴真东渡扶桑传经等历史典故，也才有了中华文化深刻影响世界尤其是亚洲国家和民族的光荣历史。

中华民族具有以史为鉴的优良传统。老子说：“执古之道，以御今之有。能知古始，是谓道纪。”① 其意为，把握古有之道，可以用于处理当今的事物；了解事情发生的历史，才算是懂得“道”的纲纪。习近平更是强调：“坚定文化自信，离不开对中华民族历史的认知和运用。历史是一面镜子，从历史中，我们能够更好看清世界、参透生活、认识自己；历史也是一位智者，同历史对话，我们能够更好认识过去、把握当下、面向未来。”② 我们认为，构建人类命运共同体的中国方案首先是当代中华民族对中国历史上形成的各种共同体思想进行传承发展的产物。

另外，马克思主义哲学中的共同体思想不仅高度系统化，而且具有深厚国际伦理意蕴，为当今中国提出构建人类命运共同体的方案提供了科学理论依据和指导思想。马克思主义经典作家都是胸怀共同体理想的哲学家。在领导英国、法国、德国等国工人运动的过程中，马克思、恩格斯呼吁“全世界无产者，联合起来！”结成工人阶级国际联盟或工人阶级共同体。③ 列宁也指出，工人阶级需要统一，因为一盘散沙的工人必定一事无成，只有联

① 老子 [M]. 饶尚宽，译注. 北京：中华书局，2006：34.
② 习近平关于社会主义文化建设论述摘编 [M]. 北京：中央文献出版社，2017：17.
③ 马克思，恩格斯. 马克思恩格斯文集：第二卷 [M]. 北京：人民出版社，2009：66.

合起来的工人才能无所不能。另外，马克思、恩格斯还强调，无产阶级旨在通过革命手段建立的社会主义社会不仅应该遵循两个国际原则，即“和平”和“团结”，而且应该“维护真正的国际主义精神，这种精神不容许产生任何爱国沙文主义，这种精神欢迎无产阶级运动中任何民族的新进展”。① 马克思主义经典作家所倡导的“真正的国际主义”是“无产阶级的国际主义”。② 它与狭隘的民族主义或爱国主义具有根本区别。尤其重要的是，他们主张建立人人平等、人人自由、人人有尊严的共产主义社会，并称之为“自由人的联合体”——在这样一个联合体里，“每个人的自由发展是一切人的自由发展的条件”③。

马克思主义理论是我国夺取社会主义革命胜利和推进社会主义建设事业的法宝，当然也是当代中华民族提出人类命运共同体构建方案的科学理论依据和指导思想。在中国特色社会主义进入新时代的背景下，我们可以在中国特色社会主义思想和理论的框架内发展马克思主义，但绝对不能丢失其中的真理。正如习近平所说：“马克思列宁主义、毛泽东思想一定不能丢，丢了就丧失根本。”④ 构建人类命运共同体的中国方案是当代中华民族对马克思主义共同体思想进行继承和发展而取得的重要成果。它由胡锦涛同志 2012 年在党的十八大报告中通过“倡导人类命运共同体意识”的重要论断正式提出。此后，习近平在他的系列重要讲话中先后

---

① 韦冬，王小锡. 马克思主义经典作家论道德 [M]. 北京：中国人民大学出版社，2017：417—418.

② 韦冬，王小锡. 马克思主义经典作家论道德 [M]. 北京：中国人民大学出版社，2017：419.

③ 马克思，恩格斯. 马克思恩格斯文集：第二卷 [M]. 北京：人民出版社，2009：53.

④ 习近平关于社会主义文化建设论述摘编 [M]. 北京：中央文献出版社，2017：59.

100多次论及该方案。在党中央和中国政府领导人的积极努力下，构建人类命运共同体的中国方案在2017年被写进了联合国社会发展委员会、人权理事会等国际机构的会议决议，说明方案与当代人类对世界发展的普遍道德价值认识、道德价值判断和道德价值选择高度契合，具有强大生命力、影响力和感召力。虽然构建人类命运共同体目前还是一个道德理想，但是它从根本上反映了当代人类对世界发展前景的国际道德价值判断和诉求，因而在国际社会得到了越来越多的道义支持和价值认同。我们认为，中国倡议构建的人类命运共同体蕴含能够被世界各国或世界人民普遍接受的国际伦理精神。它以强调“世界各国命运与共”作为国际伦理精神的核心，同时倡导五种国际伦理意识。

一是同舟共济的生存意识。“在这个太空中，只有一个地球在独自养育着全部生命体系。”[①]地球是搭载全人类和世界各国的一艘船，人类和世界各国都是它的乘客。加拿大传播学家麦克卢汉称这艘船为“地球村”[②]，它在浩瀚宇宙中显得非常渺小，但只有它才能承载人类生命之重。人类和世界各国共乘一艘地球之舟，唯有同舟共济才能并存和发展。树立同舟共济的生存意识是人类认知人类命运共同体的内涵和要义的首要环节，也是人类树立命运共同体意识的首要环节。要构建人类命运共同体，当代人类应该成为“世界主义者”：“一个世界主义者应该是一个认为世界是我们共享的家乡，会产生出某种像‘地球村’这样的自我意识的人。”[③]

二是同甘共苦的忧乐意识。共处一个地球，彼此的命运息息

---

①沃德，杜博斯.只有一个地球：对一个小小行星的关怀和维护[M].《国外公害丛书》编委会，译.长春：吉林人民出版社，1997：260.

②麦克卢汉.理解媒介：论人的延伸[M].何道宽，译.南京：译林出版社，2011：50.

③阿皮亚.认同伦理学[M].张容南，译.南京：译林出版社，2013：273.

相关，世界各国的甘苦是相连相通的，一国的甘苦同时也是其他国家的甘苦；因此，要构建人类命运共同体，世界人民应该培养同甘共苦的忧乐意识，即能够乐他国之乐、忧他国之苦，而不是对他国的甘苦采取漠不关心、幸灾乐祸或落井下石的邪恶态度。

三是同心同德的团结意识。人类命运共同体是以世界各国或人类作为成员的，因此，树立同心同德的团结意识十分必要。如果共同体成员不能心往一处想、力往一处使，共同体就会因为缺乏必要的向心力、凝聚力和团结力而如同一盘散沙，我行我素、自私自利、损人利己的行为就会在各个成员中间时有发生，人类命运共同体的存在也就名不副实。

四是同生共荣的荣辱意识。“荣辱之来，必象其德。”[①]一切荣誉和耻辱的产生都与人的思想品德有关。人类命运共同体的每一个成员应该具有必要的荣辱意识，不断强化“一荣俱荣，一损俱损”的价值观念，并能够正确认识和处理义利关系问题。只有知荣辱、共荣辱，世界各国或世界人民才能同生共荣。一个国家自觉维护国际公平正义，世界各国光荣；一个国家置国际公平正义于不顾，世界各国羞耻。只有树立这种同生共荣的意识，人类命运共同体才能成为一个真正意义上的伦理共同体。

五是同进同退的合作意识。人类命运共同体的构建需要落实到具体的行动上。它不否定世界各国根据各自的国情选择发展道路、理论、制度和文化的自主权，但要求各国在面对世界经济动能不足、贫富分化日益严重、恐怖主义、网络安全、生态危机等共同问题和共同挑战的时候步调一致地行动，而不是各自为政、

① 荀子 [M]. 安小兰，译注. 北京：中华书局，2016：6.

各行其是。只有在行动上同进同退，世界各国或世界人民才能形成人类命运共同体必不可少的合作精神。

当代中华民族倡议构建的人类命运共同体本质上是一个国际伦理共同体。它由世界各国构成，但并不要求各国抛弃适合本国国情的发展道路、发展理论、发展制度和发展文化，而只是呼吁世界各国弘扬以“命运与共”为核心价值取向的国际伦理精神，培养同舟共济、同甘共苦、同心同德、同生共荣、同进同退的国际伦理意识，其目的是要将我们共同生活的世界建设成为一个持久和平、普遍安全、共同繁荣、开放包容、清洁美丽的世界。作为一个国际伦理共同体，人类命运共同体的灵魂是其自身内含的国际伦理精神。

需要强调的是，我国倡议构建的人类命运共同体与美国试图构建的“世界共同体”具有根本区别。冷战结束之后，美国企图“统一”世界的野心日益膨胀。它试图将世界各国纳入它的国家意志支配之下，并建构一种以美国担任世界领导、由美国说了算的国际秩序。这种国际秩序是以美国为世界绝对权威的单极统一性，具有霸权主义本质，它的道德合理性常常在国际社会遭到质疑和批评，美国的国家形象和国际道德影响力也常常因此而受损。与美国追求“单极统一性”不同，我国倡议构建的人类命运共同体具有截然不同的伦理特质。它以反对霸权主义作为伦理底色，强调国与国之间的平等国际地位，主张世界各国在“和而不同”的原则下结成命运与共的国际伦理共同体。这种共同体是多极的统一，旨在体现世界各国追求平等相处、协同进步、同生共荣等国际道德价值诉求。正因为如此，提出构建人类命运共同体的方案之后，我国的国家形象和国际道德影响力得到了大幅度提升。它不仅让世界人民看到了以构建人类命运共同体的方式与霸权主义相抗衡以及增进人类共同价值和共同利益的希望，而且让世界各国更多、更深地了解了社会主义中国的国家形象及其参与全球治理、推进世界发展的善良愿望和国际道德价值诉求。

第四章

中华文明的突出特性

中华文明是中华民族在中华大地上共同创造的伟大文明，也必然因为具有中华民族的显著特征、特色而形成自身的突出特性。2023年6月2日，习近平出席文化传承发展座谈会，并发表重要讲话，要求深刻把握中华文明的突出特性，并且将其归纳为突出的连续性、创新性、统一性、包容性、和平性五个方面，为我国社会各界全面深入了解中华文明的发展历史、有效推动中华优秀传统文化创造性转化和创新性发展、进一步推进中国特色社会主义文化建设和更好承担中华民族现代文明建设使命指明了正确方向。

一、中华文明的突出连续性

中华文明具有非常突出的连续性。它是世界上唯一连续不断、绵延不绝的文明形态，一直保持着勃勃生机和旺盛生命力，一直作为中华民族的共同基因和精神血脉而存在，一直源源不断地为中华民族发展壮大提供着强大精神支撑和动力支持。

中华文明的突出连续性是中华文明内生的突出特性。它具有五千多年发展历史，其间经历过曲折、跌宕，甚至在近代一度陷入难以为继的危机，但它凭借自身的强大韧性和顽强，始终保持着自身的主体性、独立性和强大生命力，始终作为中华民族的共同精神家园而存在，始终为中华民族在中华大地上安身立命、繁荣发展提供精神上的保驾护航。

第一，国家形态连续性是中华文明具有突出连续性的第一个重要标志。

中国一直作为中华民族的政治共同体而存在。进入文明社会以后，中华民族经历了错综复杂的朝代更替，自夏朝到清朝为止，共有几十个朝代，但无论朝代如何更替，我国的国家形态没有发生根本改变。中华民族在历史上一直具有强烈的共同国家意识，并且一直执着地维系着这种意识和国家形态的连续性。中华民国成立，标志着我国进入现代国家发展阶段，但它本质上依然是中国。中华人民共和国成立，象征我国进入中国式现代化发展阶段，但它也没有从根本上偏离中国的国家形态。在我国历史上，国家的名称和内涵都发生过很多变化，但国家形态始终保持着显著的连续性、稳定性，保持着“周虽旧邦，其命惟新”[①]的总体特征。

中国的国家形态连续性是依靠中华民族的“中国心”得到维系的。所谓“中国心”，就是中华儿女共有的家国情怀，就是中华儿女代代相传的爱国主义精神。每当国家危难之时，中华儿女都会挺身而出、团结奋斗，为维护国家形态连续性而英勇战斗。在近代，为了维护国家形态连续性，中华儿女与穷凶极恶的外国侵略者进行了殊死搏斗。根深蒂固的家国情怀，是中华民族维系国家形态连续性的根本保证。

第二，历史连续性是中华文明具有突出连续性的第二个重要标志。

中华民族在中华大地上繁衍发展，经历过原始社会、奴隶社会、封建社会、半殖民地半封建社会，目前处于社会主义社会初级阶段。在此过程中，我们有过分分合合，发生过难以计数的内部冲突，甚至多次诉诸战争解决问题，但无论内部矛盾尖锐到何种程度，各个民族始终坚守着这样一条底线，那就是不能让中华民族的历史出现不可逆转的断裂或中断。

中华民族具有尊重历史、维护历史和捍卫历史的优良传统。作为一个特别重视哲学智慧的民族，我们很早就懂得了失去历史

① 论语 大学 中庸 [M]. 陈晓芬，徐儒宗，译注. 北京：中华书局，2015：254.

就等于失去根本的道理，很早就懂得了必须不断向历史学习的道理，很早就懂得了必须重视历史记忆刻写的道理，很早就懂得了从历史中获取经验教训的道理。正因为如此，无论朝代如何更替，我们始终非常谨慎地维系着自己作为一个民族的共同历史，始终非常谨慎地维系着自己作为一个民族的历史记忆。由于懂得尊重历史、维护历史和捍卫历史的重大意义和价值，我们具有保护中华文明突出连续性的强烈愿望和高度自觉。

中华民族的整体历史从来没有出现根本性断裂。早在三皇五帝时期，各个贤能帝王都把维护中华民族的历史连续性当作最高使命。神农氏在中华儿女中间传授农耕技术和医疗技术，在各个原始部落中间具有极高威望，能够肩负统领天下的使命，但当他年老力衰、无力维系天下统一时，轩辕黄帝应运而生，担当起承上启下的历史使命。春秋战国时期，诸侯争霸导致中国社会长期动荡，严重阻碍了中国经济社会发展，但当统一成为大势所趋时，秦始皇挺身而出、一统天下，中华民族从此进入了长达两千多年的封建社会。纵然是在近代，我国遭受了外国列强轮番侵略，中华民族遭遇百年劫难，但在全体中华儿女的共同努力下，中华民族也能扶民族历史大厦之将倾。

第三，语言连续性是中华文明具有突出连续性的第三个重要标志。

语言是文明之光。虽然语言并非人类的专利品，但是人类语言的产生确实使人类文明得到了澄明。没有人类语言，就没有人类文明。

汉语和汉字是中华文明的主要载体。“汉语的历史十分久远，根据史料的记载，它在绵长悠久的历史发展中，经历了与境内外其他民族语言密切交流的发展过程，是以汉民族为主体，同时融合了其他民族语言因素而形成的。华夏民族很早就创造了独特的记录自己语言的书面符号——汉字。”[①] 根据最近几十年出土的文物资料，用汉语和汉字表达的中华文明至少具有五千多年历史。

汉语源远流长，历史悠久，具有非常突出的连续性。我国语言学界指出：“汉语是目前世界上唯一的几千年来一直使用表意语素文字的语言。汉语有文字记载的历史上下数千年，它的分布地区在中国境内纵横数万里。”[②] 在我国境内，“除汉族外，回族、满族、畲族等也都使用汉语，蒙古族、壮族、傣族、苗族、白族、布依族、土家族等十几个少数民族既使用本族语言，也使用汉语。其他民族中也有不少是兼通汉语的。所以，实际上汉语已经成为中华民族共同使用的一种交际工具”[③]。

汉语经历了从古代汉语到近代汉语再到现代汉语的历史演变，但它一直保持着表意语言的根本特征。汉语的连续性是中华文明具有突出连续性的重要基础，也是中华文明具有突出连续性的重要表征。长期以来，中华民族在中华大地上一直说着自己的语言。在近代，外国列强入侵中华大地，试图强迫中华儿女学习英语、法语等外语，以达到它们消灭中华文明的邪恶目的，但由于中华儿女始终顽强地维护汉语的主体地位，那些外语始终没有能力取代汉语，中华文明的连续性得到了很好保护。

---

① 北京大学中文系现代汉语教研室. 现代汉语 [M]. 增订本. 北京：商务印书馆，2012：1.

② 北京大学中文系现代汉语教研室. 现代汉语 [M]. 增订本. 北京：商务印书馆，2012：2.

③ 北京大学中文系现代汉语教研室. 现代汉语 [M]. 增订本. 北京：商务印书馆，2012：2.

第四，文化连续性是中华文明具有突出连续性的第四个重要标志。

中华民族长期共同生活在中华大地上，共同创造了辉煌灿烂的中华文化。中华文化从一开始就自成体系，并且始终保持着突出的连续性。

中华文化本质上是哲学型文化。中华民族在历史上创造了文学、音乐、舞蹈、雕刻、建筑、占卜、哲学等文化形态，但我们对哲学的敬畏是最强烈的。在推崇哲学方面，世界上没有其他民族可以与我们中华民族相提并论。我们喜爱文学、音乐、舞蹈等文化形态，但我们对它们的喜爱大都是茶余饭后的娱乐。我们对哲学的喜爱则不同。绝大多数中华儿女以成为哲学家为荣，以拥有哲学智慧为荣。我们可以没有音乐、舞蹈、占卜等文化形态，甚至可以没有宗教信仰，但我们绝对不能没有哲学。中华民族为哲学而生，也为哲学而死。中华文化始终保持着由哲学主导的品格。

主导中华文化的哲学是中国哲学，不是外国哲学。中国传统哲学包括儒家哲学、道家哲学、墨家哲学、法家哲学、佛家哲学等形态。在中国封建社会，这些哲学流派对中华民族都具有深刻影响，尤其是以儒家哲学、道家哲学和佛家哲学的影响最为显著。儒家哲学重点关注和研究人如何在现实中获得美好生活的问题，它对人应该如何对待生活、工作、劳动、事业、责任等问题进行了深入系统的哲学反思，并且为如何解决这些问题提出了诸多建议，因而具有贴近现实、贴近社会、贴近生活的特质，在中国传统社会受到广泛欢迎。道家哲学也重点关注和研究人如何在现实中获得美好生活的问题，但它提供的方案不是要求人们积极投身于现实生活、自强不息、积极进取、大胆作为，而是要求人们通过追求精神自由的方式享受生活的美好、惬意。佛教传入我国以后，经历了日益深化的中国化过程。作为一种外来文化形态，它对中华儿女产生了不容忽视的影响，但历史地看，它更多地是受到了儒家和道家哲学的影响。受到中国儒家和道家哲学影响，从印度传播过来的佛教最终变成了“中国佛教”。这种佛教绝不是原汁原味的印度佛教，而是中国化的印度佛教。

儒家哲学、道家哲学和佛家哲学是对中华民族产生最深刻、最持久影响的三种哲学。受到儒家哲学影响，中华民族总是能够全心全意地投身于自己的劳动、工作、事业和生活。我们热爱劳动、热爱工作、热爱事业、热爱生活，并且视之为自己不可推卸的责任。我们是世界上最勤劳、最勤奋、最敬业、最投入生活的民族。在劳动中，我们任劳任怨；在工作中，我们任劳任怨；在事业中，我们任劳任怨；在生活中，我们也任劳任怨。然而，每当面对自己所取得的劳动成绩、工作业绩、事业成就和生活成功时，我们又会受到道家哲学的影响而表现出谦虚谨慎、戒骄戒躁、谨言慎行的特征。我们不会把功劳仅仅归因于自己，而是将它们更多地归因于同事、同学和领导的关心、帮助、指导。我们甚至会表示，如果没有同事、同学和领导的关心、帮助和指导，我们一定一无所成。假如在劳动、工作、事业和生活中真的一无所成，我们又会受到佛家哲学影响而摆出一副超然洒脱的姿态。我们可以对自己说，既然已经尽力，就没有理由后悔。

中国哲学具有其他民族的哲学无法比拟的灵活性、变通性。中华民族热爱哲学，但我们从来不仅仅信奉某种单一的哲学思想，而是通常会同时信奉多种哲学思想。劳动、工作、追求事业、投身于现实生活时，我们信奉儒家哲学，总是表现出积极入世的人生态度。接受劳动成绩、工作业绩、事业成就和生活成功评价时，我们信奉道家哲学，总是表现出超然出世的人生态度。一切木已成舟时，我们信奉佛家哲学，悲天悯人，宽大为怀，得饶人处且饶人，对自己和他人都抱持宽容的人生态度。我们是最严以律己的民族，也是最容易原谅、包容自己的民族。我们同时信奉多种哲学，将它们运用于不同语境，在不同语境对自己提出不同的行为规范要求、做出不同的道德评价，从而使自身在为人处世方面彰显出明显的灵活性、变通性。

游刃于多种哲学信念之中，这不是一种缺点，而是一种难能可贵的优点。哲学的根本功能就是要引导人们形成看待和对待劳动、工作、事业、生活的正确态度，而不是将人们变成没有任何灵性、灵气和灵感的“行尸走肉”。投身于劳动、工作、事业和生活的时候，我们当然应该全心全意，哪怕变成了拼命三郎也不为过。有时为了拯救国家和民族于危难之中，我们甚至需要抛头颅、洒热血，牺牲生命也在所不惜。这些都是应然的道德要求。接受劳动业绩、工作成绩、事业成就和生活成功评价时，我们当然应该展现谦虚谨慎、戒骄戒躁的道德态度，这些也是应然的道德要求。毕竟我们所取得的每一项成绩都是社会合作、团结合作的结果。如果一切已成定局、无法改变，与其对当事人进行苛责，不如对其进行包容，引导其知错能改。正因为如此，孔子说：“成事不说，遂事不谏，既往不咎。”①《左传》说：“人谁无过？过而能改，善莫大焉。”②

---

① 论语 大学 中庸 [M]. 陈晓芬，徐儒宗，译注. 北京：中华书局，2015：35.
② 左传：中 [M]. 郭丹，程小青，李彬源，译注. 北京：中华书局，2012：734.

二、中华文明的突出创新性

中华文明具有非常突出的创新性。突出的连续性使中华文明具有绵延不断的显著特征，但连续性并不意味着没有变化，更不意味着僵化和一成不变。事实上，中华文明是世界上最富有创新性的文明，是“苟日新，日日新，又日新”的文明，是时刻都在与时俱进的文明。

中华文明的突出创新性是由中华民族的创新智慧和能力赋予的。习近平在 2023 年 6 月 2 日的文化传承发展座谈会上指出，中华民族具有守正不守旧、尊古不复古的进取精神，具有不惧新挑战、勇于接受新事物的无畏品格，它们是中华文明具有突出创新性的根本原因。

中华文明的突出创新性至少体现在三个主要方面。

第一，中华民族创造了具有突出创新性的物质文明。

我国地大物博，物产丰富。中华民族在中华大地上繁衍生息，既享受着得天独厚的自然资源，又凭借自己的智慧和能力创造了无与伦比的物质文明。历史地看，中华民族创造的物质文明，在很长的历史时期是世界上最繁荣、最强大的物质文明。

中华民族很早就创造了发达的农业经济和农耕文明。陈来指出："无论是北方还是南方，中国早在距今七八千年前的新石器时代中期，已经形成了较为稳定的农业经济。七八千年前的中国黄河、长江流域的史前农业已经不是所谓刀耕火种的原始农业，由于黄土自肥的特点和作物耐旱的特性，在中原和北方，在主要使用石制农具、不依赖大河灌溉的情况下，已发展出集约化农业。"①农耕文明是中华民族在古代创造的物质文明的重要板块。

中药是中华民族在古代创造的物质文明的重要内容。我们的祖先在远古时期曾经长期过着采集、狩猎的生活。他们试吃过各种各样的植物、动物，食物中毒是常见的事情，但他们就是在试吃动植物的过程中发现了中药，获得了医疗能力。也有传说，中华民族的医疗技术是神农氏传授的。不管怎么说，中药很早就作为一种独立的医药存在，是中华民族在物质文明建设方面取得的一项重大成就。

夏、商、周代，我国出现了中华文明发展的第一个高峰，其中物质文明显得非常突出。"这个时期的物质文明不仅在许多方面是开创性的，而且是光辉灿烂的。"②夏、商、周代的物质文明已经非常发达。首先，当时所建的都城已经达到非常大的规模。考古资料显示，夏代都城的面积在 6 平方公里以上，商代早期的都城分为内城和外城，面积达到 20 多平方公里。③其次，青铜器制造

---

① 陈来. 中华文明的核心价值：国学流变与传统价值观 [M]. 北京：生活·读书·新知三联书店，2015：36.

② 袁行霈，严文明，张传玺，等. 中华文明史：第一卷 [M]. 北京：北京大学出版社，2006：23.

③ 袁行霈，严文明，张传玺，等. 中华文明史：第一卷 [M]. 北京：北京大学出版社，2006：23.

业比较发达。“中国的青铜时代基本上是与夏商周三代相始终的。”① 青铜器制造业发达，说明铜矿开采在当时已经达到很高水平。最后，手工业产品达到比较丰富的程度。青铜器制造业发达，夏商周代不仅形成了浓厚的青铜文化，而且带动了青瓷器、玉器、丝绸、漆器等相关手工业的繁荣发展。

中华民族历来高度重视科技发明。古代中国的“四大发明”充分彰显了中华民族创造物质文明的创新智慧和能力。指南针、造纸术、火药和印刷术的发明，不仅极大地提高了中华民族的物质文明水平，而且极大地提高了整个人类的物质文明水平。“四大发明”是物质文明在古代中国社会高度发达的重要象征。

瓷器是中华民族的重要发明，也是中华物质文明的重要创新成果。中国是瓷器的故乡。在多姿多彩的中国瓷器中，青花瓷是一朵奇葩，兼具实用性和艺术性，体现了中华民族在瓷器艺术方面所达到的卓越水平。青花瓷制造开始于唐朝，元朝时景德镇出产的青花瓷达到成熟水平。中国瓷器享誉全世界，是古代中国通过“丝绸之路”往外推销的热门中国产品。“瓷器”的英文“china”与中国国名的英文“China”相同，更是为瓷器在世界上传播提供了便利。

第二，中华民族创造了具有突出创新性的精神文明。

物质与精神的关系问题，是哲学家不能不思考的基本问题，也是普通人在日常生活中常常关注和反思的重要问题。如果一个人信奉唯物论哲学，他必然坚信世界遵循物质统一性原理而存在，认为物质具有决定精神的能力。精神处于被物质支配的地位，但

---

① 袁行霈，严文明，张传玺，等. 中华文明史：第一卷 [M]. 北京：北京大学出版社，2006：23.

这并不意味着精神只能被动地接受物质的影响，不能发挥能动作用。事实上，精神不仅能够对物质施加强有力的反作用，而且能够深刻影响物质的存在状况。以人的生命为例，精神完全有能力影响人的身体健康，甚至有能力控制人的生命全局。

中华民族具有创造物质文明的卓越智慧和能力，但我们对精神文明的重视远远多于物质文明。这与中华民族更看重精神的思想传统直接相关。钱穆曾经指出："中国并非没有物质建造，物质建造则必然形象化，但与中国文化大统没有甚深之勾联。即是说，中国文化命脉，不表现在这些上，也不依托在这些上。"①

中华民族高度重视精神文明建设。我们特别重视人的思想建设、道德建设、政治意识形态建设。江泽民说："精神文明建设，说到底，是要提高全民族的素质，培养有理想、有道德、有文化、有纪律的社会主义新人。不能设想，一个没有强大精神支柱的民族，可以自立于世界民族之林。"②通过精神文明建设，可以将人们的思想素质、道德素质、政治素质提高到一定的高度，使之成为具有良好思想素养、道德素养和政治素养的人。

中华民族在创造精神文明方面取得的最重要创新性成果是建构了以道德为主导的文化传统。陈来指出："近代以来已有学者提出中国文化是一种伦理类型的文化，就其主导的精神气质而言，中华文明最突出的成就与最明显的局限都与它的作为主导倾向的伦理品格有关。在中国上古时代已经显露出文化的这种偏好，正是基于这种偏好而发展为文化精神。"③陈来的观点是有道理的。把

① 钱穆. 中国历史精神 [M]. 贵阳：贵州人民出版社，2019：184.
② 毛泽东邓小平江泽民论社会主义道德建设 [M]. 北京：学习出版社，2001：21.
③ 陈来. 中华文明的核心价值：国学流变与传统价值观 [M]. 北京：生活·读书·新知三联书店，2015：39.

道德精神提升为中华文化精神的核心内容，这是中华文明具有突出创新性的重要表现。

将道德作为整个中华文明的支配性力量和核心要义，这无疑有助于凸显它在中华文明中的重要性。所有文明形态都应该以道德作为根本基础，没有道德支撑的文明是没有伦理的文明，没有伦理的文明是不可能长久的。伦理道德是人类文明的基本体现，也是人类文明最重要的体现。人类文明因其自身内含的伦理道德精神而值得人类追求。世界上的每一种伟大文明都建立在一定的伦理道德精神基础上。中华文明更是如此。中华民族倡导和坚持的伦理道德精神，是中华文明生生不息的主要动力。

中华文明之所以被称为伦理型文明，这是由中华民族倡导和坚持的伦理道德精神决定的。荀子说："积土成山，风雨兴焉；积水成渊，蛟龙生焉；积善成德，而神明自得，圣心备焉。故不积跬步，无以致千里；不积小流，无以成江海。"[①] 中华文明内含的伦理道德精神是中华民族在长期道德生活中日积月累的结果，中华文明以伦理为主导的特征也是中华民族在长期求善、向善和行善的过程中日积月累的结果。

中华民族在创造精神文明方面取得的另一个重要创新性成果是建构了社会核心价值体系。在中国封建社会，儒家伦理思想被尊奉为整个社会的主流思想，它所倡导的仁、义、礼、智、信等道德价值理念则被推崇为整个社会的核心价值体系。孟子将仁义礼智称为人人固有的道德价值理念，认为它们应该成为引领人们道德行为的核心道德价值理念。他说："恻隐之心，仁也；羞恶之

① 荀子 [M]. 安小兰，译注. 北京：中华书局，2016：8.

心，义也；恭敬之心，礼也；是非之心，智也。仁义礼智，非由外铄我也，我固有之也，弗思耳矣。”[①] 孟子还强调：“诚者，天之道也。思诚者，人之道也。”[②] 仁义礼智信是中国封建社会的核心价值体系。它的形成在当时起到了净化人的德心、塑造人的德性、敦化人的德行的重要作用。

中国共产党则注重用社会主义核心价值观引领社会主义精神文明建设。习近平说：“要加强社会主义核心价值体系建设，倡导富强、民主、文明、和谐，倡导自由、平等、公正、法治，倡导爱国、敬业、诚信、友善，积极培育和践行社会主义核心价值观，使之成为全体人民的共同价值追求。”[③] 习近平所说的“三个倡导”，就是当今中国倡导培育和践行的核心价值观。由于它的根本特征是社会主义的，所以被称为社会主义核心价值观。社会主义核心价值观的提出和形成，是社会主义中国在推进精神文明建设方面取得的重大成就。

第三，中华民族创造了具有突出创新性的政治文明。

政治生活是人类社会生活的重要内容。所有人都是政治动物。因此，亚里士多德说：“人在本性上是政治的。”[④] 人普遍具有政治本性，这是指人本质上不是纯粹的个体性存在，而是由各种社会关系塑造的社会性存在；政治与道德一样，建立在错综复杂的社会关系基础上。

---

① 孟子 [M]. 万丽华，蓝旭，译注. 北京：中华书局，2006：245.

② 孟子 [M]. 万丽华，蓝旭，译注. 北京：中华书局，2006：157.

③ 习近平关于社会主义精神文明建设论述摘编 [M]. 北京：中央文献出版社，2022：97.

④ 亚里士多德选集：伦理学卷 [M]. 苗力田，编. 北京：中国人民大学出版社，1999：14.

政治文明是人类政治生活受到伦理规范和法律规范有效规约的产物；或者说，它是人类用普遍有效的伦理规范和法律规范约束自身政治生活或政治活动的结果。无政府状态不可能产生政治文明。政治文明体现人类政治生活的有组织性、规范性和有序性。

中华民族在历史上创造了具有突出创新性的政治文明。这主要体现在四个方面。

第一，形成了以政治为善的政治理念。政治具有善性，还是具有恶性；或者说，政治到底是善的，还是恶的；这是一个有争议的政治哲学问题。中华民族在该问题上历来保持着一以贯之的看法，即认为政治本质上是善的，其根本职能是弘扬社会正能量，用正确政治理念引导人们在政治生活领域坚持不懈地向善、求善和行善。唐太宗说："若安天下，必须先正其身，未有身正而影曲，上理而下乱者。"[①] 唐太宗继承了孔子认为"政者，正也"的政治伦理思想，强调为政者必须正直、公正、大公无私。坚持强调政治的内在善性，这说明中华民族始终坚信政治的内在本性是善的，始终认为政治的根本价值是造福人类。

第二，形成了举贤使能的贤能政治传统。中华民族从古至今推崇贤能政治。早在三皇五帝时期，帝王在选举接班人的时候都会遵循任人唯贤、德才兼备的原则，既不任人唯亲，也不因私废公。他们非常谨慎地观察、考察和检查人才，认真细致地培养、选择和使用人才。三皇五帝本身就是贤能人才。他们为人正直、思想品行端正、心系百姓、社会责任感强、工作兢兢业业、从不以权谋私、处处以身作则，给整个社会树立了光辉典范。形成贤

---

① 贞观政要 [M]. 骈宇骞，译注. 北京：中华书局，2016：2.

能政治，既有助于选拔德才兼备的人才从政，也有助于净化整个社会的政治生态和政治文化。

第三，形成了民贵君轻的民本主义政治思想。在中国封建社会，等级观念根深蒂固，等级制度特别森严，但民本主义政治思想得到了比较广泛的认可。孟子说："民为贵，社稷次之，君为轻。"① 孟子倡导民本思想，其核心要义是"民贵君轻"。唐太宗说："为君之道，必须先存百姓。"② 毛泽东指出，"我们一切工作干部，不论职位高低，都是人民的勤务员，我们所做的一切，都是为人民服务"③。习近平说："中国共产党根基在人民、血脉在人民。"④

第四，形成了以德治国的国家治理实践体系。要治理好一个国家，既需要采取以德治国的方略，也需要采取依法治国的方略。中华民族并不否认依法治国的意义和价值，但历来将以德治国作为更为根本的治国方略。孔子说："道之以政，齐之以刑，民免而无耻。道之以德，齐之以礼，有耻且格。"⑤ 孟子说："天下有道，小德役大德，小贤役大贤；天下无道，小役大，弱役强。"⑥ 天下有道的时候，道德较低的人被道德较高的人役使，不太贤明的人被贤明的人役使；天下无道的时候，是力量小的人被力量大的人役使，力量弱的人被力量强的人役使。治国理政的关键是必须弘扬道德、推进道德教化、敦化人的道德修养、引导人们践行道德。

除了上述四个方面以外，我国在政治制度文明方面也有很多

---

① 孟子 [M]. 万丽华，蓝旭，译注. 北京：中华书局，2006：324.
② 贞观政要 [M]. 骈宇骞，译注. 北京：中华书局，2016：2.
③ 毛泽东邓小平江泽民论社会主义道德建设 [M]. 北京：学习出版社，2001：133.
④ 习近平. 习近平谈治国理政：第四卷 [M]. 北京：外文出版社，2022：53.
⑤ 论语 大学 中庸 [M]. 陈晓芬，徐儒宗，译注. 北京：中华书局，2015：16.
⑥ 孟子 [M]. 万丽华，蓝旭，译注. 北京：中华书局，2006：151.

创新性成果。例如，三皇五帝时期的“禅让制”就是一种非常好的政治制度。居于统治地位的帝王不搞世袭制，也不任人唯亲，而是广泛听取意见，选贤举能，只有那些能够得到大家广泛认可的贤能人士，才能荣登最高领导岗位。“禅让制”的主要价值是民主、公平、公正，既有利于维护政治的崇高性，也有利于创造和谐的政治生态和政治文化。

三、中华文明的突出统一性

中华文明具有非常突出的统一性。中华民族在创造中华文明的过程中建构了根深蒂固的大一统传统。我们追求国土的统一、国家的统一、民族的统一、文化的统一和文明的统一，具有求大同的悠久传统。

中华文明是一个多元一体、团结集中的文明体系。我们追求国家统一性，但不否认国家认同的层次性；我们追求民族统一性，但不否认民族共同体意识的复杂性；我们追求文化的统一性，但不否认文化的民族性；我们追求文明的统一性，但不否认文明的区域性。我们是在多元中追求统一，在多样中追求统一，在复杂中追求统一，在差异中追求统一，因而能够建构自成体系的伟大文明形态。

统一性既是中华文明内生的突出特性，也是中华文明受到其他文明形态的巨大外部压力而形成的突出特性。从内部来说，中华民族是由诸多民族组成的一个大家庭。各民族同宗同源、血缘相近，加上长期共同生活在中华大地上，彼此之间容易形成“血浓于水”的亲缘关系，但这并不意味着我们内部就完全没有矛盾和冲突。为了争夺地盘、霸权和经济利益，我们内部在历史上也存在仇恨、不和、冲突，有时甚至会诉诸战争、大打出手。不过，无论存在多大的仇恨、不和和冲突，我们都能坚守维护大一统的底线。从外部来说，虽然我国在历史上的大多数时候是世界文化中心、世界文明中心，但是来自外部的竞争压力不容小觑。特别是在近代，面对外国列强的轮番侵略和文化入侵，中华文化和中华文明陷入难以自保的危险境地，但中华民族并没有因此而自暴自弃，而是发起了救亡图存的革命运动，最终力挽狂澜，扶国家、民族和文化大厦于将倾。外部压力巨大，迫使中华民族不断增强维护中华文明统一性的意识和自觉。

中华民族在历史上积累了“团结统一是福，分裂动荡是祸”的经验教训。春秋战国时期，我国分裂为众多诸侯国，各诸侯国为了争夺霸权而相互残杀，饱受其苦的是广大老百姓。虽然春秋战国时期留下了齐桓公尊王攘夷、楚庄王一鸣惊人、重耳退避三舍、管仲老马识途、廉颇负荆请罪、赵括纸上谈兵、孙膑围魏救赵、越王勾践卧薪尝胆等经典故事，但是老百姓的生活却是水深火热的状况。秦始皇之所以能够最终在战国末期统一中国，既是我国长期分裂、动荡、战乱的必然结果，也是众望所归、大势所趋。各诸侯国的人民普遍不愿意长期生活在动荡不安的社会状况之中，普遍希望国家回归统一、生活回归安定。秦朝能够顺应民心、民意，自然能够水到渠成。

中华民族在近代积累的经验教训更是深刻。由于晚清政府暗弱无能，外国列强对我国发动了史无前例的轮番侵略，把整个中华民族推入尊严荡然无存的境地。外国列强在中华大地上烧杀抢掠、无恶不作，将本属于中华民族的国土划分为一个个势力范围，使中华民族蒙受空前劫难。在此历史背景下，如果没有众多仁人志士奔走呼告、坚决反抗，并发动一次又一次反侵略运动，特别是如果没有中国共产党应运而生、团结带领中国人民发动新民主主义革命，我国必定陷入亡国灭种之境。近代的历史经验教训无比惨痛，留给中华民族的历史记忆无比沉重，但也推动中华民族更深地懂得维护国家统一性、民族统一性、文化统一性和文明统一性的意义和价值。

中华文明的突出统一性主要表现在以下五个道理之中。

第一，国土不可分。

中华大地是中华民族的国土。它是中华民族繁衍生息的地方，也是中华文明的发祥地、栖息地和发展地。国土在，则国在；国土失，则国失。作为中华民族的国土，中华大地是中国具有统一性的象征，也是中华文明具有统一性的象征。

中国必须具有统一的国土。它可以出现暂时的分裂，但不能永久地失去国土统一性。中国历史上的分分合合，既叙述了中国国土分裂的故事，也叙述了中国国土回归统一的故事。春秋战国的故事本质上是古代中国人内部争夺国土的斗争故事。秦始皇有很多缺点，但他将中国国土归于一统的做法称得上丰功伟绩，应该受到中华民族的广泛肯定。

中国国土是一个统一整体，少一点都不行。正是从这种意义上来说，台湾至今没有回归祖国是中华文明统一性存在缺憾的表现。习近平说："台湾问题因民族弱乱而产生，必将随着民族复兴而解决。这是中华民族历史演进大势所决定的，更是全体中华儿女的共同意志，正像孙中山先生所说：'世界潮流，浩浩荡荡，顺之则昌，逆之则亡。’”[①] 两岸同胞应该站在历史正确的一边，齐心协力，同心同德，共同创造祖国完全统一的光荣伟业。

中华民族具有反对分裂祖国、维护祖国统一的光荣传统。我们在历史上坚决反对过新疆分裂、西藏分裂、台湾分裂等等，创造了维护祖国统一的历史功绩。时至今日，“‘台独’分裂是祖国统一的最大障碍，是民族复兴的严重隐患”[②]。我们既要有继续坚决反对“台独”的思想准备，也要有坚决防止外国干涉中国内政的思想准备。随着中华民族伟大复兴的步伐不断提速，祖国完全统一的目标一定能够实现。

第二，国家不可乱。

中华民族的国家是中国。中国是全体中华儿女的祖国。所谓“祖国”，既是指一个民族的祖先创建的国家，也是指一个民族祖祖辈辈生活的地方。它是人们世代居住、世代相传、能够给人们提供国籍的地方。它是一个地理概念，也是一个文化概念，还是一个伦理概念。人们在使用“祖国”这一概念时通常会赋予它深厚的伦理意蕴，甚至比之为具有伦理之爱的母亲。西方人直接用英文 motherland 来指称祖国。中国是中华儿女的母亲。

恩格斯指出，“国家是文明社会的概括”[③]。国家的诞生，既是人类摆脱无政府状态的象征，也是人类进化到文明发展阶段的象征。国家所能涵盖的一切，包括政府机构、公共权力、社会制度、政治、道德、宗教、教育、高校等等，都可以归于文明的名下，并被赋予文明的含义。国家形态就是文明形态。一个民族拥有何

---

① 习近平. 习近平谈治国理政：第四卷 [M]. 北京：外文出版社，2022：410.
② 习近平. 习近平谈治国理政：第四卷 [M]. 北京：外文出版社，2022：410.
③ 马克思，恩格斯. 马克思恩格斯文集：第四卷 [M]. 北京：人民出版社，2009：195.

种国家形态，就拥有何种文明形态。中华民族拥有社会主义中国，所以我们的文明是社会主义文明，相比较而言，美利坚民族拥有资本主义美国，所以他们的文明是资本主义文明。

国家是人类为了摆脱无政府的自然状态而进行的一种政治设计，它的本性是秩序。无论是专制国家，还是民主国家，它都是用道德秩序、法律秩序等来诠释自身存在的本质和内涵。秩序意味着国家是有条理的政治设计，条理是国家的根本特征。没有秩序或没有条理的国家，是混乱的国家，甚至是处于无政府状态的国家。

中国不能乱，这既是它作为一个国家的内在要求，也是它存在和发展的根本。如果中国陷入混乱、动荡，它应有的秩序性和条理性就会荡然无存，中国人民的生活就会受到影响而变得混乱不堪，中华民族的命运和前途就会受到损害。尤其是在国家完全统一还没有实现、中华民族伟大复兴的宏伟目标还没有完全达到、世界百年未有之大变局加速演进的时代背景下，维护国家安定更显得重要。习近平说："国家安全是民族复兴的根基，社会稳定是国家强盛的前提。必须坚定不移贯彻总体国家安全观，把维护国家安全贯穿党和国家工作各方面全过程，确保国家安全和社会稳定。"①

要使中国不乱，至少必须做好三件事情：（1）铸牢中华民族的祖国意识。引导每一个中华儿女培养"中国心"，认祖归宗，铭记祖籍，慎终追远，而不是数典忘祖、遗忘祖籍、崇洋媚外。（2）强化

---

① 习近平.高举中国特色社会主义伟大旗帜 为全面建设社会主义现代化国家而团结奋斗：在中国共产党第二十次全国代表大会上的报告[M].北京：人民出版社，2022：52.

中华民族对中国的价值认同。想方设法增强中华儿女在中国生活的存在感、获得感和幸福感，引导中华儿女对中国形成正确的价值认识和价值判断。(3) 引导中华民族形成正确国家观。通过中国历史教育、中国价值教育、中华文化教育、爱国主义教育等方式，推动中华民族形成正确国家观，深刻认识中国与每一个中华儿女之间相辅相成的辩证关系。

第三，民族不可散。

中华民族是一个大家庭。虽然这一大家庭内部存在民族划分，各民族之间的文化差异也非常巨大，但是它的共同体性是在历史上逐步形成的，具有神圣不可侵犯性。也就是说，中华民族这一大家庭是中华儿女在长期共同生活的过程中共同建构的，体现全体中华儿女的集体意向性，因此，任何个人都没有权利挑战它、破坏它、毁灭它。这就好比一个家庭具有神圣性一样，它的组建和结束都不是随意的事情，而是极其严肃、极其神圣的事情。同理，一个民族不可能随意组建，也不可能随意分散。每一个中华儿女都应该对大家共同组建的民族大家庭保持应有的敬畏之心。

不团结会给整个民族带来巨大灾难。在近代，由于中华民族内部缺乏团结，整个中华民族如同一盘散沙，所以给了外国列强轮番侵略的可乘之机。100 多年的近代劫难，让中华民族蒙受了前所未有的耻辱。外国列强在中华大地上肆意横行，残暴践踏中华民族的尊严，用“东亚病夫”“华人与狗不得入内”等语言丑化中华民族，这样的历史教训应该永远被中华儿女铭记于心。我们不应该被仇恨裹挟，但不能不汲取历史教训。

台湾未回归，是中华民族共有的伤痛和创伤记忆，却常常被美国、日本、法国、英国等资本主义国家利用，用作遏制、打压、围堵中国的砝码。海峡两岸的中华儿女本来同源同宗，本来应该两岸一家亲，但由于台独分子的破坏和外部势力的干预，中国因台湾问题而长期处于分裂状态，这不仅不利于中华民族伟大复兴，而且给那些侵略成性的帝国主义国家干涉中国内政、遏制中国发展、阻碍中国崛起提供了机会。

维护中华文明统一性的前提是必须维护中华民族的统一性。对于中华民族来说，伟大复兴之大局与世界百年未有之大变局复杂交织、相互激荡，这既是严峻挑战，也是发展机遇。改革开放进入深水区、攻坚期，中国式现代化加速推进，中国特色社会主义进入新时代，构建人类命运共同体的中国方案在国际社会受到越来越广泛的认可，中华民族迎来了历史上最好的发展时期。来自国内外的挑战和困难在未来还很多，但只要中华民族能够同心同德、团结奋斗，我们就能够不断从成功走向成功、从胜利走向胜利、从辉煌走向辉煌。

维护中华民族的统一性，必须筑牢中华民族共同体意识。习近平说："各族人民亲如一家，是中华民族伟大复兴必定要实现的根本保证。实现中华民族伟大复兴的中国梦，就要以铸牢中华民族共同体意识为主线，把民族团结进步事业作为基础性事业抓紧抓好。"① 铸牢中华民族共同体意识，既应该引导全体中华儿女正确认识中华大地上的各个民族同源同宗的历史事实，也应该引导全体中华儿女形成正确的国家观、民族观、文化观、历史观，更应该引导全体中华儿女正确认识民族统一、民族团结的重要意义和价值。

---

① 习近平. 习近平谈治国理政：第三卷 [M]. 北京：外文出版社，2020：299.

第四，文化不可灭。

我们正生活在一个文化加速毁灭的时代。越来越多的人时刻沉浸在物欲横流的游戏之中，或者甘愿沦为手机、电脑、汽车等物品的奴隶，或者陶醉于争名夺利的活动，或者陷入圈子文化的疯狂逻辑而不能自拔，或者掉入社会原子化的深渊而自得其乐，很少追求文化思想、文化精神和文化境界的崇高性。文化加速毁灭的事实引起了有识之士的担忧。这种担忧当然是有意义的，但由于它仅仅来自少数有智慧的人，其社会影响力是有限的，至少是非常不够。从一定意义上来说，这些对文化加速毁灭忧心忡忡的人往往会被随波逐流生活的人当成“另类”。

当今中国存在不少文化虚无主义者。这些人不仅对文化缺乏应有的敬畏，而且肆意否定文化的存在价值。事实上，他们仅仅对源远流长、博大精深的中华文化缺乏敬畏，仅仅否定中华文化的存在价值，却对西方资本主义文化表现出浓厚兴趣，甚至流露出崇洋媚外的丑态。在当今中国，文化虚无主义者往往与文化上的西化主义者融为一体。他们在否定中华文化特别是中华优秀传统文化的同时，对美国、英国、法国等资本主义国家所代表的资本主义文化“情有独钟”。

文化虚无主义者和西化主义者具有共同的邪恶目的，这就是消灭中华文化。他们知道，中华文化是中华民族的根和魂，是中华民族繁衍发展、不断壮大的强大精神力量，但由于他们深受资本主义文化的影响，加上怀有阻碍中华民族伟大复兴、中国崛起的邪恶目的，他们甘愿充当资本主义国家遏制、打压和围堵中国的马前卒。

习近平说：“无论哪一个国家、哪一个民族，如果不珍惜自己的思想文化，丢掉了思想文化这个灵魂，这个国家、这个民族是立不起来的。”[①] 中华文化是中华民族的灵魂，是中国的灵魂。历史和现实都表明，中华民族在什么时候抛弃了自己的思想文化，盲目崇拜其他文化形态，我们的发展就会出现问题，甚至会出现一幕幕悲剧。

改革开放前三十年，由于侧重于推进经济建设，对文化建设有所忽视，我国在思想文化领域出现了不少问题。一些人把改革开放简单地等同于走资本主义发展道路，盲目崇拜资本主义价值观念，把中华文化抛之脑后。他们甘愿做资本主义文化的传承传播者，用资本主义国家宣扬的思想理念、价值观念和理想信念蛊惑中国人民，否定中国价值、中国精神和中国智慧，处处为资本主义国家唱赞歌，对中华文化起到极其恶劣的破坏作用。

要维护中华文明的统一性，必须有效解决文化虚无主义和西化主义问题。这两个问题的存在，既与我国文化建设不够到位的事实有关，也与资本主义国家的“和平演变”战略有关。由于文化建设不够到位，改革开放的社会背景自然很容易将一些人推上否定中国历史、中华文化的错误轨道。由于美国等资本主义国家长期以来一直对社会主义中国实行“和平演变”战略，一些意志薄弱的人自然很容易被引上崇洋媚外的轨道。只有从根本上有效解决文化虚无主义和西化主义问题，中华儿女才能形成维护中华文明统一性的高度自觉，也才能树立高度的文化自信、文明自信。

第五，文明不可断。

与文化一样，“文明”主要指一个国家、一个民族或整个人类

① 习近平关于社会主义文化建设论述摘编 [M]. 北京：中央文献出版社，2017：5.

进行物质生产、精神生产、制度建设等所产生的成果。它属于像国家、民族、人类这样的大集体。个人可以参与国家、民族、人类创造文明的历史进程，甚至可能成为某种集体性文明的象征，但不可能充当文明的独立主体。

一部世界发展史就是人类文明的兴衰史。世界上曾经有过四大古文明形态，即古埃及文明、古巴比伦文明、古印度文明和古中国文明，古代埃及、古代巴比伦、古代印度和古代中国也因此而被称为四大文明古国。四大古文明都是原生文明，世界上的其他文明都是由它们派生的。四大古文明都曾经在古代人类文明体系中占据十分重要的位置，但在跌宕起伏的历史变迁中，它们经历了不同的发展轨道、展现了不同命运，只有古代中国文明在人类历史长河中始终保持着勃勃生机和强大生命力。进入后冷战时代，世界上的主要文明形态仍然在竞争。亨廷顿提出“文明冲突论”，认为“西方是而且在未来的若干年里仍将是最强大的文明”，但“冷战后时代的世界是一个包含了七个或八个主要文明的世界”，“权力正在从长期以来占支配地位的西方向非西方的各文明转移。全球政治已变成多极的和多文明的”[①]。

中华文明是中华民族在历史上共同创造的伟大文明。作为世界上唯一没有出现根本性断裂或中断的文明形态，中华文明始终保持着连续性和统一性，这既说明它具有其他文明形态无法相提并论的优势和特色，也说明人类文明有其自身的发展规律和生命力保养机制。中华文明之所以能够始终保持连续性和统一性，其原因是复杂的，但中华民族为维护中华文明的连续性和统一性所

① 亨廷顿. 文明的冲突与世界秩序的重建 [M]. 周琪，刘绯，张立平，等译. 北京：新华出版社，2010：7.

作的努力肯定是重要原因。中华民族从古至今一直具有维护中华文明连续性和统一性的高度自觉，并且为此付出了巨大努力。每当中华文明遭遇外来挑战和冲击，中华儿女总是会挺身而出，为扶中华文明于不倒而不遗余力。

中华文明在历史上没有出现中断，在现在和未来也不可能出现中断。中华民族具有维护中华文明连续性和统一性的共同信念。中华民族一直具有追求大一统的强烈意识。这种意识通过追求和维护中华文明的连续性、统一性等方面的努力得到淋漓尽致的体现。在文明与文明之间的激烈竞争中，中华文明会通过自我革命、自我革新、自我超越的方式，一如既往地展现得天独厚的竞争优势。

四、中华文明的突出包容性

中华文明具有非常突出的包容性。中华民族历来倡导包容的美德，认为包容是自然之道的精义以及一个人、一个国家、一个民族成就其伟大的必由之路。

自然界遵循包容之道，具有包罗万象、气吞山河、允许万物并育的恢弘气势。它先于人类而存在，人类只不过是自然界不断进化的产物。老子认为，自然界是“致虚极，守静笃”的存在，它虚怀若谷、无欲无求、清静无为，因而能够允许“万物并作”，“夫物芸芸，各归其根”①。

天和地属于自然界，它们因为遵循自然界的包容之道而获得天长地久的荣耀。老子说：“天长地久。天地所以能长且久者，以其不自生，故能长生。”②天地能够长久存在，是因为它们不为自己而生，而是为万物而生。换言之，天和地是因为能够包容宇宙万物的存在而成就自身的伟大，它们是通过成就万物的存在而获得天长地久的能力。

① 老子 [M]. 饶尚宽，译注. 北京：中华书局，2006：40.
② 老子 [M]. 饶尚宽，译注. 北京：中华书局，2006：18.

人应该学习自然界的包容之道。老子说："知'常'容，容乃公，公乃全，全乃天，天乃道，道乃久，没身不殆。"①其意指，如果一个人能够认识和把握"常"的精义，他就能够包容，能够包容就能够公正，能够公正就能够站在普遍性的角度思考问题，能够站在普遍性的角度思考问题就能够遵循天地存在的自然规律，能够遵循天地存在的自然规律就能够遵循道，能够遵循道就能够长久，能够长久就终生没有危险。

中华民族深得自然界包容之道的精要，形成了弘扬包容美德的优良传统。春秋战国时期，我国处于奴隶社会向封建社会过渡时期，整个社会对思想自由、言论自由和学术自由的包容性已经很强。很多诸侯国国君向哲学家请教，允许他们自由发表自己的学术观点和政见，有的国君甚至鼓励哲学家对他们的国家治理状况进行批评。与此同时，诸子百家之间有激烈的学术争鸣，各个流派之间总体上能够比较友善地尊重彼此的学术观点。比较好的包容氛围，既有利于激发创新性思想，也有利于形成学术流派。先秦时期，中国社会无疑具有这样或那样的局限性，但它对思想自由、言论自由和学术自由的包容态度是值得肯定的。

包容性强是中华文明的突出特性。中华文明不是一个刚愎自用的文明体系。它自成体系，但从来不寻求唯我独尊的格局。中华民族很早就形成了以包容成就自身伟大的思想观念，认为唯我独尊、刚愎自用必然导致文明的狭隘性和局限性，只有开放包容，能够适当地容忍思想自由、言论自由和学术自由，才能创造气象恢弘的伟大文明。中华民族创造的中华文明是特别富有包容性的

① 老子 [M]. 饶尚宽，译注. 北京：中华书局，2006：40.

文明。

中华文明的包容性源自其自身的自信。中华文明是充满自信的伟大文明。文明自信是中华民族最根本、最深厚、最强大的自信。在推进中华文明不断发展的漫长历史中，中华民族建构了独具特色的世界观、历史观、国家观、社会观、道德观、人生观，形成了自身看待世界、看待历史、看待国家、看待社会、看待道德、看待人生的独特思想理念、价值观念和理想信念，展现了有别于其他民族的思维方式、思想品质和精神气质，这是我们能够从容应对来自其他文明形态的各种挑战的根本原因，也是我们能够始终展现文化自信和文明自信的根本原因。习近平说："只有充满自信的文明，才会在保持自己民族特色的同时包容、借鉴、吸收各种不同文明。"①

自信的中华文明总是具有包容的恢弘气质。中华传统文明就特别具有海纳百川的气势。中华民族之所以能够在封建社会开辟陆上和海上丝绸之路，从根本上来说是因为我们具有非常强烈的文明自信。我们既有以中华文明迎接其他文明挑战的自信，也有推动中华文明走向世界的自信。文明自信是中华民族在传统社会奋力推进文明交流互鉴的底气。

中国共产党在展现中华文明的自信和包容方面树立了典范。早在新民主主义革命时期，中国共产党一边忙于夺取抗日战争胜利和解放全中国的革命斗争，一边在思考如何通过博采众长的方式推进文化建设的问题。中国共产党是用马克思主义思想和理论武装起来的政党，坚持以马克思主义为指导思想是自然而然的事

---

① 习近平关于社会主义精神文明建设论述摘编 [M]. 北京：中央文献出版社，2022：228.

情，但它从来没有以此为由排斥其他思想和理论。1944 年 7 月 14 日，毛泽东在与英国记者斯坦因谈话时强调："我们信奉马克思主义是正确的思想方法，这并不意味着我们忽视中国文化遗产和非马克思主义的外国思想的价值。"[①] 毛泽东对待中国文化遗产和外国思想的态度，就是中国共产党在新民主主义革命时期对待中国文化遗产和外国思想的态度。

改革开放和社会主义现代化建设时期，中国共产党遭到来自各个领域的质疑，但它仍然坚定不移地展现中华文明的自信和包容。邓小平明确指出："社会主义要赢得与资本主义相比较的优势，就必须大胆吸收和借鉴人类社会创造的一切文明成果，吸收和借鉴当今世界各国包括资本主义发达国家的一切反映现代社会化生产规律的先进经营方式、管理方法。"[②] 江泽民也强调："要用科学的态度对待我们民族的传统文化和外来文化。我们民族历经沧桑，创造了人类发展史上灿烂的中华文明，形成了具有强大生命力的传统文化。我们要取其精华，去其糟粕，很好地继承这一珍贵的文化遗产。要认真研究和借鉴世界各国的文明成果，善于从其他国家和民族的文化中汲取营养，发展自己。"[③]

对中华传统文化和外国文化采取科学态度，积极汲取其精华，坚决剔除其糟粕，这既体现了中国共产党开放包容、海纳百川的政党气质，也体现了中国共产党对中华文明包容性特质的继承和发扬。中国共产党是在中华优秀传统文化和外国优秀文化共同滋养下发展起来的一个政党。一方面，它从中华优秀传统文化

① 毛泽东邓小平江泽民论社会主义道德建设 [M]. 北京：学习出版社，2001：57.
② 毛泽东邓小平江泽民论社会主义道德建设 [M]. 北京：学习出版社，2001：63.
③ 毛泽东邓小平江泽民论社会主义道德建设 [M]. 北京：学习出版社，2001：69.

尤其是中华传统美德汲取了丰厚营养，为自身的发展奠定了坚实的文化根基；另一方面，它从外国优秀文化借鉴了最有价值的成果——马克思主义思想和理论，以其作为指导思想，为自身发展壮大积聚了强大的文化力量。如果没有开放包容、海纳百川的政党气质，中国共产党恐怕难以不断发展壮大，更不用说创造新民主主义革命胜利的伟大成就、社会主义革命和建设的伟大成就、改革开放和社会主义现代化建设的伟大成就、新时代中国特色社会主义的伟大成就。

中国特色社会主义进入新时代，中华民族伟大复兴的步伐空前迫近，中国的国际影响力显著提高，但中国共产党一如既往地要求充分展现中华文明的突出包容性。习近平强调："开放带来进步，封闭必然落后。中国的发展离不开世界，世界的繁荣也需要中国。我们统筹国内国际两个大局，坚持对外开放的基本国策，实行积极主动的开放政策，形成全方位、多层次、宽领域的全面开放新格局，为我国创造了良好国际环境、开拓了广阔发展空间。"① 进一步深化开放和充分凸显中华文明的开放包容性，是习近平新时代中国特色社会主义思想的重要内容，也是党中央作出的重大战略部署，其根本目的是要实现社会主义中国的强大和中华民族伟大复兴的中国梦。

中华文明的突出包容性主要表现在五个方面。

第一，中华文明从来不追求文化的单一色调，总是追求多姿多彩的多元文化模式。56 个民族共同生活在中华大地上，每一个民族都创造了独具特色的文化。中华文明包容各个民族所创造的

① 习近平. 习近平谈治国理政：第三卷 [M]. 北京：外文出版社，2020：187.

文化形态，从来不以单一文化代替多元文化，而是充分尊重不同民族创造的不同文化，遵循求同存异的原则，积极化解民族文化冲突，最大限度地凝聚文化共识，使中华文化在差异性与统一性、特殊性与普遍性相结合的轨道上发展。中华文明是一种具有内在张力的文明。它内含的各种民族文化同时并存，既相互争鸣、相互竞争，又相互尊重、相互学习，共同塑造了中华文明的交响乐章。

第二，中华文明从来不否定文化的地域性和地方性，总是努力建构超越地域乡土、地方意识、血缘关系和宗教信仰的中华文化认同。伟大的中华文明，既是地域的、地方的，也是民族的、国家的。它总是给地域性、地方性文化保留足够大的存在和发展空间，不搞武断的“文化大一统”，同时注重对它们的发展进行引导，使之具有超越地域性、地方性的智慧和能力。在中国，地域的、地方的文化不会因为其自身的地域性和地方性而自卑，民族、国家的文化也不会因为其民族性、国家性而自傲。以电视台为例。中央电视台可以办得很好，但它并不会因此而居高临下地俯瞰和对待地方电视台；地方电视台也可以办得很好，但它并不会因此而不恭不敬地对待中央电视台。我国的中央电视台与地方电视台具有显著不同，但它们的一致性和共同性也非常明显。事实上，它们之间既有多种渠道的资源共享，也有广泛而深入的合作。可以说，它们是相互区别又相辅相成的关系。我国的地域性、地方性文化与民族性、国家性文化之间也是这样的关系。这恰恰体现了中华文明集地域性特征与民族性特征、地方性特征与国家性特征于一体的总体格局。

第三，中华文明反对阻隔文化交流的做法，一直具有多种多样的文化交流机制。以唐朝为例。唐朝是我国历史上最繁荣的朝代之一，其对外文化交流非常频繁。唐朝创建之初，唐太宗对内通过征服东突厥、吐蕃等实现国家统一，对外则实行开放政策，积极开展与印度、波斯、阿拉伯等国家的经贸往来，通过联姻、赠送礼品等方式与契丹、女真等民族搞好关系。唐太宗推行的使节制度在对外传播中华文化方面发挥了重要作用。它包括国书制度、使节派遣制度、使节回国后的管理等内容。国书制度是一种外交制度，也是一种文化交流制度。国书的撰写和呈送都建立在对外交国文化的深入了解和研究基础上，必须充分尊重外交国的风俗、习惯、礼仪等，同时要充分展现中华文化的魅力，因而具有文化交流互鉴的重要价值。在唐朝，能够出使外国的使节必须精通中华文化和外国文化，必须兼有外交家和文化使者的身份。除了官方文化交流以外，唐朝的民间文化交流也非常频繁。唐朝鼓励地方与地方、民族与民族、国与国之间的文化交流。

第四，中华文明历来鼓励宗教信仰自由，形成了多种宗教信仰和谐共处的社会格局。中国是一个多宗教国家，有道教、佛教、基督教、伊斯兰教等主要宗教流派，但只有道教是本土宗教，其余宗教流派都是从其他国家传入的。佛教是从古印度传入中国的，强调个人修行和解脱，其核心教义是宣扬悟空、轮回等观点，同时要求佛教徒通过禅定、般若、遵守戒律等方式践行佛教教义。佛教传入中国之后，对中华民族的思维方式、思想观念等产生了广泛而深刻的影响，但也受到中国儒家、道家等哲学思想的深刻影响而中国化。目前在中国传播的佛教实际上是中国化的印度佛教，应该被称作“中国佛教”。伊斯兰教是从中亚传入中国的。该宗教宣扬一神论和对真主穆罕默德的崇拜，主要在新疆、甘肃、宁夏等地传播，对中华文化具有不容忽视的影响。基督教是在近现代才由西方传教士从欧美国家传入中国，其核心教义是宣扬万能的上帝、原罪等观点。在中国，本土宗教与外来宗教能够和谐相处，这与中华文明的包容性有着直接的关系。

第五，中华文明历来对外国文化的传入持开放、欢迎的态度，其融化外来文化的智慧和能力非常强大。开放包容是中华民族的典型性格特征，也是中华文明的重要特征。深受儒家哲学、道家哲学思想影响，中华民族普遍深知开放包容的本质内涵和价值维度，将其融入其性格之中，使之成为其人格要素。中华文明是中华民族的独特性格和人格得到现实化的结果。中华民族从来都是以开放、欢迎的态度对待外来文化。我们对待外来文化的从容态度，建立在自身的文化自信和文明自信之上。我们在大多数时候坚信中华文化、中华文明的独特性和正确性，相信它们内含大量真善美的因子，认为它们能够为人类社会发展、人类文明进步提供正确价值指引。由于自信，所以从容；由于从容，所以能够开放、能够包容。历史地看，外国文化传入我国之后，它们能够在一定程度上影响中华文化、中华文明，但它们更多地是被中华文化、中华文明同化。中华文化、中华文明同化外国文化的能力特别强大。何以如此？这是一个值得研究的重大课题。

中国特色社会主义进入新时代，中国式现代化取得前所未有的巨大成就，这不仅进一步增强了中华民族的道路自信、理论自信、制度自信、文化自信、文明自信、历史自信，而且必然会将中华民族引上更加宽阔的开放大道。习近平明确指出：“中国坚持对外开放的基本国策，坚持打开国门搞建设。我要明确告诉大家，中国开放的大门不会关闭，只会越开越大！”[①]在经济全球化时代，任何闭关锁国的想法和做法都是行不通的。一方面，全球化的世界不可能让任何一个国家“独善其身”；另一方面，开放既是个人成长发展必由之道，也是民族、国家繁荣发展之道。

需要强调，中华文明具有突出包容性，但它是一种有限度的包容。中华民族从来不会无限度地包容一切。我们总是以开放的态度对待异质文化、文明，总是直面外国文化、外国文明的挑战，一旦发现它们内含真善美的东西，我们会毫不犹豫地进行有批判的借鉴，与此同时，如果我们发现它们包含糟粕，我们也会毫不犹豫地拒绝。中华民族不是一个在真善美问题上含糊其词的民族。我们明辨真假、是非、善恶、美丑，爱憎分明，爱所当爱，恨所当恨。毛泽东曾经明确指出，外国文化与中国传统文化一样，“其中有我们必须接受的、进步的好东西，而另一方面，也有我们必须摒弃的腐败的东西，如法西斯主义”[②]。中华民族具有直面外国文化的自信，但这种自信绝对不是盲目的。理性地自信，理性地开放，理性地包容，让我们在对待外国文化的时候能够从容不迫，同时能够始终保持合理的限度。

① 习近平. 习近平谈治国理政：第三卷 [M]. 北京：外文出版社，2020：194.
② 毛泽东邓小平江泽民论社会主义道德建设 [M]. 北京：学习出版社，2001：57.

五、中华文明的突出和平性

中华文明具有非常突出的和平性。和平性是中华文明一以贯之的显著特征。与强调矛盾、冲突、战争的西方文明不同，中华文明的本性是和平的。

西方文明的本性是暴力的。这种本性早在古希腊时期就已经形成。与中国春秋战国时期类似，古希腊是城邦混战的状况。所不同的在于，经过春秋战国时期的战乱，中华民族认识到了社会动荡的巨大危害性，自觉走上了大一统的发展轨道，而经过城邦混战，古希腊人没有从中认识到社会动荡的巨大危害，没有走上大一统的发展轨道，而是陷入了永久的分裂。

古希腊哲学家赫拉克利特认为："战争是万物之父，也是万物之王。它使一些人成为神，使一些人成为人，使一些人成为奴隶，使一些人成为自由人。"[1]赫拉克利特不仅看到了世界的永恒变化性，认为"我们不能两次踏进同一条河"，"太阳每天都是新的，

① 西方哲学原著选读：上卷 [M]. 北京大学哲学系外国哲学史教研室，编译. 北京：商务印书馆，2012：27.

永远不断地更新”[①]，而且洞察到了事物内含的对立统一性以及事物之间的斗争性，认为斗争是普遍的，战争是普遍的。西方文化之根在古希腊。在古希腊哲学家中间，赫拉克利特是西方文化的根源之一。他强调变化性、斗争性的哲学思想对德国、法国、意大利、英国、美国等西方国家的文化建构发展产生了深远影响。这些西方国家强调和推崇矛盾、冲突、战争的本性在很大程度上源于赫拉克利特。

与古希腊哲学家（特别是赫拉克利特）不同，中国先秦哲学家是以强调和平作为思想主流。孔子认为仁爱是人的本性，其核心要义是“爱人”。他说：“民之于仁也，甚于水火。水火，吾见蹈而死者矣，未见蹈仁而死者也。”[②]在孔子看来，仁爱是人们最重视、最渴望的东西。老子说：“夫兵者，不祥之器，物或恶之，故有道者不处。”[③]老子反对暴力和战争，认为兵器是不吉祥之物，连鬼神都厌恶它，得道之人敬而远之。荀子反对战争和征伐，主张以仁德、道义和威严征服天下。他说：“仁眇天下，故天下莫不亲也；义眇天下，故天下莫不贵也；威眇天下，故天下莫敢敌也。”[④]

以古希腊文明作为根源的西方文明具有推崇战争的传统。在西方，很多哲学家为战争提供合理性辩护，认为战争是解决国际争端的必要手段。例如，德国哲学家黑格尔把国与国之间的关系理解为相互否定的关系，认为一个国家的存在价值是通过否定其他国家的存在得到体现的，因此，国与国之间通过战争解决彼此

① 西方哲学原著选读：上卷 [M]. 北京大学哲学系外国哲学史教研室，编译. 北京：商务印书馆，2012：23.

② 论语 大学 中庸 [M]. 陈晓芬，徐儒宗，译注. 北京：中华书局，2015：194.

③ 老子 [M]. 饶尚宽，译注. 北京：中华书局，2006：79.

④ 荀子 [M]. 安小兰，译注. 北京：中华书局，2016：88.

之间的矛盾在所难免。威廉·詹姆斯是美国实用主义哲学的代表人物。他基于实用主义真理观推论说，战争对于信仰战争的人来说是有用的，因而是合理的。

西方人不仅推崇战争，而且很多时候会把战争当成战争本身的根本目的。他们发动战争不是为了和平，常常是为了延续战争。在这一点上，美国堪称经典例子。建国以来，它几乎一直在发动战争。最重要的在于，它很少为了和平而战。它发动大部分战争的目的是相同的，即从战争中牟利。它发动朝鲜战争，不是为了促进朝鲜半岛的和平、统一，而是为了利用那场战争消灭亲中国的朝鲜和建立围堵社会主义中国的包围圈。它发动伊拉克战争，并不是为了消灭大规模杀伤性武器和实现中东和平，而是为了在伊拉克建立亲美政权，以便于其掠夺中东石油资源。它挑起俄乌冲突，不是为了帮助乌克兰实现和平与繁荣，而是为了借此削弱俄罗斯。

与西方人不同，中华民族具有热爱和平、反对战争的文明基因。习近平说："古往今来，中华民族之所以在世界有地位、有影响，不是靠穷兵黩武，不是靠对外扩张，而是靠中华文化的强大感召力和吸引力。我们的先人早就认识到'远人不服，则修文德以来之'的道理。阐释中华民族禀赋、中华民族特点、中华民族精神，以德服人、以文化人是其中很重要的一个方面。"[①]反对战争，热爱和平，主张以德服人、以文化人，是中华文明的突出特性。

中华民族不会为了战争而战争，而是把止战、和平视为战争

① 习近平关于社会主义文化建设论述摘编 [M]. 北京：中央文献出版社，2017：6.

的目的。这在中国兵法中得到了淋漓尽致的体现。中国兵法是研究军事和战争的军事学，但它不是为军事和战争提供合理性辩护的学问，而是研究军事和战争的内涵、本质、价值、规律的学问。孙子说：“兵者，国之大事，死生之地，存亡之道，不可不察也。”① 兵法研究是国家大事，关系到人的生死、国家的生死存亡，不能不深入推进。战争在任何时候都是最终的选择。孙子认为：“上兵伐谋，其次伐交，其次伐兵，其下攻城。攻城之法，为不得已。”② 最高级的兵法是挫败敌人的谋略，其次是挫败敌人的外交，再次是挫败敌人的军队，最低级的兵法是攻占敌人的城池，这是万不得已的做法。另外，中国兵法认为，不战而屈人之兵是最有智慧的兵法。孙子说：“故善用兵者，屈人之兵而非战也，拔人之城而非攻也，毁人之国而非久也，必以全争于天下，故兵不顿而利可全，此谋攻之法也。”③

中国兵法闻名世界，其精要是不好战，不轻易发动战争，不以发动战争为荣，如果万不得已发动战争，也要尽量减少伤亡，并尽快结束战事。或者说，中国兵法恰恰是研究如何合理控制战争的学问。相比之下，西方人的军事学则更多地研究如何将敌人置于死地。这就是西方人打仗的时候往往会不择手段的根本原因。中国兵法是充满人文关怀、道德情怀的军事学，而西方军事学是排斥人文关怀、道德情怀的兵法。

中华民族从来不好战，但我们不仅具有战争智慧，而且善于打仗。我们在历史上拥有孙武、孙膑、白起、廉颇、李牧、王翦、

---

① 孙子兵法 [M]. 陈曦，译注. 北京：中华书局，2011：2.
② 孙子兵法 [M]. 陈曦，译注. 北京：中华书局，2011：41.
③ 孙子兵法 [M]. 陈曦，译注. 北京：中华书局，2011：43.

项羽、韩信、卫青、霍去病、曹操、诸葛亮、司马懿、李世民、岳飞、铁木真等军事家，在现代拥有毛泽东、朱德、彭德怀、陈毅、刘伯承、聂荣臻、徐向前、贺龙等军事家。在这些军事家中间，毛泽东的兵法堪称世界一流。他将古代中国兵法与哲学思想融为一体，将马克思主义基本原理与中国具体实际相结合，开创“农村包围城市”的军事战略思想，首创“敌进我退，敌驻我扰，敌疲我打，敌退我追”的游击战法，在抗日战争期间提出“持久战”的英明论断，创造了大量以少胜多、以弱胜强的经典战例，将中国兵法提高到极高水平、极高境界。

毛泽东深得古代中国兵法精髓，同时进行了很多兵法创新，是一位具有哲学智慧的军事家。他懂得军事的重要性，特别懂得武装力量对中国革命的重要性，但他从来不把暴力、战争等当成革命的根本目的。在领导新民主主义革命的过程中，他始终在贯彻中国兵法所崇尚的“不战而屈人之兵”的兵法思想。与日本侵略者斗争时，他坚持把日本军国主义者与日本人民区分开来，对支持中国抵抗日本法西斯侵略的日本人给予应有的尊重。与蒋介石领导的国民党军队斗争时，他总是把停止内战、实现和平当作首要目的，只要还存在实现和平的一线希望，他都会尽力争取。抗日战争结束后，他甚至冒着生命危险出席重庆谈判。

兵法思想或军事思想是毛泽东思想的重要内容。美国学者施拉姆曾经如此评价毛泽东：“很少有人会否认毛泽东在制定以农村游击战为基础的斗争方式方面的重大功绩，这个斗争最终获得了内战的胜利，推翻了国民党，给农民分了地，恢复了中国的独立和主权。考虑到中国社会在革命前的不公正程度以及中国人民由于列强瓜分中国而感到的耻辱，必须对上述成就予以相应的重视。”[①] 毛泽东以其卓越的兵法思想或军事思想，团结带领中国人民夺取了新民主主义革命、抗日战争、解放战争和抗美援朝战争的胜利，是中国历史上乃至世界历史上最杰出的军事家之一。

中华民族具有热爱和平的美德，坚持弘扬热爱和平的美德。英国哲学家罗素曾经访问过中国，对中华民族的伦理道德品质有深入了解和研究。他曾经指出：“中国伦理道德品质的某些方面非常高明，为现代世界所急需。”[②] 罗素所说的“中国伦理道德品质”指的是中华传统美德，主要包括宽容、友善、恭敬有礼、恬淡和平等方面。罗素尤其称赞中华民族热爱和平的思想传统和美德。在罗素看来，中华民族不好战，但具有其他民族不能相提并论的战争智慧。他认为：“如果说世界上有哪个国家‘骄傲到不屑打仗’，那这个国家非中国莫属。”[③] 确实如罗素所说，中华民族不好战，历来以推崇战争为耻，但这绝不意味着中华民族很懦弱、惧怕战争，更不意味着中华民族缺乏战争智慧和能力。罗素指出：“如果中国人愿意，中国会是全世界最强大的国家。但他们只求自由，不愿主宰。”[④]

中华民族热爱和平，这是中华文明具有突出和平性的根本原因。中华民族具有执两用中、守中致和的思维模式，崇尚以和为贵、群己合一的道德信念，倡导和而不同、同生并进的价值观念，推崇讲信修睦、亲仁善邻的交往之道，形成了为政以德、抱德炀和的政治传统，发扬保合太和、止战兴仁的军事思想，提倡天人

---

①施拉姆.毛泽东的思想[M].插图本.田松年，杨德，等译.北京：中国人民大学出版社，2005：220.

②罗素.中国问题[M].田瑞雪，译.北京：中国画报出版社，2019：241.

③罗素.中国问题[M].田瑞雪，译.北京：中国画报出版社，2019：219.

④罗素.中国问题[M].田瑞雪，译.北京：中国画报出版社，2019：219.

合一、万物并育的生态理念，追求交通成和、协和万邦的社会理想，从而使中华文明具有特别突出的和平性。

和平性是中华文明根深蒂固的突出特性。中华文明在过去具有突出和平性，在现当代仍然具有突出和平性。习近平在党的二十大报告中强调："中国式现代化是走和平发展道路的现代化。我国不走一些国家通过战争、殖民、掠夺等方式实现现代化的老路，那种损人利己、充满血腥罪恶的老路给广大发展中国家人民带来深重苦难。我们坚定站在历史正确的一边，站在人类文明进步的一边，高举和平、发展、合作、共赢旗帜，在坚定维护世界和平与发展中谋求自身发展，又以自身发展更好维护世界和平与发展。"① 无论中国发展到何种程度、何种水平，中华文明的突出和平性将得到中华民族的继承和发扬。

中华文明具有特别突出的韧性，总是能够保持自己的优势和特色。由于具有突出的和平性，中华文明总是能够彰显无比强大的吸引力、影响力和感染力。中华文明发端于原始社会，经历奴隶社会、封建社会、半封建半殖民地社会，如今处于社会主义社会发展阶段。无论社会如何演进，它的突出的和平性一直保持着、延续着，并且成为了中华文明的重要精神标识和文化精髓。在西方资本主义文明崇拜霸道、霸权、霸凌的当今世界，具有突出的和平性的中华文明显得特别耀眼。它是一盏文明之灯，不仅照亮了当今世界，而且为世界人民争取和平带来了希望。它也是一杆文明旗帜，不仅展现了中华民族创造的社会主义文明的神韵和特

---

① 习近平. 高举中国特色社会主义伟大旗帜 为全面建设社会主义现代化国家而团结奋斗：在中国共产党第二十次全国代表大会上的报告 [M]. 北京：人民出版社，2022：23.

色，而且推动世界人民反思西方资本主义文明的弊端。

总而言之，中华文明具有突出的连续性，是世界上唯一没有出现致命性中断或断裂的伟大文明形态；具有突出的创新性，是能够不断实现自我革命、自我革新、自我超越的伟大文明形态；具有突出的统一性，是多元合一、多样统一的伟大文明形态；具有突出的包容性，是能够开放、善于借鉴的伟大文明形态；具有突出的和平性，是能够与其他文明进行友好交流互鉴的伟大文明形态。

中华文明的伟大是由其自身的突出特性成就的。一种文明能否被称为伟大的文明形态，这从根本上来说是由其自身的本性和特质决定的。中华文明的本性和特质实质上就是中华民族的本性和特质。中华民族长期共同生活在中华大地上，共同创造了自成体系的中国思维、中国思想、中国价值、中国精神、中国智慧，从而建构了独具特色、无与伦比的中华文明。突出的连续性、创新性、统一性、包容性、和平性，赋予了中华文明特别厚重、特别精深、特别光辉的气质，使之具有其他文明形态难以相提并论的价值。特别突出的特性塑造出特别伟大的中华文明。中华文明突出特性的持续张扬，既是中国人民、中华民族的福音，也是世界人民和整个人类的福音。

第五章

中华民族自成体系的文明观

中华民族创造了中华文明，在创造中华文明的过程中也建构了具有自身特色的文明观。中华民族的文明观反映了中华民族对文明的总体看法和主要观点，它与中华文明是相辅相成的辩证关系。一方面，中华民族的文明观是中华文明得以创造的思想和理论条件，对中华文明的建构和发展发挥着思想和理论引领作用；另一方面，中华文明的建构和发展又是中华民族的文明观得以形成的历史和现实基础，没有中华文明不断演进的历史和现实支撑，中华民族的文明观不可能形成和发展。在对中华文明的内涵要义、精神标识、文化精髓和突出特性进行深入分析的基础上，归纳总结一下中华民族的文明观是非常必要的。

一、文明化成天下

什么是文明？文明是如何起源的？文明有何价值？对这些问题的回答，构成中华民族文明观的基本内容。

与其他民族一样，中华民族是从原始社会的蒙昧、野蛮状态中走出来的。中华民族创造的中华文明是世界四大古文明之一，但与古埃及文明、古巴比伦文明、古印度文明相比，中华文明在起源上略迟一些。所不同的在于，“前三种文明都是在相对集中的一个较小范围内展开的，回旋的余地不大，一旦遭到强悍的外族入侵和战争的破坏或严重的自然灾害，就难以延续和恢复”[①]；相比较而言，中华文明是一种在较大范围内展开的文明形态，回旋余地很大，不易遭受外来文化、战争和自然灾害破坏，加上规模巨大、整体性强，中华民族的强烈本根意识和汉语的强大凝聚力又对中华文明发挥着强有力的联结作用，中华文明才成为了世界上唯一没有出现中断的文明形态。中华文明从一开始就具有不同于其他文明形态的独特气象，具有非常突出的连续性、统一性。

---

① 袁行霈，严文明，张传玺，等. 中华文明史：第一卷 [M]. 北京：北京大学出版社，2006：中华文明史总绪论 4.

中华民族对文明的含义、起源和价值有独到的认知和理解。总体来看，我们是以“人文”来诠释“文明”的含义，是以人文气象的产生作为文明产生的根本标志。所谓“人文”，就是指“文明”，它是与“天文”“地理”等相比较而言的。《周易》说：“刚柔交错，天文也。文明以止，人文也。观乎天文，以察时变；观乎人文，以化成天下。”[①]其意指，阳刚与阴柔交织，形成天文；文明产生，不断发展，同时又受到限制，这是人文；观察天文，可以懂得天时（四季）变化的规律，观察人文，可以知道人类社会得以形成的道理。也就是说，天文是世界的气象，是支配世界的道理，没有天文气象，就没有世界；人文是人类社会的气象，是支配人类社会的道理，没有人文气象，就没有人类社会。

人文气象具有人类本身可感知的表象。例如，原始社会的人类更多地表现出蒙昧、野蛮的动物性气象。他们不能将自身与非人类的存在者严格区分开来，不具有清晰的“人”的理念，在生活方式上与非人类的存在者具有很强的相似性。具体地说，他们赤身裸体，茹毛饮血，本能对其生命发挥着主导作用。直到进入文明社会以后，人类才因为人文气象得到根本性提高而看上去“更像人”。我们以《山海经》为例予以说明。该书主要叙述天文、地理、气象、动物、植物、矿藏、医药等内容，但也在多处论及人文气象问题。《海外东经》就包含很多这样的内容。它叙述“君子国”时指出：“君子国在其北，衣冠带剑，食兽，使二文虎在旁，其人好让不争。”[②]这是指，君子国是位居奢比之尸（国名）北边的一个国家，那里的人穿衣戴帽，腰间佩剑，吃野兽，总是有

① 周易 [M]. 杨天才，张善文，译注. 北京：中华书局，2011：207.
② 山海经 [M]. 方韬，译注. 北京：中华书局，2011：249.

两只有花纹的老虎守候在身边，谦让而不好争斗。君子国的人穿着非常讲究，举止文雅，能够降服凶猛的老虎，为人谦让，不喜好争斗，这就是人文气象，就是文明。

人类具有自身特有的风貌和精神气质，这是人文气象的两个主要表现，也是文明的两个主要维度。人的风貌首先是指人在衣、食、住、行等方面的表现。根据《山海经》记载，青丘国的人“食五谷，衣丝帛”①，丈夫国的人“衣冠带剑”②，大人国的人“为人大，坐而削船”③，黑齿国的人“食稻啖蛇”④，奢比之尸国的人“兽身、人面、大耳，珥两青蛇”⑤，三身国的人“一首而三身”⑥。显而易见，《山海经》所描述的人类生活在不同的国家，处于不同的文明水平，其中的一些人还没有完全进化为人类。《山海经》似乎暗示我们，文明的人类是与非人类的动物从根本上区别开来的存在者，不仅有能力驾驭凶猛无比的野兽，而且能够展现温文尔雅、谦卑谦让的道德风范。也就是说，一旦形成人文气象，人类就成为了真正的人，不再与动物为伍，也不应该再以动物称呼人类。人类是文明的存在者。

《山海经》对天文、地理和人文进行了严格区分。天文和地理是自然气象，它们先于人文、宇宙而存在。宇宙曾经只有天文、地理的自然气象，没有人文气象，人文气象是因为人类在地球上诞生和发展才逐步形成的。没有人文气象的宇宙是没有文明的世

---

① 山海经 [M]. 方韬，译注. 北京：中华书局，2011：250.
② 山海经 [M]. 方韬，译注. 北京：中华书局，2011：233.
③ 山海经 [M]. 方韬，译注. 北京：中华书局，2011：248.
④ 山海经 [M]. 方韬，译注. 北京：中华书局，2011：251.
⑤ 山海经 [M]. 方韬，译注. 北京：中华书局，2011：248.
⑥ 山海经 [M]. 方韬，译注. 北京：中华书局，2011：230.

界。它只有各种各样的物象，缺乏人文气象的灵性和灵气。因此，阅读《山海经》的《南山经》《西山经》《北山经》《东山经》和《中山经》时，我们能够看到物象的多样性、复杂性，但无法领略人文气象的独特神韵和巨大魅力。

人文气象是文明形成的根本标志。没有人文气象，就没有文明。文明是人文气象的概括，也是人文气象的结晶。两者是一而二、二而一的关系。一般来说，人文气象越多，文明越发达；文明越发达，人文气象也越多。

人文气象实质上就是文化。人类在地球上出现以后，文化便应运而生，并且成为人类自身特有的标签。所谓“文化”，就是人类通过人为手段创造的一切。凡是经过人类之手创造的一切，都可以归于文化的范畴。古代中国的四大发明是文化，中华民族创造的哲学、音乐、舞蹈等也是文化。中华民族创造的人文社会科学和自然科学都是文化。中华民族展现的人文气象，就是中华文化展现的表象和气质。

人文气象的形成，需要诉诸各种各样的手段，其中最有效的手段是教育。教育包括学习和教化两个方面。通过学习，一个人可以变成文明人；通过教化，一个人可以成为文明的塑造者。正因为如此，孔子以劝学作为《论语》的开头。他说：“学而时习之，不亦说乎？有朋自远方来，不亦乐乎？人不知而不愠，不亦君子乎？”[①] 孔子将学习之乐与面见远方朋友之乐、不怨天尤人的君子之乐相提并论，既体现了儒家高度重视学习的一贯立场，又体现了儒家倡导学以成人的哲学思想。在儒家看来，学习是人成为

---

① 论语 大学 中庸 [M]. 陈晓芬，徐儒宗，译注. 北京：中华书局，2015：7.

人的必由之路；不学习，人不可能成为真正的文明人。

深受儒家哲学思想影响的中华民族具有重视学习和热爱学习的优良传统。荀子认为："学不可以已。青，取之于蓝而青于蓝；冰，水为之而寒于水。"① 每个人都应该不停地学习，通过学习使自身变得更加优秀，通过学习使整个人类变得更加优秀。荀子还指出："木受绳则直，金就砺则利。君子博学而日参省乎己，则知明而行无过矣。"② 木材经过墨线测量和木匠打磨才能变直，刀剑经过磨砺才能变得锋利；君子广泛学习，每天多多反省自己，就会变得睿智，行为也不会犯错。最重要的是，学习可以使人变得开放、包容和谦卑。荀子说："不登高山，不知天之高也；不临深谿，不知地之厚也；不闻先王之遗言，不知学问之大也。"③ 不经过学习和教化，人难以成为真正的人，更不用说成为人才；所有人才都是通过学习和教化塑造而成的；经过学习和教化的人懂得如何为人处世。

人文气象需要培养才能形成，文明需要塑造才能建构。这在中华民族对待人文社会科学和自然科学的总体态度中得到了集中体现。在教育中，中华民族重视天文学、数学、物理学等自然科学学科知识的传授，但更重视历史学、哲学、文学、音乐学、舞蹈学等人文社会科学学科知识的传授。我们特别重视历史教育、哲学思想教育、文学素养教育、音乐素质教育，因为它们能够在提升人的人文气象和文明素养方面发挥更加显著的作用。

---

① 荀子 [M]. 安小兰，译注. 北京：中华书局，2016：2.
② 荀子 [M]. 安小兰，译注. 北京：中华书局，2016：2.
③ 荀子 [M]. 安小兰，译注. 北京：中华书局，2016：3.

二、言立而文明

文明总是会通过语言来表达自己。语言是文明的直接现实。在人类发展的每一个历史阶段，文明与语言之间的互动总是同频共振的状态，文明的脉动总是牵动着语言的脉动，语言的脉动也总是牵动着文明的脉动。

中华民族历来重视研究语言与文明的关系问题，并将其作为其文明观的重要内容。《文心雕龙》一书指出：“心生而言立，言立而文明，自然之道也。”[①] 语言反映人的精神品质和内在修养。一个人内心善良，其语言一般会温文尔雅；一个人内心邪恶，其语言一般会尖酸刻薄。语言是一面镜子，映照人的心灵，反映人的修养。

文明体现人的内在涵养，而人的内在涵养又会通过人的语言直接表现出来。这就是“心生而言立，言立而文明”的道理。在中华民族的文明观中，“心”既是思想的寓所，也是七情六欲的寓所，更是思想与七情六欲博弈、斗争的寓所。从这种意义上来说，“言由心生”是指人所说的话或所发的言都源于人本身的“心”，

---

① 文心雕龙 [M]. 王志彬，译注. 北京：中华书局，2012：3.

是对人心中的东西进行表达的结果。心里有什么，言就表达什么，言与心中的东西是一致的。

中国人将心视为一种实体。它或者像一块地，因而被称为“心地”；或者像一块田，因而被称为“心田”；或者像一栋房子，因而被称为“心房”；或者像一只眼睛，因而被称为“心眼”。作为实体存在的“心”有大小之分，可大可小，因此，我们可以说“这个人心很大”，也可以说“那个人心很小”。“心”也有空间，心中可以装载人的思维对象（心事）、思想（心思）、愿望（心愿）、欲求（心意）、情感（心情）、声音（心声）、语言（心语）、境界（心境）等众多东西。可见，中国人所说的“心”是一种可以描述、可以言说的实体。如果说言由心生是一个事实，那么言所表达的就是人的心所能拥有之物。

除了上述可以描述的东西以外，中国人所说的“心”能装载的最重要之物是人的道德修养。根据儒家伦理思想，一个人的道德修养怎么样，既有天生的原因，也有后天的原因。天生的善良本性可以使人心地善良，后天的道德教育则可以使人回归善良本性。《三字经》说：“人之初，性本善，性相近，习相远。”[①] 此话是对孔子在《论语》中说的话“性相近也，习相远也”[②] 进行拓展的产物。这一方面是指人刚生下来的时候本性都是善良的，但后天养成的习惯可以让人相差甚远，另一方面也暗示所有人都可以凭借天生的善良本性或后天所受的道德教育成为心地善良的人。在儒家伦理思想中，心是人的道德修养的生发之地，道德修养的实

① 三字经 百家姓 千字文 弟子规 千家诗 [M]. 李逸安，张立敏，译注. 北京：中华书局，2011：6.

② 论语 大学 中庸 [M]. 陈晓芬，徐儒宗，译注. 北京：中华书局，2015：207.

质是“修身”，“修身”的关键在于“正心”。

所谓“正心”，就是要端正人的心术和心态。端正心术，是要正确地使用用心之法。在中国人眼里，心是可以“用”的，用法正确与否，体现心术是否端正的事实。端正心态，是要调整好心的状态。中国人相信，心的状态是可以调整的，调整得是否到位，体现心态好坏的事实。另外，要端正心态，必须首先端正心术。心术正，则心态正；心术不正，则心态不正。心态正，则心正；心态不正，则心不正。“正心”是为了“心正”，“心正”是为了“修身”，“修身”是为了修炼道德修养。儒家伦理学将“正心”视为修炼道德修养的关键。《大学》说：“心不在焉，视而不见，听而不闻，食而不知其味。此谓修身在正其心。”[①] 其意指，如果心术和心态不端正，人看不到正在看的东西，听不到正在听的声音，吃不出正在吃的食物的味道。

作为道德修养的发源之地，心对人承担着以德润身的重任。在中国伦理学尤其是儒家伦理学中，德心是人心的根本，它是人心能否承担以德润身重任的决定因素。德心的本性是向善、求善，其最高目的是追求“至善”。王阳明的心学所说的“心”主要是指人的德心。他说：“至善是心之本体，只是明明德到至精至一处便是。”[②] 德心之所以是德心，是因为它能够对人的心事、心思、心愿、心意、心情、心声、心语、心境等发挥支配性的价值引导作用；或者说，它有能力对人心中所装载的思维对象、思想、愿望、欲求、情感、声音、语言、境界等进行道德上的控制。

正心是为了正本清源。心是德之本，本立而道生；心是德之

---

① 论语 大学 中庸 [M]. 陈晓芬，徐儒宗，译注. 北京：中华书局，2015：267.

② 王守仁. 王阳明全集：上 [M]. 北京：中央编译出版社，2014：2.

源，源清则流清。心中所想，嘴上所说。一个人以什么方式说话直接反映他的心术和心态。孔子说：“君子喻于义，小人喻于利。”① 其意指，君子心里想着的都是义，嘴里说的也都是义；小人心里想着的都是利，嘴上说的也都是利。一般来说，心正之人说出的话往往充满正能量，心不正之人说出的话则往往充满负能量。只有正本清源，人说出的话才能彰显道德的崇高性和感召力。

“言由心生”是中国伦理学家要求人们“正心”的根本原因。中国伦理学家普遍强调“听其言”的重要性和必要性。听其言，不仅是要听一个人说了什么，而且是要通过倾听他说的话来探察他的心事、心思、心愿、心意、心情、心声、心语、心境，并在此基础上了解他的心术和心态是否端正的事实。这是我们认识身边人和自己应有的伦理智慧。老子说：“知人者智，自知者明。”② 人之为人，既需要认识和了解他人，也需要认识和了解自己。如何认识和了解他人？听其言是重要方式。如何认识和了解自身？我们自己的心术和心态是否端正？只要听一下我们自己说的话即可。

一个人只要活着，他就可能说话。纵然被禁止说话，他也完全可能在睡眠的时候说梦话。对于人类来说，说话与其说是一种生存手段，不如说是一种生存方式。说话不仅表达人类的心事、心思、心愿、心意、心情、心声、心语和心境，而且在一定意义上划定着人类生存世界的范围。维特根斯坦说：“我的语言的界限意谓我的世界的界限。”③ 这种完全用语言和逻辑来解释人的生存状况和世界存在状况的逻辑实证主义观点值得商榷，但它仍然具有

---

① 论语 大学 中庸 [M]. 陈晓芬，徐儒宗，译注. 北京：中华书局，2015：44.

② 老子 [M]. 饶尚宽，译注. 北京：中华书局，2006：83.

③ 维特根斯坦. 逻辑哲学论 [M]. 贺绍甲，译. 北京：商务印书馆，1996：85.

可以肯定的合理性。它至少揭示了这样一个事实：说话是人类的生存方式，我们每一个人都是说着话生存的。

中国人把“言”归源于“心”，认为“言由心生”，但这绝不意味着人可以随心所欲地说话。维特根斯坦把人说话的活动称为一种游戏——“语言游戏”，其目的不仅是要强调人用语言说话的随意性、变化性和差异性，而且是要强调它的规则性。在维特根斯坦看来，人可以像玩游戏一样说话，但我们总是遵循一定的语法规则和逻辑规则，因为所有游戏都有特定的规则。

人说话常常涉及正当性问题。一个人应该怎样说话，这不完全是由他自己决定的，而是会受到一定的道德规范的制约。道德规约的实质是社会会对人说话的行为进行道德价值认识、道德价值判断和道德价值选择，并且会对它作出道德价值认同或不认同的裁决。只有那些能够得到社会的道德价值认同的说话方式才具有正当性。如果一个人的说话行为不能得到社会的道德价值认同，他说的话就不具有正当性。对人说话进行正当性稽查是每一个社会都具有的道德稽查机制。

无论一个人是否愿意，他说话的时候都会受到正当性稽查。一旦想说话，他就不得不考虑是否开口、开多少口、如何开口等问题。在现实中，一个人在某个特定的语境下应该说话，如果在应该说话的时候沉默，他会受到道德谴责；一个人在某个特定的语境下应该沉默，如果在不应该说话的时候说话，他也会受到道德谴责。人说话是讲究语境的。语境对说话者的要求主要不是语法性的和逻辑性的，更多的是道德规范性的。道德规范是规约人说话的非强制性社会规范，但它的力量不容忽视。荀子曾经指出：

“言而当，知也；默而当，亦知也。故知默犹知言也。”[①] 其意指，说话应该得体，说话得体是有智慧的表现，沉默得体也是有智慧的表现。在中国，说话得体和沉默得体都可能受到道德上的称赞，但这是由语境决定的。

一个人说话或者具有正当性，或者不具有正当性，这不仅涉及个人的道德权利问题，而且涉及个人的道德责任问题。从个人角度来看，言论自由是一种不容剥夺的道德权利，但从社会道德的角度来看，言论自由这种道德权利是有限度的。这不难理解。一个人在公共场所大声喧哗通常不会被视为言论自由，而是会受到社会公德的谴责。在美国如此，在中国也如此。这一方面是因为社会公德反对人们在公共场所大声喧哗，另一方面是因为社会公德要求把在公共场所轻言细语地说话视为公民应该承担的道德责任。

墨子说：“凡出言谈、由文学之为道也，则不可而不先立义法。若言而无义，譬犹立朝夕于员钧之上也，则虽有巧工，必不能得正焉。”[②] 其意指，人发表的言论都必须体现文学之道，确立言谈准则是第一要务；如果没有衡量言谈的准则，这就好比在转动的陶轮上安放测定时间早晚的仪器一样，即使是技艺精湛的工匠，也无法掌握正确的时间。墨子认为言谈应该遵循“本之者”“原之者”和“用之者”[③] 三个准则，意指人的言谈应该有本源，不是无中生有；有依据，不是无凭无据；有应用，不是一无用处。墨子要求为人的言谈设立准则的观点无疑是正确的。

---

① 荀子 [M]. 安小兰，译注. 北京：中华书局，2016：65.
② 墨子 [M]. 方勇，译注. 北京：中华书局，2015：295.
③ 墨子 [M]. 方勇，译注. 北京：中华书局，2015：295.

人类对自己的“言谈”有多种多样的评价标准。我们有时候会从文采的角度来评价它。例如，刘勰说：“言之文也，天地之心哉!”[①] 其意指，人说的话之所以有文采，是因为它体现的是天和地的心性。中国具有欣赏文采、赞美文采的传统。如果一个人能言善辩，我们会用“口若悬河”“伶牙俐齿”等词语来称赞他。不过，我们更多的时候会从伦理的角度来评价自己说的话。例如，孔子说：“道听而涂说，德之弃也。”[②] 这是指，在路上听到传言就到处传播，这是背离道德的行为。

中华民族特别重视言的道德价值评价。道德价值评价反映人类对一定事物是否具有道德价值的事实的认识、理解和判断。人类的道德价值评价可以针对自己的一切活动，即可以涵盖自己的所思所想、所说所言和所作所为。例如，如果一个人总是恶语伤人，人们就会将他评价为恶毒的人，而如果一个人总是和蔼可亲地说话，人们就会将他评价为友善的人。在中国，言或说话不仅被视为一种艺术，而且被当作一种道德修养；作为一种艺术，它必须讲究技巧；作为一种道德修养，它必须合乎一定的道德规范要求。中国人对言的道德规范要求是通过“语德”得到体现的。“语德”就是专门规约人说话的道德规范。它将人的言或说话纳入一定的道德规范体系之中，并且借助它对人的言或说话进行道德价值评价。

言而有信是中华民族评价一个人说的话是否具有道德价值的最重要标准。孔子之所以提出“人而无信，不知其可也”[③] 的论断，

---

① 文心雕龙 [M]. 王志彬，译注. 北京：中华书局，2012：5.
② 论语 大学 中庸 [M]. 陈晓芬，徐儒宗，译注. 北京：中华书局，2015：213.
③ 论语 大学 中庸 [M]. 陈晓芬，徐儒宗，译注. 北京：中华书局，2015：24.

是因为在他看来，言而无信之人说出的话可能非常华丽、动听，但它们只不过是欺骗人的“花言巧语”，并不具有真正的道德价值。他说：“其言之不怍，则为之也难。”[①] 其意为，如果一个人说起话来大言不惭，他是很难将自己说的话落实到行为上的。

要求人们言而有信是儒家始终坚持的伦理思想。与孔子一样，荀子对花言巧语深恶痛绝。他曾经对它嚣、魏牟、陈仲、史鳍、慎到等人花言巧语的做法进行猛烈抨击。例如，他如此评价魏牟：“纵情性，安恣睢，禽兽行，不足以合文通治；然而其持之有故，其言之成理，足以欺惑愚众，是它嚣、魏牟也。”[②] 这是指，与荀子同时期的它嚣、魏牟两人放纵自己的邪恶本性，肆意妄为而无所愧疚，行为与禽兽无异，与国家的礼仪要求大相径庭，但他们把话说得有根有据、有条有理，能够欺骗、迷惑愚昧的老百姓。

老子也要求人们言而有信，但他没有像孔子、荀子等儒家哲学家那样，要求人们通过严守诺言来体现言而有信的美德，而是要求人们通过不轻易承诺来遵守言而有信的道德原则。他说：“夫轻诺必寡信，多易必多难。”[③] 其意指，轻易承诺的人必定很少守信用，把事情看得太容易的人必定会遭受很多困难。老子从推崇“无为”的道家伦理思想出发，认为一个人言而有信的重要方式是不轻易许下诺言。这与老子主张慎言、崇尚“无为”的伦理思想是吻合的。

言而有信是中华民族历来坚持的一个重要道德原则，其核心要义是要求人们重诚信、讲诚信、守诚信。在“言而有信”这一

---

① 论语 大学 中庸 [M]. 陈晓芬，徐儒宗，译注. 北京：中华书局，2015：172.
② 荀子 [M]. 安小兰，译注. 北京：中华书局，2016：57.
③ 老子 [M]. 饶尚宽，译注. 北京：中华书局，2006：153.

道德原则中，“言”的道德价值被延伸到人的行为上，“行”被当作“言”的后果来看待。“言而有信”这一道德原则的实践模式是“言行合一”或“言行一致”。

总而言之，中华民族把语言文明视为文明的重要内容，要求人们用适当的方式说话。所谓“适当的方式”，就是文明的方式。一个人说话文明，这不仅说明他具有很好的内在修养，而且说明他懂得不以言伤人的道理。如果一个民族说话都很文明，这说明该民族的整体文明水平很高。一个民族的语言文明，既通过其成员的日常国际交往语言得到体现，也通过其外交人员的外交语言得到体现。一个国家的外交人员在外交场合很文明地说话或很粗野地说话，这能够在很大程度上反映他们所依托的民族或国家的文明状况。

三、文明循礼而兴

循礼是中华民族文明观的重要内容。中华民族历来崇礼、好礼、讲礼、有礼，形成了根深蒂固的循礼传统。我们所说的“礼”，不是指礼物，而是指礼貌、礼仪、礼节等，因此，它是人与人之间进行交往、交流应该遵循的规矩。《礼记》说：“夫礼者，自卑而尊人。虽负贩者，必有尊也，而况富贵乎！富贵而知好礼，则不骄不淫；贫贱而知好礼，则志不慑。”① 其意指，礼是什么？它要求自己谦卑而尊重别人；即使是小商小贩，必有他们值得尊重的人，更何况是富贵的人呢！富贵的人知道崇礼、好礼、讲礼，就不会骄奢淫逸；贫穷的人知道崇礼、好礼、讲礼，就不会因为贫穷而在心里感到卑怯。

“礼”是人类进入文明状态的重要象征。这是中华民族从古至今信奉的哲学思想。对此，我们应该从中国哲学的角度来加以认知和理解。《礼记》认为：“礼尚往来，往而不来，非礼也；来而不往，亦非礼也。人有礼则安，无礼则危。故曰，礼者不可不学也。”② 礼是

① 礼记译解 [M]. 王文锦，译注. 北京：中华书局，2016：5.
② 礼记译解 [M]. 王文锦，译注. 北京：中华书局，2016：4.

相互的，一个人对另外一个人讲礼，另一个人也会以礼相待；反之亦然。每个人都应该崇礼、好礼、讲礼、有礼，因为它们能够让人处于和谐人际关系之中而获得平安。如果一个人不崇礼、不讲礼，甚至无礼，他必定会因为人际关系不和谐而身陷危险。中华民族所推崇的“礼”，是人人都应该遵循的普遍行为准则。

很多中国哲学家论述过崇礼、讲礼、有礼的重要性。孔子既强调仁和义，又高度重视礼。他说：“道之以政，齐之以刑，民免而无耻。道之以德，齐之以礼，有耻且格。”[①]其意指，用政令引导民众，用刑法约束民众，民众可免于犯罪，但不会有羞耻心；用道德引导民众，用礼规导民众，民众不仅会产生羞耻心，而且会自觉归正。孔子所说的“礼”，是指约定俗成的礼貌、礼仪、礼节、礼制，它不同于“德”（道德），也不同于“刑”（刑法）。它对人类行为的规约强于道德规范，弱于刑法，但对人类具有普遍有效的约束力。

孟子也崇礼、讲礼。他说：“礼人不答，反其敬。”[②]其意指，如果自己对别人有礼，别人却不回应，那就应该进行自我反省，检讨自己是否做到了恭敬有礼。孟子还说：“言非礼义，谓之自暴也。”[③]如果一个人说话无礼、不义，这就叫作自暴自弃。孟子之言不无道理。在现实生活中，很多人就是因为说话无礼、不合道义而害人害己。

荀子更是强调“礼”。他说：“绳者，直之至；衡者，平之至；规矩者，方圆之至；礼者，人道之极也。然而不法礼，不足礼，

① 论语 大学 中庸 [M]. 陈晓芬，徐儒宗，译注. 北京：中华书局，2015：16.
② 孟子 [M]. 万丽华，蓝旭，译注. 北京：中华书局，2006：149.
③ 孟子 [M]. 万丽华，蓝旭，译注. 北京：中华书局，2006：155.

谓之无方之民；法礼足礼，谓之有方之士。礼之中焉能思索，谓之能虑；礼之中焉能勿易，谓之能固。能虑能固，加好者焉，斯圣人矣。”[①]其意指，绳墨是最直的，称是最公平的，规矩是方圆的最高标准，礼是人道的最高准则；一个人不遵守礼、不重视礼，他就是不走正道的人；一个人遵守礼、重视礼，他就是走正道的人；一个人能够在崇礼、讲礼、有礼的过程中进行思考，这就叫深思熟虑；一个人能够坚持崇礼、讲礼、有礼，这就叫坚定。能够深思熟虑，能够坚定，加上能够好礼，这就是圣人了。荀子特别推崇礼，其哲学思想是一个隆礼的思想体系。他甚至将崇礼、讲礼、有礼等视为人的根本、事的根本和治国理政的根本。他说："人无礼则不生，事无礼则不成，国家无礼则不宁。”[②]荀子不仅要求人们崇礼、讲礼、有礼，而且要求人们坚持不懈地崇礼、好礼、讲礼、有礼。

荀子特别重视处理生死问题所涉及的礼。他认为："礼者，谨于治生死者也。生，人之始也；死，人之终也；终始俱善，人道毕矣。故君子敬始而慎终。终始如一，是君子之道，礼义之文也。夫厚其生而薄其死，是敬其有知而慢其无知也，是奸人之道而倍叛之心也。”[③]其意指，礼，对于生死之事的办理最为慎重。出生，是生命的开始；死亡，是生命的终结。生与死都能按照礼妥善处理，人道就周全了。因此，君子既尊重生命的开始，也尊重生命的终结。始终如一，态度一致，体现君子之道，合乎礼的本义。尊重人的出生，不尊重人的死亡，只尊重其有知觉的状态，不尊

① 荀子 [M]. 安小兰，译注. 北京：中华书局，2016：177.
② 荀子 [M]. 安小兰，译注. 北京：中华书局，2016：21.
③ 荀子 [M]. 安小兰，译注. 北京：中华书局，2016：180.

重其无知觉的状态，这是恶人的做法，违背了始终如一的原则。

荀子的人生哲学思想非常深刻，也非常正确，因而在中国社会广泛传承传播。生死问题是人人关心的重大问题。一个社会如何认识和处理人的生死问题，反映其文明程度高低。一个文明社会既应该重视人的出生，也应该重视人的死亡。生死合乎自然规律，不以人的意志为转移，但这绝不意味着只有人的出生有价值，人的死亡没有价值。在中国社会，一个人的生和死都被当成大事。一个人出生，要有隆重的庆祝礼；一个人满月，要有隆重的庆祝礼；一个人过生日，要有隆重的庆祝礼；一个人死亡，也要有隆重的葬礼。这些事实充分体现了中华民族的人生哲学思想传统，一直是构成中华文明的重要内容。

文明是人创造的，也会通过人对待自身的态度体现出来。原始社会的人之所以没有被称为文明人，主要是因为他们还没有具备强烈的文明意识和正确的文明观。他们遵循弱肉强食的丛林法则，自相残杀，甚至推崇食人之风，对人的生死缺乏应有的敬畏。奴隶社会之所以没有被视为“好社会”，从根本上来说是因为居于统治地位的统治阶级并没有将处于被统治地位的奴隶当作真正的人来看待，后者不能享受人之为人的权利和尊严，他们中的大多数人的生死都没有受到应有的尊重。资本主义社会之所以也没有被当作“好社会”，从根本上来说是因为它依然是等级森严的社会，居于统治地位的资产阶级享受“荣华富贵”，而处于被统治地位的下层人活得没有尊严，死得也没有尊严。

中国是礼仪之邦，中华民族具有崇礼、好礼、讲礼的悠久传统。中国民间将“礼”称为“规矩”。要求人们崇礼、好礼、讲礼、有礼是中国社会从古至今的道德要求。只要关于礼的道德要求被保持在合理的限度内，礼的存在就具有道德合理性基础，它对人就具有普遍有效的道德规范作用。古代中国人崇礼、好礼、讲礼，当代中国人也崇礼、好礼、讲礼，这是中华民族崇德、尊德、守德的重要表现。孔子曾经说过："非礼勿视，非礼勿听，非礼勿言，非礼勿动。"① 这种伦理思想固然有过分隆礼的明显缺点，但它要求将人的言行举止都纳入礼的规导之下的观点是可取的。无论中国社会演进到何种水平，遵循应有的礼仪、礼节、礼法、礼貌是永恒的道德要求。

中华文明在很大程度上依托中华民族崇礼、好礼、讲礼的优良传统而存在。时移世易，但遵循基本礼仪总是应该的。现代社会崇尚平等、民主、自由等价值观念，但这些价值观念并不从根本上排斥礼貌、礼仪和礼节。子女尊重父母，对父母讲礼貌、讲礼节，这在任何时代都是应然的伦理要求。学生尊重教师，对教师讲礼貌、讲礼节，这在任何时代都应该提倡。一个人在公共场合对陌生人讲礼貌、讲礼节，这在任何时代都不会过时。中华民族一直坚持传承传播崇礼、好礼、讲礼的优良传统，所以能够一直享有"礼仪之邦"的美名。

崇礼、好礼、讲礼、有礼，这也是当代中华民族在国际交流和交往中应该发扬的美德。国际交流和交往需要有礼貌、有礼仪、有礼节。习近平说："目前看，我们在经济合作上用力多，文化这条腿总体上还不够有力。要加强战略谋划，对外既要展现中华民族五千多年的悠久文明，又要传播当代中国蓬勃发展的多彩文化，以德服人，以礼服人，以文服人，加强情感认同。"② 以礼服人是中

---

① 论语 大学 中庸 [M]. 陈晓芬，徐儒宗，译注. 北京：中华书局，2015：138.
② 习近平关于社会主义文化建设论述摘编 [M]. 北京：中央文献出版社，2017：215.

华民族在国际交流和国际交往中遵循的一个重要原则。

礼是人类在任何时代都需要倡导的社会价值。《礼记》指出："鹦鹉能言，不离飞鸟；猩猩能言，不离禽兽。今人而无礼，虽能言，不亦禽兽之心乎！夫唯禽兽无礼，故父子聚麀。是以圣人作，为礼以教人，使人以有礼，知自别于禽兽。"[①]其意指，鹦鹉能够说话，但终究属于飞鸟的种类；猩猩能够说话，但终究属于禽兽的行列。如果人没有礼仪，纵然能够说话，其还是禽兽的心性。由于禽兽没有礼仪，所以父子会与同一母兽发生交配。因此，圣人出现，制定礼法，是为了用礼法教导人们，引导人们遵循礼法，懂得自己有别于禽兽的道理。

建设中华民族现代文明，仍然需要发扬崇礼、好礼、讲礼、有礼的优良传统。无论中华文化和中华文明如何现代化，它们都不应该脱离礼的轨道。有礼的中华民族现代文明才是真正的文明形态，无礼的中华民族现代文明一定是有缺陷的文明形态。《礼记》指出，"礼义也者，人之大端也"[②]。礼义是做人的重大事项，应该高度重视。要建设中华民族现代文明，不应该完全排斥中华民族源远流长、根深蒂固的崇礼、好礼和讲礼的传统。

文明因为有礼而兴盛，因为无礼而衰败。礼的存在，可以引导人们重视礼貌、礼仪、礼节，可以引导人们过上彬彬有礼的生活。礼是人类社会生活不可或缺的元素。古代中国需要礼，现代中国也需要礼。无礼，在古代中国社会被视为严重社会问题，在当今中国社会也被视为严重社会问题。

---

① 礼记译解[M]. 王文锦，译注. 北京：中华书局，2016：3—4.

② 礼记译解[M]. 王文锦，译注. 北京：中华书局，2016：316.

四、文明以伦理为荣

伦理是文明的灵魂。文明不能没有伦理的价值引领。没有伦理引领的文明，是没有灵魂的文明。它既不能以德服人、以德化人，也不能行稳致远。

中华文明是伦理型文明。它包括物质文明、政治文明、精神文明、社会文明、网络文明、生态文明等诸多具体形态，但它的内核是中华伦理文明。中华伦理文明居于中华文明的核心，是中华文明的价值轴心和价值支柱，是中华文明生生不息、不断发展壮大的强大支撑。

中国社会从古至今一直是伦理型社会，这为中华文明形成伦理内核提供了社会条件。

中华民族早在三皇五帝时期就形成了崇尚道德和德治的优良传统。三皇五帝都是以德治理天下的典范。他们重视个人道德修养，注重树立道德形象，天下为公，心系百姓，关心民生，以身作则，不以权谋私，在华夏大地受到广泛尊重，是典型的“内圣外王”型君王。为了统一华夏，他们对欺压百姓、实行暴政的部落首领进行讨伐，所到之处，他们都是采取以德服人、以德感人、以德化人的方略，既成就了自身治理天下的伟业，又为中华民族建构伦理型社会奠定了基础。

先秦诸子百家为中华民族建构伦理型社会提供了理论依据。春秋战国时期，我国陷入诸侯争霸的战乱，但也出现了诸子百家争鸣的文化盛景。诸子百家中，儒家、道家、墨家等以各自的方式倡导德治，只有法家侧重于强调法治。

儒家以推崇道德和德治为要。孔子说："为政以德，譬如北辰居其所而众星共之。"[①] 以德为政，当政者就会像北极星一样安居其位，老百姓则会像众星一样拱卫他。

道家强调修德的重要性。老子说："修之于身，其德乃真；修之于家，其德乃余；修之于乡，其德乃长；修之于邦，其德乃丰；修之于天下，其德乃普。"[②] 老子认为，每个人都应该修炼道德修养，修德于己、于家、于乡、于国家、于天下都是必要的。

墨家也强调德治的重要性。他说："古者圣王之为政，列德而尚贤，虽在农与工肆之人，有能则举之，高予之爵，重予之禄，任之以事，断予之令。"[③] 其意指，古时候圣王治理国家，任用有德的人，崇尚贤能的人，即使是农夫或工匠，只要有才能就提拔他，授予他高爵位，赐予他高俸禄，任命他担当重任，给予他行政决断的权力。墨子还指出："官无常贵，而民无终贱，有能则举之，无能则下之，举公义，辟私怨，此若言之谓也。"[④] 墨子认为，做官的人没有永恒的尊贵，百姓也不是永远不变的低贱，有能力就提拔他，没有能力就罢免他，出于公心，去除私人恩怨，这才是用

---

① 论语 大学 中庸 [M]. 陈晓芬，徐儒宗，译注. 北京：中华书局，2015：15.

② 老子 [M]. 饶尚宽，译注. 北京：中华书局，2006：130.

③ 墨子 [M]. 方勇，译注. 北京：中华书局，2015：52.

④ 墨子 [M]. 方勇，译注. 北京：中华书局，2015：52.

人之道。

法家推崇法治，但不否定德治。韩非指出：“国无常强，无常弱。奉法者强，则国强；奉法者弱，则国弱。”① 这是典型的法治主义立场。韩非子还说：“夫道者，弘大而无形；德者，核理而普至。”② 这是指，道是广大而没有形状的，德是内含着理而普遍存在的。在韩非思想中，理源自道，德内含于理，因此，德来源于道，是道的现实化，普遍存在于人身上，治理国家不能排斥德治。

伦理型社会的形成，不仅塑造了中华民族崇德、尊德、守德的集体意识，而且塑造了中华文明以伦理为主导的总体品格。钱穆指出：“中国文化精神，应称为道德的精神。中国历史乃由道德精神所形成，中国文化亦然。这一种道德精神乃是中国人所内心追求的一种做人的理想标准，乃是中国人所向前积极争取蕲向到达的一种理想人格。因此中国历史上、社会上，多方面各色各类的人物，都由这种道德精神而形成。换言之，中国文化乃以此种道德精神为中心。”③ 中国历史以道德精神为中心的品格就是中华文明以伦理为主导的品格，也是中华民族的集体品格。

由于具有以伦理为主导的品格，中华文明的历史演变主要表现为伦理思想和道德价值观念的演进和变迁，中国人在谈论中华文明发展史的时候也大都采取这样一种视角和思路。

钱穆认为，中国历史从根本上来说是指中国历史精神发展史，它主要表现为中国人的两个道德观念和道德理论：“一、人无论对自己，对别人，都该信仰人的天性总是向善的。二、人生不朽，

① 韩非子 [M]. 高华平，王齐洲，张三夕，译注. 北京：中华书局，2015：41.
② 韩非子 [M]. 高华平，王齐洲，张三夕，译注. 北京：中华书局，2015：62.
③ 钱穆. 中国历史精神 [M]. 贵阳：贵州人民出版社，2019：132.

只有在现实世界里不朽，没有超越了人世间的另一种不朽。”[①] 钱穆对中国历史精神或中华民族集体道德精神所作的概括不一定能够得到普遍认同，但他将中国历史精神或中华文明主要归结为道德精神的做法是站得住脚的。

梁漱溟把中国社会概括为伦理本位的社会。他认为：“团体与个人，在西洋俨然两个实体，而家庭几若为虚位。中国人却从中间就家庭关系推广发挥，而以伦理组织社会，消融了个人与团体这两端（这两端好像俱非他所有）。”[②] 在梁漱溟看来，在社会与个人的关系上，如果一个社会把重点放在个人上，它就是个人本位的社会；如果一个社会把重点放在社会上，它就是社会本位的社会；如果一个社会把重点放在家庭上，它就是伦理本位的社会；在中国社会，伦理的地位特别显赫，它贯穿于宗教、经济、政治等领域，对中国社会发挥着强有力的支配作用。

陈来对中华文明所作的概括显然也以伦理价值作为其核心价值。他认为：“轴心时代中华文明形成的基本价值成为主导中华文明后来发展的核心价值。经过轴心时代以后两千年的发展，中华文明确定地形成了自己的价值偏好，举其大者有四：责任先于自由，义务先于权利，社群高于个人，和谐高于冲突。”[③] 陈来对中华文明之核心价值所作的概括显然都是从“伦理”的角度展开的。

国内一些研究中华文明史的学者也主要是从伦理的角度来概括中华文明的思想内涵。例如，袁行霈、严文明等人认为，中华文明的思想内涵主要由阴阳观念、人文精神、崇德尚群、中和之

① 钱穆. 中国历史精神 [M]. 贵阳：贵州人民出版社，2019：136.
② 梁漱溟. 中国文化要义 [M]. 北京：商务印书馆，2021：84.
③ 陈来. 中华文明的核心价值：国学流变与传统价值观 [M]. 北京：生活·读书·新知三联书店，2015：序言 3.

境、整体思维等五个方面构成。他们强调："一种绵延不断的古老文明，必有其丰富而又深刻的思想内涵贯穿其中，并成为支撑其生命的坚强支柱。"① 在这些中国学者的归纳中，阴阳观念、人文精神、崇德尚群、中和之境、整体思维等都具有伦理意蕴。

作为一种伦理型文明，中华文明包含丰富多彩的伦理思想和道德价值观念，这恰恰彰显了中华文明博大精深的特质。单从先秦诸子来看，他们所倡导的很多伦理思想和道德价值观念都成为了中华文明的重要内容。儒家要求人们做人如山，积极投身于现实生活，积极承担修身养性、齐家、治国、平天下的道德责任，仁人爱物，与人为善，以和为贵；道家要求人们做人如水，道法自然，甘居低位，不张扬，不傲慢，善利万物而不争，以无为实现无所不为；墨家要求人们树立平等观念，主张人与人之间相互关爱，推崇"兼相爱、交相利"的道德价值观念，倡导贤能政治；法家强调法治，但也不否定德治，倡导法治为主、德治为辅的国家治理体系。可见，中华文明以伦理为内核，这并不意味着它仅仅以某个哲学流派所倡导的伦理思想和道德价值观念作为核心，而是广泛吸纳各种哲学学派的伦理思想和道德价值观念而形成的一个伦理价值体系。

中华文明不仅把伦理放在特别突出的位置，而且坚持以伦理来引导自身的发展。由于坚持天长地久的道德价值理念，中华文明不是昙花一现的文明形态，而是具有突出连续性的文明形态；由于坚持守正创新的道德价值理念，中华文明不是一成不变的文明形态，而是具有突出创新性的文明形态；由于坚持九九归一的

① 袁行霈，严文明，张传玺，等. 中华文明史：第一卷 [M]. 北京：北京大学出版社，2006：中华文明史总绪论 6.

道德价值理念，中华文明不是零散的文明形态，而是具有突出统一性的文明形态；由于坚持有容乃大的道德价值理念，中华文明不是自闭自守的文明形态，而是具有突出包容性的文明形态；由于坚持以和为贵的道德价值理念，中华文明不是推崇矛盾和冲突的文明形态，而是具有突出和平性的文明形态。

中华民族文明观强调：文明以伦理为荣，以无伦理为耻。在中华民族的文明观中，伦理是一种让个人、民族和国家光荣的力量。荀子说："荣辱之来，必象其德。"[①] 其意指，荣耀和耻辱的到来，一定与一个人的品格紧密相关。个人如此，一个民族如此，一个国家也如此。伦理具有普遍性、必然性和客观性，但它一旦转化为个人、民族和国家的德，它就是特殊的、具体的、主观的，就是一种能够给个人、民族和国家带来荣耀或耻辱的东西。

孔子说："善人为邦百年，亦可以胜残去杀矣。"[②] 其意指，由善良的人治理国家一百年，可以遏制残暴和去除杀戮。孔子还说："德不孤，必有邻。"[③] 这是指，有德之人不会孤单，必定有人与他亲近。同理，有德的民族和国家也不会孤单，总会有其他民族和国家来与之交往。

中华民族总是坚持以伦理和道德来增强自身的影响力、感召力和吸引力，而不是依靠武力、征伐和战争来遏制其他民族和国家的发展、压制其他文明形态的发展。由于一直坚持"文明以伦理为荣，以无伦理为耻"的信念，中华民族在推进中华文明发展的过程中总是特别注重伦理价值体系建设和伦理文化建设。在中

① 荀子 [M]. 安小兰，译注. 北京：中华书局，2016：6.
② 论语 大学 中庸 [M]. 陈晓芬，徐儒宗，译注. 北京：中华书局，2015：155.
③ 论语 大学 中庸 [M]. 陈晓芬，徐儒宗，译注. 北京：中华书局，2015：47.

华民族的思想理念中，伦理价值理念总是居于最核心的位置。它是中华民族的共同思想理念，也是中华文明永恒的坚强内核。

五、文明因交流互鉴而伟大

2014年3月27日，习近平在联合国教科文组织总部的演讲中指出：“文明因交流而多彩，文明因互鉴而丰富。文明交流互鉴，是推动人类文明进步和世界和平发展的重要动力。”[①] 推动文明交流互鉴，人们需要正确认识、理解和把握文明的内涵要义和本质特性。习近平将文明的内涵要义和本质特性归纳为三个方面。

第一，“文明是多彩的，人类文明因多样才有交流互鉴的价值。”[②] 阳光有多种颜色，世界是由多个民族和国家组成的。世界各国人民都在历史上创造和发展了各自的文明形态。中华文明承载着中华民族的集体记忆，其他文明形态承载着其他民族的集体记忆。每一种文明形态都是人类文明创造的成果，都具有其独特价值，都是人类文明大花园里的美丽风景。如果人类文明大花园只有一朵文明之花，那一定是单调的风景。“文明交流互鉴不应该以独尊某一种文明或者贬损某一种文明为前提。”[③] 推动文明交流互

---

① 习近平. 习近平谈治国理政：第一卷 [M]. 北京：外文出版社，2018：258.
② 习近平. 习近平谈治国理政：第一卷 [M]. 北京：外文出版社，2018：258.
③ 习近平. 习近平谈治国理政：第一卷 [M]. 北京：外文出版社，2018：259.

鉴，既能够促进人类文明健康发展，也能够增进人类文明成果的共享。“推动文明交流互鉴，可以丰富人类文明的色彩，让各国人民享受更富内涵的精神生活、开创更有选择的未来。”①

第二，“文明是平等的，人类文明因平等才有交流互鉴的前提。”② 世界各国人民所创造的文明各有千秋，也各有不同，但在价值上是平等的，没有高低、优劣之分。世界各国人民创造的文明都有价值，其价值都应该受到肯定，都应该受到尊重。没有哪一个民族创造的文明十全十美，也没有哪一个民族创造的文明一无是处。要推动文明交流互鉴，必须消除文明认知和文明态度上的傲慢和偏见。“要了解各种文明的真谛，必须秉持平等、谦虚的态度。如果居高临下对待一种文明，不仅不能参透这种文明的奥妙，而且会与之格格不入。历史和现实都表明，傲慢和偏见是文明交流互鉴的最大障碍。”③

第三，“文明是包容的，人类文明因包容才有交流互鉴的动力。”④ 任何伟大的事物都建立在包容基础上。大海之所以能够成为大海，是因为它有海纳百川的胸怀。人类在历史上创造了多种多样的文明形态，说明世界各国人民都具有创造文明的智慧和能力。在文明问题上，封闭自守，唯我独尊，搞文明自我中心主义，鼓吹文明优越论，只会将自己推入死胡同；也不能盲目崇拜异质文明，幻想以其他民族的文明取代本民族的文明，生搬硬套，削足适履，这不仅会埋没本民族文明的价值，而且会将本民族推入一场场历史悲剧。世界各国人民创造的文明具有民族差异性，但不

① 习近平. 习近平谈治国理政：第一卷 [M]. 北京：外文出版社，2018：259.
② 习近平. 习近平谈治国理政：第一卷 [M]. 北京：外文出版社，2018：259.
③ 习近平. 习近平谈治国理政：第一卷 [M]. 北京：外文出版社，2018：259.
④ 习近平. 习近平谈治国理政：第一卷 [M]. 北京：外文出版社，2018：259.

是相互否定、相互冲突的关系。包容，有利于推动世界各国人民正确认知文明的民族差异性，有利于增进不同文明之间的相互尊重，有利于推进不同文明和谐共处和世界和平发展。

习近平对文明的内涵要义和本质特性所作的归纳和分析，既具有很强的学理性，又具有很强的现实针对性。从学理性来看，习近平基于对人类文明发展规律的深刻认知和把握来论述文明的内涵要义和本质特性，其论述和分析体现了历史唯物主义和辩证唯物主义的理论特征，具有思路清晰、思想深刻、逻辑缜密等特点。从现实针对性来看，习近平基于对人类文明发展现状的全面考察和深入反思指出了当今世界存在的文明自我封闭、文明自负、文明自卑等问题，将其归因于文明自我中心主义、文明优越论、文明隔阂论、文明冲突论等错误理论，深入分析了推进文明交流互鉴的必要性、重要性和可行性。

主张文明因交流而多彩、因互鉴而丰富，是习近平文明观的重要内容，也是中华民族文明观的重要内容。中华民族创造的中华文明源远流长，历经五千多年绵延不断，是世界上唯一没有出现断裂的文明形态，但中华民族并没有因此而犯文明自我中心主义的错误。中华民族早在汉朝就开辟了举世闻名的丝绸之路，此后与世界各国的文化交流和互鉴从未中断。因此，习近平说："中华文明是在中国大地上产生的文明，也是同其他文明不断交流互鉴而形成的文明。"①

中华民族崇尚文明交流互鉴，这首先是受中国哲学影响的结果。中华民族推崇哲学、热爱哲学、追求哲学，具有根深蒂固的

① 习近平. 习近平谈治国理政：第一卷 [M]. 北京：外文出版社，2018：260.

哲学情结。冯友兰说："哲学在中国文化中所占的地位，历来可以与宗教在其他文化中的地位相比。在中国，哲学与知识分子人人有关。在旧时，一个人只要受教育，就是用哲学发蒙。儿童入学，首先教他们读'四书'，即《论语》、《孟子》、《大学》、《中庸》。"[①] 哲学在中国社会的影响广泛而深刻，对中华民族创造中华文明的历史进程产生了根本性影响。

中国哲学是中华民族崇尚文明交流互鉴的理论基础。西方哲学更多地强调世界万物的差异性、等级性，要求严格区分人类、动物、植物、无机物，并且宣扬丛林法则、优胜劣汰的自然规律，因此，它所描述的世界是差异的世界、等级的世界、冲突的世界。如果说西方哲学所描述的世界具有某种统一性的话，那就是上帝支配的统一性，上帝之下，一切都被置于森严的等级阶梯之上。相比较而言，中国哲学将世界视为多样的世界、万物并育的世界、万物和谐相处的世界。在中国哲学的世界观中，不是上帝在统领和支配世界，是"道"在统领和支配世界，而"道"是一个平等主义者。以多样性、并育性、和谐性来描述世界，这体现了中国哲学与西方哲学在世界观上的根本性不同。

在中国哲学中，支配世界的道是至高无上的，但它并不以作为世界的主宰而自满、自傲。这种哲学观在中国道家哲学中体现得最为明显。老子说："衣被万物而不为主，可名于'小'；万物归焉而不为主，可名为'大'。以其终不自为大，故能成其大。"[②] 道涵盖万事万物，但它不以万事万物的主宰自居，这就是"小"；万事万物归依于它，而它不自以为大，这就是"大"。由于不自以

① 冯友兰. 中国哲学简史 [M]. 北京：北京大学出版社，1996：1.
② 老子 [M]. 饶尚宽，译注. 北京：中华书局，2006：85.

为大，道成就了其自身的伟大。庄子说："天地与我并生，而万物与我为一。"[①]这就是庄子"齐物论"的核心观点，其意指，天地与我同时存在，万物与我浑然一体。庄子还认为："其分也，成也；其成也，毁也。凡物无成与毁，复通为一。"[②]一个事物分割，就意味着另一个事物的组成；一个事物的组成，就意味着另一个事物的毁灭。其实，所有事物都没有形成与毁灭的区别，因为它们都是浑然一体的。

儒家也推崇"道"。与道家一样，它也讲天之道、人之道、圣人之道，但它更多地关注人之道。《中庸》说："道也者，不可须臾离也，可离非道也。"[③]道与人同在，人与道同在，因此，人不可须臾离开道，可以离开的东西，一定不是道。《中庸》尤其强调："中也者，天下之大本也；和也者，天下之达道也。致中和，天地位焉，万物育焉。"[④]其意指，"中"是天下一切道理的根本所在，"和"是天下一切事物最普遍的规律，能够达到"中和"的境界，那么天地就可以各就其位而运行不息，万物就能够依靠自己的自然本性生长发育了。在儒家哲学中，世界万事万物都遵循"道"，并且在道的统领下处于和谐状态，但"道"不是神秘的，而是人率性而为的自然禀赋。这就是"天命之谓性，率性之谓道"[⑤]的道理。

中国哲学所描述的世界是"和而不同"的世界。所谓"和而不同"，是指世界万事万物既相互区别又能够和谐相处。"和而不同"在自然界的最重要表现是生物多样性与生态平衡的统一。自

---

① 庄子[M]. 方勇，译注. 北京：中华书局，2015：31.
② 庄子[M]. 方勇，译注. 北京：中华书局，2015：26.
③ 论语 大学 中庸[M]. 陈晓芬，徐儒宗，译注. 北京：中华书局，2015：288.
④ 论语 大学 中庸[M]. 陈晓芬，徐儒宗，译注. 北京：中华书局，2015：289.
⑤ 论语 大学 中庸[M]. 陈晓芬，徐儒宗，译注. 北京：中华书局，2015：288.

然界因为生物多样性而显得多姿多彩，因为生态平衡而始终处于和谐状态。在人类社会，“和而不同”则表现为个人与个人、民族与民族、国家与国家之间既相互区别又相互和谐的关系。

在中国哲学中，善与恶、对与错、美与丑、上与下、前与后总是同时并存，因此，世界遵循对立统一的辩证法，人也不应该幻想一个只有善、对、美、上或前的世界。这就好比君子与小人并存的事态。孔子说：“君子和而不同，小人同而不和。”① 其本意为，君子追求和谐，但同时会尊重差异性，不会强调整齐划一；小人追求整齐划一，但实际上我行我素，彼此之间不能和谐相处。其隐含的含义在于，君子与小人是两种截然不同的人，但他们总是同时并存，谁也消灭不了谁，因此，我们生活于其中的世界永远是君子与小人“和而不同”的世界。

当今世界是多种文明的统一体。不同文明形态具有不同的发展历史、存在现状和民族特色，为人类文明发展所做的贡献也有大有小，但这并不意味着一种文明形态能够自诩为优等文明，以人类文明的主宰自居，对其他文明形态颐指气使、发号施令。如果一个民族抱持文明自我中心主义、文明优越论、文明隔阂论和文明冲突论，其结果必然是导致文明对立和冲突。这就是亨廷顿所描述的文明冲突的世界：“每一个文明都把自己视为世界的中心，并把自己的历史当作人类历史主要的戏剧性场面来撰写。与其他文明相比较，西方可能更是如此。然而，这种单一文明的观点在多文明的世界里日益不相关和无用。研究文明的学者长期以

① 论语 大学 中庸[M]. 陈晓芬，徐儒宗，译注. 北京：中华书局，2015：160.

来承认这一自明之理。”①

宣扬文明自我中心主义、文明优越论、文明隔阂论和文明冲突论的西方学者大都是西方文明中心主义者。亨廷顿一方面认为“在正在来临的时代，文明的冲突是对世界和平的最大威胁，而建立在多文明基础上的国际秩序是防止世界大战的最可靠保障”②，另一方面又大肆赞美西方文明拥有基督教、多元主义、个人主义和法治的“独特性”。他说：“这些特性使得西方文明成为独一无二的文明。西方文明的价值不在于它是普遍的，而在于它是独特的。”③ 亨廷顿甚至把人类文明发展的希望寄托在维护西方文明的独特性之上。他说：“西方领导人的主要责任，不是试图按照西方的形象重塑其他文明，这是西方正在衰弱的力量所不能及的，而是保存、维护和复兴西方文明独一无二的特性。由于美国是最强大的西方国家，这个责任就不可推卸地主要落在了美利坚合众国的肩上。”④

亨廷顿甚至毫不掩饰地指出，“面对西方力量的衰落，保护西方文明对于美国和欧洲国家是有利的”⑤。为此，他建议美国和欧洲国家加强政治、经济和军事一体化，协调政策，以防止其他国家利用它们之间的分歧，把中欧国家纳入欧洲联盟和北约；鼓励拉

① 亨廷顿. 文明的冲突与世界秩序的重建 [M]. 周琪，刘绯，张立平，等译. 北京：新华出版社，2010：33.
② 亨廷顿. 文明的冲突与世界秩序的重建 [M]. 周琪，刘绯，张立平，等译. 北京：新华出版社，2010：297.
③ 亨廷顿. 文明的冲突与世界秩序的重建 [M]. 周琪，刘绯，张立平，等译. 北京：新华出版社，2010：287.
④ 亨廷顿. 文明的冲突与世界秩序的重建 [M]. 周琪，刘绯，张立平，等译. 北京：新华出版社，2010：287.
⑤ 亨廷顿. 文明的冲突与世界秩序的重建 [M]. 周琪，刘绯，张立平，等译. 北京：新华出版社，2010：287.

丁美洲国家“西方化”；承认俄罗斯是东正教的核心国家和一个区域大国；保持西方技术和军事力量相对于其他文明的优势。显而易见，亨廷顿始终在为西方文明摇旗呐喊。在他的心目中，当今世界应该是西方文明主导的世界。

在文明自我中心主义、文明优越论、文明隔阂论和文明冲突论甚嚣尘上的当今世界，中华民族主张文明交流互鉴的文明观与西方文明中心主义者的文明观形成了鲜明对比。西方文明中心主义者往往会打着维护世界和平、追求文明改革和创新、捍卫西方文明独一无二的独特性等旗号，做着美化西方文明的勾当，其险恶用心应该引起世界人民的警惕。

中华民族从古至今一直坚持认为文明应该是多彩的、平等的、包容的，并且坚持倡导不同文明之间的交流和互鉴。这既说明中华文明具有伟大文明的恢弘气象，也说明中华民族具有一以贯之的文明自信。中国特色社会主义进入新时代以后，中华文明的恢弘气象和中华民族的文明自信进一步凸显。习近平说：“中国人民将继续与世界同行、为人类作出更大贡献，坚定不移走和平发展道路，积极发展全球伙伴关系，坚定支持多边主义，积极参与推动全球治理体系变革，推动建设新型国际关系，推动构建人类命运共同体。”①

中华民族历来将中华文明视为一个开放、包容、友善的文明体系。它从来不把自己封闭起来，而是通过不断开放寻求自我发展。它的包容性也非常突出。中华民族推崇的“道”是包容的，推崇的天之道、人之道、圣人之道是包容的，依据道所建构的中

① 习近平. 习近平谈治国理政：第三卷 [M]. 北京：外文出版社，2020：194.

华文明也是包容的。中华文明之所以具有海纳百川的恢弘气势，是因为它具有海纳百川的自信、智慧和能力。中华文明还具有友善的本性和特质。中华民族平等地看待所有民族、所有国家创造的文明，善待所有民族、所有国家创造的文明，愿意友善地与所有民族、所有国家进行平等、友好的文明交流和互鉴。

六、文明决定国运

中国人重视“运”。汉语中有大量带“运”字的词语。例如，运气、运程、幸运、运动、命运、运送、行运、转运、好运、厄运、运筹帷幄、应运而生、时来运转、匠心独运、财运亨通、六亲同运、好运连连等等。从说文解字的角度看，“运”的含义可以用“云”的存在状态来解释，云飘浮在天上，其本质是不断飘动，或者呈现为朵朵白云，或者呈现为密布乌云，因此，“云”可以区分为“祥云”和“乌云”，“运”有“好运”和“恶运”之分。犹如云在不断飘动，运也是变动不居的。

“运”与“命”紧密相关，因此，中国人发明了“命运”一词。所谓“命运”，是指“命”的存在状态。“命”是指“生命”。生命状态好，则运好；生命状态不好，则运不好。由于生命以“健康”和“不健康”来区分，所以好运和恶运建立在生命健康或不健康的事实基础上。生命健康，则与好运相伴；生命不健康，则与恶运相伴。人有生命，所以每个人都有自己的命运。如果承认猫狗、草木有生命，则它们也有命运。如果承认一个家庭、一个政党、一个民族、一个国家也有生命，则它们也都有自己的命运。“命”与“运”是相通的、同一的，是一而二、二而一的关系。“命”就是“运”，“运”也就是“命”。

讲“运”也好，说“命运”也罢，其实质是强调一切事物都是偶然性和必然性相统一的结果。一个事物本来是必然要如此这般地发生，但受到某种偶然性的干扰以另外一种方式发生了；一个事物是偶然发生的，但它一旦发生，就表现为必然事件了：这两种情况都体现了“运”或“命运”的实际存在。孟子说：“莫之为而为者，天也；莫之致而至者，命也。”[①] 其意指，没有人叫一个人去做什么，而他做成了，这是天意；没有刻意去争取，却得到了，这就是命运。荀子对命运的认知和理解更加深刻。他明确指出：“节遇谓之命。”[②] 恰好碰上的遭遇就是命运。

任何“运”或“命运”都是各种条件汇聚所产生的效应或结果。中国人喜欢讲“运”或“命运”，但不会将眼光聚焦于“运”或“命运”本身，而是会综合审视、考察和分析它所依赖的各种条件。我们往往将一种“运”或“命运”出现的条件归结为三个方面，即天时、地利、人和。如果能够同时具备这三个条件，好运就会产生。如果不能同时具备这三个条件，“运”既可能是好的，也可能是不好的。如果完全不具备这三个条件，通常只有恶运降临。

文明是国家和民族的根和魂。一个国家、一个民族的命运，与其创造的文明紧密相关。纵观人类发展史，有些国家、有些民族因为其文明兴盛而兴盛，有些国家、有些民族因为其文明衰败而衰败，有些国家、有些民族甚至因为其文明中断而灭亡。文明

---

① 孟子 [M]. 万丽华，蓝旭，译注. 北京：中华书局，2006：208.
② 荀子 [M]. 安小兰，译注. 北京：中华书局，2016：255.

的脉动和发展状况对一个国家、一个民族的命运有着决定性影响。

古希腊是西方文明或欧洲文明的发祥地。它在公元前9世纪前后进入奴隶制国家发展阶段，公元前5世纪形成了以雅典和斯巴达两个城邦为代表的鼎盛局面，曾经在科技、数学、医学、哲学、文学、戏剧、雕塑、绘画、建筑、音乐、教育等方面做出过巨大贡献，但它是一个失落、中断的文明。古希腊文明是在不断遭到外族入侵和战争破坏中失落和中断的。公元前146年，古希腊被罗马帝国吞灭，不久沦为拜占庭帝国的主要部分，15世纪中期又被奥斯曼帝国统治。1821年，希腊人发动希腊独立战争，并于1832年建立希腊王国，但此时的希腊王国已经不是曾经非常辉煌的古希腊。1973年，经过全民公投，希腊转为共和制。今天的希腊更加不是古希腊，既不是欧洲强国，也没有很好地继承古希腊文明。古希腊文明是随着古希腊的解体而失落、中断的。

古巴比伦文明曾经是世界四大古文明之一。它是由流经伊拉克的底格里斯河和幼发拉底河两条河流孕育的文明，古巴比伦城是它的中心和核心标志，所以通常被称为“两河流域文明”或“古巴比伦文明”。古巴比伦文明至少可以追溯到公元前18世纪前后，与古埃及文明、古印度文明和古中华文明并称为世界四大古文明，比古希腊文明早一千多年。古巴比伦城废墟遗址被称为世界奇观，古巴比伦空中花园位列世界七大奇迹之一，古巴比伦制定的《汉穆拉比法典》举世闻名，但这一伟大古文明以中断而告终。究其原因，古巴比伦王国不断遭到外族入侵和战争破坏，古巴比伦文明的影响力、感召力和凝聚力被严重消解，中东地区逐渐分裂为伊拉克、伊朗、叙利亚、巴勒斯坦等国家，古巴比伦文明的命运与古巴比伦王国的命运相互影响，构成一荣俱荣、一损俱损的关系。

中华文明是中华民族共同创造的伟大文明。它是世界上唯一从远古延续发展至今的文明形态。在五千多年的文明发展史上，中华民族经历了分分合合，但始终坚定地维持着国家统一、民族统一和文明统一；历经了各种磨难，在近代甚至陷入国家蒙辱、人民蒙难、文明蒙尘的危险境地，但始终保持着自强不息、砥砺前行的优良品质。中华文明是中华文化的精髓，是中华民族生生不息、不断发展的强大精神力量。习近平说："为什么中华民族能够在几千年的历史长河中顽强生存和不断发展呢？很重要的一个原因，是我们民族有一脉相承的精神追求、精神特质、精神脉络。今天我们使用的汉字同甲骨文没有根本区别，老子、孔子、孟子、庄子等先哲归纳的一些观念也一直延续到现在。"[①]

中国人所说的"命运"，不是宗教宿命论把一切归因于神意的"命运"，而是指事物发展的规律性。或者说，它是一个中国哲学概念，具有中国哲学意蕴。例如，我们中国人喜欢说："三十年河东，三十年河西。"这是在中国家喻户晓的一句谚语，它表面上是在强调事物的变化性，认为人没有必要斤斤计较一时的成败得失，应该着眼于长远追求，实际上是讲述物极必反、命运无常、时来运转等哲理。一个人、一个民族、一个国家不可能总是成功，也不可能总是失败。这就是韩非所说的"国无常强，无常弱"的道理，是颠扑不破的真理。

中华文明的命运与中国的命运紧密交织、相互影响、相辅相成。赓续不断的中华文明对中华民族有着无比强大的影响力、感

---

① 习近平关于社会主义精神文明建设论述摘编 [M]. 北京：中央文献出版社，2022：216.

召力和凝聚力，塑造了中华民族根深蒂固的民族意识、民族观念和民族精神，引导中华民族始终保持着强烈的民族共同体意识，始终保持着强大的向心力和凝聚力，始终保持着紧密团结的精神，为中华民族坚定维护国家统一和民族统一提供了源源不断的动力。从另外一面来看，中华民族在维护国家统一和民族统一所取得的巨大成就也增进了中华文明的连续性和统一性。

文明兴，则国运兴。中国之所以能够行稳致远，这与中华文明的突出连续性、突出创新性、突出统一性、突出包容性和突出和平性直接相关。中华民族是在中华文明的引领下塑造和建构了伟大的中国。

中华文明的突出连续性是中国在中华大地上不断发展壮大的前提条件。文明连续不断，则国运绵延不绝；文明出现断裂，则国将不国。中华文明一直保持着突出的连续性，这不仅彰显了它作为伟大文明形态的强大生存能力，而且为中国作为一个伟大国家的存在提供了前提。中华民族是一个伟大的民族，其一以贯之的家国情怀和历史意识，为中国行稳致远奠定了人心根基，是中国经久不衰的精神支撑。中华民族创造的中华文明生生不息、绵延不绝，说明中华文明具有自我发展、应对挑战、战胜困难、开拓前进的文化主体性和旺盛生命力。只有从中华文明的突出连续性和中国历史的突出连续性来认识中国，我们才能认知它从远古到现代不断演进的深层逻辑和历史进程，也才能正确研判它的未来走向和前途命运。

中华文明的突出创新性是中国在中华大地上不断发展壮大的强大动力。一个国家发展壮大的强大动力来自它的人民所创造的文明。中华民族在创造中华文明的过程中展现了无与伦比的智慧和能力，创造了出类拔萃的物质文明、政治文明、精神文明、社会文明、生态文明，为中国发展壮大奠定了文明基础。中华文明源远流长、静水流深，稳定性中蕴含着变化性，连续性中蕴含着创新性，始终保持着革故鼎新、辉光日新的品质，展现了中国人民不惧新挑战、不惧大困难、善于与时俱进、敢于迎难而上的无畏品格，体现了中华民族追求连续性而不僵化、重视守正而不守旧、注重尊古而不复古的历史主动意识和进取精神。

中华文明的突出统一性是中国在中华大地上维护大一统传统的价值引领。中国在历史上出现过分裂，在近代甚至出现过亡国灭种的危机，但一直保持着相当的统一性，这与中华文明具有突出统一性的价值引领作用是分不开的。习近平在 2023 年 6 月 2 日的文化传承发展座谈会上指出，“中华文明的统一性，从根本上决定了中华民族各民族文化融为一体、即使遭遇重大挫折也牢固凝聚，决定了国土不可分、国家不可乱、民族不可散、文明不可断的共同信念，决定了国家统一永远是中国核心利益的核心，决定了一个坚强统一的国家是各族人民的命运所系”。中国的国家统一性建立在中华文明的突出统一性之上。

中华文明的突出包容性是中国能够在中华大地上发展成为伟大国家的必要条件。中华文明诞生于地大物博的中华大地，具有大规模发展的广阔空间，这使得它自身从一开始就具有开放、包容的博大胸怀，并且塑造了中华民族虚怀若谷、谦虚谨慎、戒骄戒躁的优良品格，成就了中国海纳百川、有容乃大的恢弘气象。中华文明具有跨越地域广、融合民族文化资源多等显著特征，同时能够以超越地域乡土、血缘世系、族群意识、宗教信仰等的方式建构广泛的价值认同、文化认同、文明认同。它既彰显了中华民族开放、包容的美德，也树立了中国开放、包容的道德形象。具有突出包容性的伟大中华文明成就了具有突出包容性的伟大中国。

中华文明的突出和平性是中国能够在中华大地上为世界和平做出重大贡献的根本原因。中华文明是一种友善型文明、和平型文明，和平、和睦、和谐是其一以贯之的价值理念。中华文明没有推崇武力、征伐和战争的基因，反对人与人之间、国与国之间、民族与民族之间相互否定的思维方式，反对将西方宣扬丛林法则的达尔文主义观点引入社会生活，坚持以和为贵的思想观念，坚持与人为善，坚持睦邻友好，坚持尊重文化差异性，坚持友好对待各种外来文化，坚持走和平发展道路，不仅塑造了中华民族热爱和平、追求和平、捍卫和平的高尚品格，而且决定了中国始终是世界和平的建设者、全球发展的贡献者、国际秩序的建构者、国际正义的维护者，决定了中国始终是民族中心主义、民族利己主义、单边主义、政治霸权主义、文化霸权主义、军事霸权主义的反对者、批评者、抵制者，决定了中国始终是文明交流互鉴的倡导者、维护者、践行者，决定了中国始终是构建人类命运共同体的倡议者、推动者、行动者。

中华文明的命运决定着中华民族的国运。中华民族的国运就是中国的命运。中华民族从远古走来，一路奋力创造中华文明，既是为了展现自身作为一个伟大民族在中华大地上谋生存、谋发展的智慧和能力，也是为了用中国的发展造福人类、造福世界。中国依托源远流长、博大精深的中华文明不断发展壮大，不会给其他民族、其他国家、其他文明的发展带来威胁，只会助推其发展、促进其发展。中华文明具有自强不息、厚德载物、勇于进取的品质，也具有谦虚低调、戒骄戒躁、善利万物而不争的品质。

依托中华文明发展壮大的中国则具有中华文明的品质，自立而不自闭，自强而不自傲，自信而不自负。

第六章

建设具有中国特色的中华民族现代文明

建设中华民族现代文明是当代中华民族的共同使命。2023年6月2日，习近平在文化传承发展座谈会上指出，中华文化源远流长，中华文明博大精深；只有全面深入了解中华文明的历史，才能更有效地推动中华优秀传统文化创造性转化创新性发展，更有力地推进中国特色社会主义文化建设，建设中华民族现代文明。中华民族现代文明的根本特征是其中国特色。如何建设具有中国特色的中华民族现代文明？这是新时代重大课题，需要我国社会各界共同思考、共同研究、共同推进。

一、坚持以习近平文化思想为指导

一个人的成长，不能没有正确世界观、人生观和价值观的引导。一个政党要行稳致远，一个民族要发展壮大，一个国家要繁荣昌盛，人类要持续存在，世界要不断进步，不能没有正确指导思想的引领。

没有洛克、卢梭等近代欧洲哲学家的政治哲学思想指引，美国人不可能夺取独立战争的胜利，也不可能建立美利坚合众国。没有马克思主义思想指引，就没有国际共产主义运动，也不可能有苏联、南斯拉夫、朝鲜等社会主义国家的产生。没有毛泽东思想指引，就没有新民主主义革命的伟大胜利，也不可能有中华人民共和国的诞生。没有邓小平理论指引，就没有改革开放，也不可能有中国特色社会主义建设事业。没有习近平新时代中国特色社会主义思想指引，就没有中国特色社会主义进入新时代的大好局面，也不可能有建设中华民族现代文明的伟大构想。

由于没有正确指导思想，古希腊文明在城邦混战中暗淡结束。由于没有正确指导思想，西方资本主义国家在进入帝国主义发展阶段以后陷入了集体性盲目，只能顽固地在不断激发国际矛盾、不断挑起国际冲突、不断发动战争的游戏中垂死挣扎。由于没有统一的正确指导思想，当今世界在百年未有之大变局加速演进的背景下变得空前动荡、混乱。由于没有明确的正确指导思想，当代人类在面对纳米技术、人工智能技术、太空技术、核武技术等的尖锐挑战时不知所措、手忙脚乱。当今世界最为紧缺的东西，不是科学技术，不是物质财富，而是统一的、正确的指导思想。

习近平说："指导思想是一个政党的精神旗帜。"[①] 一百多年来，中国共产党之所以能够取得新民主主义革命的伟大成就、社会主义革命和建设的伟大成就、改革开放和社会主义现代化建设的伟大成就、新时代中国特色社会主义的伟大成就，从根本上来说就在于它始终把马克思主义及其中国化成果作为自己的指导思想和行动指南。

习近平文化思想是习近平新时代中国特色社会主义思想的文化篇，是习近平总书记在党的十八大以后对新时代文化建设问题展开深入系统的理论研究和实践探索所形成的新思想新观点新论断，是马克思主义文化思想中国化时代化的最新成果。建设中华民族现代文明，首先应该坚持以习近平文化思想为指导，应该从宏观、中观和微观三个维度来深入理解、全面把握习近平文化思想的主要内容。

（一）从宏观层面深刻论述精神的内涵和重要性。

习近平文化思想的第一个维度是从一般的宏观层面深刻论述精神的内涵和重要性。作为一位马克思主义政治家，习近平始终坚持历史唯物主义和辩证唯物主义立场，始终坚持物质统一性原

---

① 习近平关于社会主义精神文明建设论述摘编 [M]. 北京：中央文献出版社，2022：43.

理，同时强调精神的内涵丰富性和重要性。习近平说："辩证唯物主义虽然强调世界的统一性在于它的物质性，但并不否认意识对物质的反作用，而是认为这种反作用有时是十分巨大的。我们党强调理想信念是共产党人精神上的'钙'，强调'革命理想高于天'，就是精神变物质、物质变精神的辩证法。"① 意识就是精神，强调意识的反作用就是强调精神对物质的巨大反作用。

信仰、信念、信心是精神的核心内容。习近平说："信仰、信念、信心，任何时候都至关重要。小到一个人、一个集体，大到一个政党、一个民族、一个国家，只要有信仰、信念、信心，就会愈挫愈奋、愈战愈勇，否则就会不战自败、不打自垮。"② 信仰、信念、信心是强大的精神力量，既能够给个人和集体提供强大行动动力，也能够给个人和集体提供正确价值指引。

自由是精神的本质。精神自由的首要标志是独立自主性。个人因为拥有独立自主的精神而具有独立人格，一个民族因为拥有独立自主的精神而具有独立的民族品格，一个国家因为拥有独立自主的精神而具有独立国格。习近平说："如果没有自己的精神独立性，那政治、思想、文化、制度等方面的独立性就会被釜底抽薪。"③

精神是个人生命的强大支撑，也是民族、国家等集体生命的强大支撑。习近平说："人无精神则不立，国无精神则不强。"④ 拥

① 习近平关于社会主义精神文明建设论述摘编 [M]. 北京：中央文献出版社，2022：21.
② 习近平关于社会主义精神文明建设论述摘编 [M]. 北京：中央文献出版社，2022：52.
③ 习近平关于社会主义文化建设论述摘编 [M]. 北京：中央文献出版社，2017：139.
④ 习近平关于社会主义文化建设论述摘编 [M]. 北京：中央文献出版社，2017：13.

有独立的精神家园，个人才能安身立命。拥有独立强大的精神，一个国家、一个民族才能屹立不倒、繁荣发展。精神的高度，决定个人人生事业的高度，也决定一个国家、一个民族的发展高度。

习近平指出："每个时代都有每个时代的精神。"[①] 提高个人素质，必须使其精神强大、精神富有；推进民族振兴、国家繁荣，必须举精神之旗、立精神支柱、建精神家园。精神是个人的灵魂，也是民族、国家的灵魂。

（二）从中观层面系统阐释文化和文明的含义和价值。

习近平文化思想的第二个维度是从中观层面系统阐释文化和文明的含义和价值。一般意义上的精神是抽象的，但它能够凝结成多种多样的具体形态。它既可以凝结成个人的个体性思维方式、思想理念、价值观念、理想信念，也可以凝结成集体性的文化和文明形态。精神形态就是精神的表现形式。

文化是人类精神的结晶。它来源于个人精神，由个人精神凝结而成，但又不同于个人精神。文化本质上是集体性的。习近平说："文化是一个国家、一个民族的灵魂。文化兴国运兴，文化强民族强。"[②] 个人可以为建构一个国家、一个民族的集体性文化贡献力量，但不可能成为集体性文化的"独创者"。

文化是一个国家、一个民族的精神血脉，对国家、民族的发展发挥着强大支撑作用。习近平说："历史和现实都表明，一个抛弃了或者背叛了自己历史文化的民族，不仅不可能发展起来，而

---

① 习近平关于社会主义精神文明建设论述摘编 [M]. 北京：中央文献出版社，2022：20.

② 习近平关于社会主义精神文明建设论述摘编 [M]. 北京：中央文献出版社，2022：24.

且很可能上演一幕幕历史悲剧。”① 唯其如此，一个国家、一个民族要发展壮大，必须树立文化自信。习近平说：“坚定文化自信，是事关国运兴衰、事关文化安全、事关民族精神独立性的大问题。”②

文明也是人类精神的结晶。人类在原始社会末期摆脱了原始的蒙昧、野蛮状态，而后进入文明发展阶段，但奴隶社会、封建社会所达到的文明水平是低级的，只有进入现代化国家阶段，文明才达到比较高级的水平。因此，习近平说：“文明是现代化国家的显著标志。”③

文明具有多种多样的形态。习近平文化思想论及物质文明、政治文明、精神文明、社会文明等传统文明形态，也论及生态文明、网络文明等人类文明新形态。例如，习近平指出：“网络文明是新形势下社会文明的重要内容，是建设网络强国的重要领域。”④ 习近平所说的“文明”，是指全方位的、整体的文明，是人类社会在物质生产、精神生产、制度建设等方面所取得的总体进步。

习近平文化思想强调文明的多样性和互鉴性。他说：“世界是丰富多彩的，多样性是人类文明的魅力所在，更是世界发展的活力和动力之源。”⑤ 世界上的每一个民族都在历史上创造了具有自身特色的文明形态，每一种文明都是人类文明体系的重要组成部分。在人类文明体系中，文明与文明之间的交流和互鉴在所难免。

---

① 习近平关于社会主义精神文明建设论述摘编 [M]. 北京：中央文献出版社，2022：24.

② 习近平关于社会主义精神文明建设论述摘编 [M]. 北京：中央文献出版社，2022：24.

③ 习近平关于社会主义精神文明建设论述摘编 [M]. 北京：中央文献出版社，2022：288.

④ 习近平关于社会主义精神文明建设论述摘编 [M]. 北京：中央文献出版社，2022：290.

⑤ 习近平 . 习近平谈治国理政：第四卷 [M]. 北京：外文出版社，2022：475.

文明是引领人类社会发展的强大精神力量。工业、艺术、哲学、现代民主制度等是文明的具体表现形式。它们的产生和发展，不仅使人类拥有越来越文明的精神，而且为人类社会发展提供了至关重要的价值引领和护航。习近平高度重视哲学社会科学对人类文明进步的先导作用。他指出："哲学社会科学是人们认识世界、改造世界的重要工具，是推动历史发展和社会进步的重要力量，其发展水平反映了一个民族的思维能力、精神品格、文明素质，体现了一个国家的综合国力和国际竞争力。"[①] 号召繁荣发展哲学社会科学是习近平文化思想的重要内容。

（三）从微观层面重点解析中华文化和中华文明的传承发展问题。

习近平文化思想的第三个维度是从微观层面重点解析中华文化和中华文明的传承发展问题。宏观层面的习近平文化思想聚焦于人类共有的精神，中观层面的习近平文化思想聚焦于人类共有的文化和文明概念。只有微观层面的习近平文化思想才聚焦于中华文化和中华文明的传承发展问题，其主要内容至少涵盖十个方面。

第一，追溯中华文化和中华文明的辉煌历史。中华文化源远流长，中华文明博大精深。习近平说："中华文明有着五千多年的悠久历史，是中华民族自强不息、发展壮大的强大精神力量。我们的同胞无论生活在哪里，身上都有鲜明的中华文化烙印，中华文化是中华儿女共同的精神基因。"[②] 中华民族之所以能够在中华大地上顽强生存和不断发展，一个重要原因是我们得到了中华文

① 习近平关于社会主义文化建设论述摘编 [M]. 北京：中央文献出版社，2017：70.
② 习近平关于社会主义精神文明建设论述摘编 [M]. 北京：中央文献出版社，2022：216—217.

化和中华文明持久不断的强有力支撑，拥有一脉相承的精神追求、精神特质、精神脉络。

第二，凝聚中华文化和中华文明的精髓。习近平把中华传统美德归结为中华文化和中华文明的精髓。他指出，“中华传统美德是中华文化精髓，也受到国际社会推崇和称赞”①；在长期实践中，中华民族不仅培育和形成了“崇仁爱、重民本、守诚信、讲辩证、尚和合、求大同”等思想，而且培育和形成了“自强不息、敬业乐群、扶正扬善、扶危济困、见义勇为、孝老爱亲”等传统美德。②中华传统美德是中华文化和中华文明最核心、最重要、最有价值的内容，是中华民族弥足珍贵的传家宝。

第三，提炼中华文化和中华文明的精神标识。中华文化和中华文明在历史长河中形成了具有自身特色的精神标识。习近平说：“在五千多年文明发展中孕育的中华优秀传统文化，在党和人民伟大斗争中孕育的革命文化和社会主义先进文化，积淀着中华民族最深沉的精神追求，代表着中华民族独特的精神标识。”③中华优秀传统文化、革命文化和社会主义先进文化，既是中华文化的主要精神标识，也是中华文明的主要精神标识。

第四，概括中华文化和中华文明的突出特性。2023 年 6 月 2 日，习近平在文化传承发展座谈会上指出，中华优秀传统文化具有很多重要元素，共同塑造了中华文明的突出特性，即突出的连续性、突出的创新性、突出的统一性、突出的包容性、突出的和平性。习近平首次对中华文化和中华文明的突出特性作了全面系

① 习近平关于社会主义文化建设论述摘编 [M]. 北京：中央文献出版社，2017：140.
② 习近平关于社会主义文化建设论述摘编 [M]. 北京：中央文献出版社，2017：144.
③ 习近平关于社会主义文化建设论述摘编 [M]. 北京：中央文献出版社，2017：15.

统的概括和总结。

第五，阐明中国式现代化与人类文明新形态的关系。中国式现代化与人类文明新形态的关系是相辅相成的辩证关系。一方面，中国式现代化是人类文明新形态的创造者、建构者和推动者；另一方面，创造人类文明新形态是中国式现代化的本质要求和重要价值目标。习近平在党的二十大报告中指出："中国式现代化的本质要求是：坚持中国共产党领导，坚持中国特色社会主义，实现高质量发展，发展全过程人民民主，丰富人民精神世界，实现全体人民共同富裕，促进人与自然和谐共生，推动构建人类命运共同体，创造人类文明新形态。"①

第六，明确中华民族推进中华文化和中华文明发展的当前使命。每一代人都有自己的文化使命和文明使命。当代中华民族的文化使命和文明使命是建设中华民族现代文明，即人类文明新形态。习近平在 2023 年 6 月 2 日举行的文化传承发展座谈会上指出，在新的起点上继续推动文化繁荣、建设文化强国、建设中华民族现代文明，是我们在新时代新的文化使命。中国人民应该坚定文化自信、担当使命、奋发有为，共同努力创造属于我们这个时代的新文化，奋力建设中华民族现代文明。

第七，确定中华民族传承发展中华文化和中华文明的价值目标。传承发展中华文化和中华文明，必须服务于中国式现代化和中华民族伟大复兴的大局。习近平说："全面建设社会主义现代化国家，必须坚持中国特色社会主义文化发展道路，增强文化自信，

① 习近平. 高举中国特色社会主义伟大旗帜 为全面建设社会主义现代化国家而团结奋斗：在中国共产党第二十次全国代表大会上的报告 [M]. 北京：人民出版社，2022：23—24.

围绕举旗帜、聚民心、育新人、兴文化、展形象建设社会主义文化强国，发展面向现代化、面向世界、面向未来的，民族的科学的大众的社会主义文化，激发全民族文化创新创造活力，增强实现中华民族伟大复兴的精神力量。”①

第八，指明中华文化和中华文明的发展路径。中华文化和中华文明的发展路径是“两个结合”，即坚持马克思主义基本原理同中国具体实际相结合、同中华优秀传统文化相结合。习近平在2023年6月2日文化传承发展座谈会上强调，在五千多年中华文明深厚基础上开辟和发展中国特色社会主义，把马克思主义基本原理同中国具体实际相结合、同中华优秀传统文化相结合是必由之路。这是我们在探索中国特色社会主义道路中得出的规律性认识，是我们取得成功的最大法宝。传承发展中华文化和中华文明，繁荣发展中国特色社会主义文化，必须坚持“两个结合”。

第九，指示提升中华文化和中华文明的国际传播力影响力。中华文化和中华文明应该更好走向世界。习近平说：“坚守中华文化立场，提炼展示中华文明的精神标识和文化精髓，加快构建中国话语和中国叙事体系，讲好中国故事、传播好中国声音，展现可信、可爱、可敬的中国形象。加强国际传播能力建设，全面提升国际传播效能，形成同我国综合国力和国际地位相匹配的国际话语权。深化文明交流互鉴，推动中华文化更好走向世界。”② 推动

① 习近平. 高举中国特色社会主义伟大旗帜 为全面建设社会主义现代化国家而团结奋斗：在中国共产党第二十次全国代表大会上的报告 [M]. 北京：人民出版社，2022：42—43.

② 习近平. 高举中国特色社会主义伟大旗帜 为全面建设社会主义现代化国家而团结奋斗：在中国共产党第二十次全国代表大会上的报告 [M]. 北京：人民出版社，2022：45—46.

中华文化和中华文明更好走向世界，有利于讲好中国故事、传播好中国声音，有利于树立中国国家形象，有利于增进世界各国对中国的了解和认知。

第十，号召展现中华文化和中华文明的世界意义。中华文化和中华文明是由中华民族创造，但它们属于整个世界，能够造福整个人类。习近平说："人类是一个整体，地球是一个家园。面对共同挑战，任何人任何国家都无法独善其身，人类只有和衷共济、和合共生这一条路。"① 中华民族努力实现伟大复兴，同时胸怀天下、心系人类命运、关心世界前途，全力推动构建人类命运共同体。习近平说："推动构建人类命运共同体，不是以一种制度代替另一种制度，不是以一种文明代替另一种文明，而是不同社会制度、不同意识形态、不同历史文化、不同发展水平的国家在国际事务中利益共生、权利共享、责任共担，形成共建美好世界的最大公约数。"② 推动构建人类命运共同体，是习近平文化思想的重要价值理念，是习近平为推动世界各国建设持久和平、普遍安全、共同繁荣、开放包容、清洁美丽的世界提出的中国方案。

① 习近平. 习近平谈治国理政：第四卷 [M]. 北京：外文出版社，2022：424.
② 习近平. 习近平谈治国理政：第四卷 [M]. 北京：外文出版社，2022：475.

二、加强和改善中国共产党的领导

任何伟大的事业都必须有坚强的领导力量。领导是事业的引航员、舵手和统帅。坚强的领导能够为大家共同建设的事业提供正确的思想理念引导、价值观念指引和理想信念领航；反之，懦弱的领导不仅不可能给大家共同建设的事业提供正确的思想理念引导、价值观念指引和理想信念领航，而且可能将它带入万劫不复的危机深渊。领导问题是事业的关键问题。由谁来领导，为谁领导，如何领导，这些都是事关事业成败的根本性问题。

建设中华民族现代文明，必须坚持中国共产党领导。这是由中国历史决定的，也是由中国现实决定的。历史地看，中国共产党历经一百多年发展历程，不仅成功地领导了新民主主义革命，而且成功地领导了社会主义革命和建设、改革开放和社会主义现代化建设、新时代中国特色社会主义建设事业。由中国共产党来领导中华民族现代文明建设，具有历史必然性。现实地看，虽然中国共产党存在这样或那样的缺点和不足，但是它目前仍然能够赢得中国人民的广泛信任。由中国共产党来领导中华民族现代文明建设，反映了中国人民的普遍心声。

建设中华民族现代文明是一项任重而道远的社会系统工程。对于中华民族来说，它是每一个中华儿女的共同使命，要求我国社会各界的广泛参与和精诚合作，要求当代中华民族齐心协力、同心同德才能完成。对于中国共产党来说，它具有极大的挑战性，要求每一个中国共产党人深刻认识它的复杂性、艰巨性和长远性，要求身为执政党的中国共产党强有力地发挥领导作用。

中国共产党已经在领导中华民族现代文明建设方面发挥强有力的领导作用。无论是在新民主主义革命时期，还是在社会主义革命和建设时期、改革开放和社会主义现代化建设时期、新时代中国特色社会主义建设时期，中国共产党都非常重视思想文化建设和文明建设，并且取得了显著成效。

早在新中国成立之前，中国共产党就已经在思考中华民族现代文明的建设问题。1949 年，毛泽东在中国人民政治协商会议第一届全体会议的开幕词中宣告“中国人从此站立起来了”，并指出，“随着经济建设的高潮的到来，不可避免地将要出现一个文化建设的高潮。中国人被人认为不文明的时代已经过去了，我们将以一个具有高度文化的民族出现于世界。”① 毛泽东在新中国成立前夕发表的重要讲话，至少说明中国共产党在即将登上执政舞台之际就已经在深入思考如何建设中华民族现代文明的问题。

新中国成立以后，如何建设中华民族现代文明的问题更是非常尖锐地摆在中国共产党和中国人民面前。毛泽东指出：“一个崭新的社会制度要从旧制度的基地上建立起来，它就必须清除这个基地。反映旧制度的旧思想的残余，总是长期地留在人们的头脑

---

① 毛泽东. 毛泽东文集：第五卷 [M]. 北京：人民出版社，1996：345.

里，不愿意轻易地退走的。”[①] 我们不难看出，毛泽东在新中国成立之初就已经在深度思考如何推进中华文化和中华文明现代化的问题。

改革开放之后，我国在文化领域面对的问题更加复杂。作为执政党，中国共产党既要团结带领中国人民大力推进社会主义文化和文明建设，又要应对和处理空前复杂的文化格局。邓小平指出：“我国经历百余年的半封建、半殖民地社会，封建主义思想有时也同资本主义思想、殖民地奴化思想互相渗透结合在一起。由于近年国际交往增多，受到外国资产阶级腐朽思想作风、生活方式影响而产生的崇洋媚外的现象，现在已经出现，今后还会增多。这是必须认真解决的一个重大问题。”[②] 改革开放激活了中国社会，但也引发了诸多文化问题。在改革开放日益深化的社会背景下，中国共产党领导中华民族建设现代文明面临着诸多严峻挑战。

进入中国特色社会主义新时代，我国面临的文化问题依然非常突出。习近平在党的二十大报告中指出，党的十八大以后，中国人民在中国共产党的坚强领导下完成了三件大事：一是迎来了中国共产党成立一百周年，二是中国特色社会主义进入新时代，三是完成脱贫攻坚、全面建成小康社会的历史任务，实现第一个百年奋斗目标。与此同时，我国仍然面对一系列长期积累和新出现的突出矛盾和问题。例如，党内存在不少对坚持党的领导认识模糊、行动乏力问题，存在不少落实党的领导弱化、虚化、淡化问题；一些地方和部门形式主义、官僚主义、享乐主义和奢靡之风屡禁不止；一些人对中国特色社会主义政治制度自信不足，有法不依、执法不严等问题严重存在；党内和社会上不少人对党和

① 毛泽东邓小平江泽民论社会主义道德建设 [M]. 北京：学习出版社，2001：1.
② 毛泽东邓小平江泽民论社会主义道德建设 [M]. 北京：学习出版社，2001：1—2.

国家前途忧心忡忡；等等。习近平说："面对这些影响党长期执政、国家长治久安、人民幸福安康的突出矛盾和问题，党中央审时度势、果敢抉择，锐意进取、攻坚克难，团结带领全党全军全国各族人民撸起袖子加油干、风雨无阻向前行，义无反顾进行具有许多新的历史特点的伟大斗争。"① 党的十八大以来，中国人民之所以能够在错综复杂的局面下成功推进中国式现代化和中国特色社会主义建设，中国共产党的坚强领导是关键所在。

全面加强中国共产党领导是中国人民、中华民族在中国特色社会主义新时代积累的一条重要经验。没有中国共产党领导，就没有中国式现代化的顺利推进；没有中国共产党领导，就没有中国特色社会主义事业的成功局面；没有中国共产党领导，就没有培育和弘扬社会主义核心价值观、推进国家治理体系和治理能力现代化、繁荣发展中国特色哲学社会科学、建设中国特色社会主义文化、创造人类文明新形态等重大成就。习近平说："中国共产党是中国特色社会主义事业的领导核心，所以必须加强和改善党的领导，充分发挥党总揽全局、协调各方的领导核心作用。"②

要完成领导中华民族现代文明建设的重任，中国共产党必须不断改善自身的领导。建设中华民族现代文明是一项极其复杂、极其富有挑战性、极其需要智慧和能力的工程，它对中国共产党和中国人民都有很高的要求。对于中国共产党来说，它不仅要从理论上深入研究中华民族现代文明的建设问题，揭示建设中华民族现代文明的内涵要义、内容体系、主要特征、根本原则等，而

① 习近平. 高举中国特色社会主义伟大旗帜 为全面建设社会主义现代化国家而团结奋斗：在中国共产党第二十次全国代表大会上的报告 [M]. 北京：人民出版社，2022：5—6.

② 习近平关于社会主义精神文明建设论述摘编 [M]. 北京：中央文献出版社，2022：3.

且要在实践上带领全体中国人民切实做好建设中华民族现代文明的具体工作，以使中华民族现代文明的建设工作落实落细。我们认为，为了更好地发挥党对中华民族现代文明建设的领导作用，中国共产党应该从以下几个方面改善自己的领导。

第一，加强党中央与地方政府、企事业单位、社会组织的分工协作。

领导中华民族现代文明建设，中国共产党应该建立党中央与地方政府、企事业单位、社会组织的分工协作机制。党中央管中华民族现代文明建设的总体方向、顶层理念设计和宏观规划，地方政府和企事业单位管党中央文化和文明建设决策的贯彻落实。

党中央应该给地方政府、企事业单位和社会组织贯彻落实其文化和文明建设决策保留一定的创新空间。如果党中央对文化建设和文明建设工作一管到底、巨细不分，地方政府、企事业单位和社会组织推进文化建设和文明建设的能动性、创造性就会被严重抑制，并且很容易产生敷衍、应付的心理和想法。

党中央应该对地方政府、企事业单位和社会组织给予充分的信任。地方政府、企事业单位和社会组织必须服从党中央的文化建设和文明建设决策，但这种服从应该建立在分工协作和相互信任的基础之上。党中央做好总体方向安排、顶层理念设计、宏观规划制定等工作之后，应该鼓励地方政府、企事业单位和社会组织创造性地推进文化建设和文明建设的具体工作，相信它们能够将党中央的文化建设和文明建设决策落到实处。

建设中华民族现代文明，必须大力推进文化体制改革。习近平说："关于文化体制改革，我只强调一点，就是要在继续大胆推进改革、推动文化事业全面繁荣和文化产业快速发展、建设社会主义文化强国的同时，把握好意识形态属性和产业属性、社会效益和经济效益的关系，始终坚持社会主义先进文化前进方向，始终把社会效益放在首位。无论改什么、怎么改，导向不能改，阵地不能丢。”[①] 推进文化体制改革是必要的，关键是必须坚持正确价值导向和坚守社会主义先进文化阵地，只要做到了这两点，就应该大胆推进改革，尤其是应该给地方政府、企事业单位和社会组织创造性地参与文化建设、文明建设留下足够的空间，以最大限度地激发中华文化和中华文明的生命活力。

第二，遵循文化和文明传承发展的客观规律。

根据唯物辩证法和历史辩证法，世界的存在和发展遵循客观规律，世界万事万物的存在和发展也遵循客观规律。这就是马克思主义所说的“辩证法的规律”。恩格斯说：“辩证法的规律是从自然界的历史和人类社会的历史中抽象出来的。辩证法的规律无非是历史发展的这两个方面和思维本身的最一般的规律。”[②] 恩格斯把“辩证法的规律”归纳为三个规律，即量转化为质和质转化为量的规律、对立的相互渗透的规律、否定的否定的规律。

文化和文明的传承发展也遵循恩格斯所说的辩证法的规律。受到这些规律的支配，文化和文明的传承发展不可能完全听从人的意志和愿望的指挥，而是总是有规律地进行。它们总是按照从量变到质变的客观规律传承发展，任何拔苗助长的想法和做法都是行不通的；它们总是按照对立统一的客观规律传承发展，任何只看到文化和文明的精华看不到其糟粕的观点都是错误的；它们总是按照否定之否定的客观规律传承发展，任何武断的强制都会

① 习近平关于社会主义文化建设论述摘编 [M]. 北京：中央文献出版社，2017：185.
② 马克思，恩格斯. 马克思恩格斯文集：第九卷 [M]. 北京：人民出版社，2009：463.

事与愿违、适得其反。由于文化和文明的传承发展遵循辩证法的规律，它们的推进必然具有循序渐进性、自然而然性等特征。

建设中华民族现代文明，必须遵循辩证法的规律，既应该走出盲目工作的误区，也应该克服急功近利的心理。它是一项长期、持久的工程，不可能一蹴而就，只能循序渐进、自然而然地向前推进。这就要求所有建设中华民族现代文明的主体必须有打持久战的心理准备和坚定意志，而不是耽于幻想，不切实际地追求“速战速胜”。

另外，建设中华民族现代文明，既是一项精神塑造工程，也是一项价值塑造工程。具体地说，它的核心任务是要塑造中国式现代化所需要的思想理念、价值观念和理想信念。这就要求中华民族现代文明的建设过程不能是一个强制灌输、强迫接受的过程，必须是一个以德感人、以理服人、以文化人的过程。

建设中华民族现代文明，切忌采取运动式的文化运动。“文化大革命”留给中国人民的是“十年内乱”的创伤记忆。它“使党、国家、人民遭到新中国成立以来最严重的挫折和损失，教训极其惨痛”[①]。运动式的文化运动，既违背文化和文明传承发展的客观规律，又具有强制灌输、强迫接受的特征，因而难以受到人们欢迎。虽然它们能够在建构人们的思想理念、价值观念和理想信念方面起到一定的作用，但是这种作用往往是短暂的、非长效的。

习近平说：“文化是沟通心灵的桥梁。以理服人，以文服人，以德服人，是中华文化的生命禀赋和生存耐性。”[②] 无论是对内传承

① 中共中央关于党的百年奋斗重大成就和历史经验的决议 [M]. 北京：人民出版社，2021：14.

② 习近平关于社会主义文化建设论述摘编 [M]. 北京：中央文献出版社，2017：201.

中华文化和中华文明，还是对外传播中华文化和中华文明，都应该遵循辩证法的规律，都应该遵循以理服人、以文服人、以德服人的原则。

第三，防止新的教条主义、形式主义和官僚主义。

马克思主义的精髓是实事求是，毛泽东思想的精髓是实事求是，习近平新时代中国特色社会主义思想的精髓也是实事求是。实事求是更是中国共产党一以贯之的优良传统。

实事求是的第一个敌人是教条主义。教条主义就是本本主义。新民主主义革命时期的教条主义者，满足于对马克思主义原著的一知半解，处处引经据典，不考虑中国具体实际，其结果是给中国革命带来巨大灾难。中国特色社会主义新时代的教条主义者，满足于对习近平新时代中国特色社会主义思想的肤浅理解，处处将习近平关于中国特色社会主义的重要论述挂在嘴巴上，其后果是给中国特色社会主义建设事业造成巨大危害。前一种教条主义是旧的教条主义，后一种教条主义是新的教条主义。中国共产党在新民主主义革命时期战胜了旧的教条主义，也应该在中国特色社会主义新时代战胜新的教条主义。

实事求是的第二个敌人是形式主义。形式主义就是只强调话语表达不看重内涵揭示、只抓形式不顾后果、只注重场面不重视成效的观念和做法。教条主义也是形式主义的常见表现形式。它只求对马克思主义思想及其中国化成果的文字掌握，不求深刻认知和正确理解。形式主义者的共同特点是做样子、做形式、做场面。形式主义在当今中国有多种多样的表现形式。例如，有些基层党组织的政治学习活动停留在敷衍了事的层面，形式上很到位，但没有任何成效；有些领导干部能够将习近平关于中国特色社会主义的重要论述非常熟练地背诵出来，但实际上并没有领悟其内涵要义。习近平说："现实生活中，有的落实党中央决策部署不用心、不务实、不尽力，口号喊得震天响、行动起来轻飘飘，把说的当做了，把做了当做成了。有的地方要求事事留痕，把'痕迹'当'政绩'，把精准扶贫搞成了精准填表，用纸面数字来展现所谓扶贫成效。"[①] 新的形式主义因何而产生？习近平指出："形式主义背后是功利主义、实用主义作祟，政绩观错位、责任心缺失，只想当官不想干事，只想出彩不想担责，满足于做表面文章，重显绩不重潜绩，重包装不重实效。"[②] 习近平对形式主义的剖析可谓入木三分、一针见血。

实事求是的第三个敌人是官僚主义。官僚主义就是讲官本位、讲权威、搞家长制的观念和做法。习近平说："有的拍脑袋决策，搞家长制、'一言堂'，把个人凌驾于组织之上，容不下他人，听不得不同意见。"[③] 新时代的官僚主义因何而产生？习近平说："官僚主义背后是官本位思想，价值观走偏、权力观扭曲，盲目依赖个人经验和主观判断，严重脱离实际、脱离群众。"[④] 官僚主义往往与教条主义、形式主义狼狈为奸，共同危害党和人民的事业。

建设中华民族现代文明，必须防止新的教条主义、形式主义和官僚主义。习近平指出，"形式主义、官僚主义同我们党的性质宗旨和优良作风格格不入，是我们党的大敌、人民的大敌"；"要实事求是，有一是一、有二是二，既报喜又报忧，特别要力戒形

① 习近平. 习近平谈治国理政：第三卷 [M]. 北京：外文出版社，2020：502.
② 习近平. 习近平谈治国理政：第三卷 [M]. 北京：外文出版社，2020：502.
③ 习近平. 习近平谈治国理政：第三卷 [M]. 北京：外文出版社，2020：502.
④ 习近平. 习近平谈治国理政：第三卷 [M]. 北京：外文出版社，2020：502.

式主义、官僚主义”。[①] 建设中华民族现代文明，需要遵循实事求是的原则，需要弘扬实事求是的精神，需要发扬实事求是的工作作风。实事求是是中国共产党的优良传统，也是中华民族的优良传统。只有实事求是地工作、奋斗，建设中华民族现代文明的目标才能最终实现。

① 习近平. 习近平谈治国理政：第三卷 [M]. 北京：外文出版社，2020：500.

三、正确认知中华民族现代文明的内涵要义

建设中华民族现代文明的认知前提是必须弄懂中华民族现代文明的内涵要义。中华民族现代文明就是中国共产党目前正团结带领中华民族奋力创造的人类文明新形态或中华文明新形态。它与中华民族传统文明相比较而言，也与其他民族所创造的现代文明相比较而言，是具有新内涵、新内容、新形式、新特征的文明样本或文明范式，其创造主体是中华民族，但可以供世界人民、世界各国参考、借鉴。要深刻认识、理解和把握这一点，我们需要粗略地追溯人类文明发展的历史，更需要立足于中国共产党团结带领中国人民、中华民族推进中国特色社会主义建设和中国式现代化进程的生动现实。

恩格斯认为，文明是人类发展到一定历史阶段的产物，具体地说，它是人类经历蒙昧时代、野蛮时代之后的产物。他指出："蒙昧时代是以获取现成的天然产物为主的时期；人工产品主要是用做获取天然产物的辅助工具。野蛮时代是学会畜牧和农耕的时期，是学会靠人的活动来增加天然产物生产的方法的时期"，而"文明时代是学会对天然产物进一步加工的时期，是真正的工业和

艺术的时期”。[①] 恩格斯是从生存方式的角度来判断人类是否进入文明时代的事实。他没有将文明视为人类在地球上诞生之日起就开始拥有的一种生存方式，而是将人类学会“真正的工业和艺术”作为其进入文明时代的重要标志。“真正的工业”的出现，标志着人类社会生产力水平得到根本性提高，意味着人类不再主要依靠天然产物而生存，而是主要依靠人工制造的产品而生存。“真正的艺术”的出现，标志着人类生存方式摆脱了几乎完全依靠本能生存的蒙昧、野蛮状态，意味着人类生存因为融入了审美情趣而彰显出了人之为人应有的高雅。因此，文明是人类发展到比较高级的历史阶段而获得的一种高雅生存方式，它将人类从根本上与野兽区别了开来。弗洛伊德表达过类似的观点。他说：“所谓人类文明，对此我的意思是说，人类生命从其动物状态提升而来、而且不同于野兽生命的所有那些方面。”[②] 文明使人类不再作为“蒙昧人”和“野蛮人”而存在，而是成为了“文明人”。

文明出现于野蛮时代的高级阶段，即野蛮时代末期。进入野蛮时代的高级阶段，人类社会发生了农业和手工业之间的分工，劳动产品交换成为广泛的社会生活需要，私有财产、商品、商人、阶级、货币等作为新事物出现，社会矛盾提升为阶级矛盾，氏族制度变成过时的东西，国家应运而生。恩格斯将国家的出现视为人类进入文明时代的根本标志。他指出，进入有国家的社会状态之后，“分工、由分工而产生的个人之间的交换，以及把这两者结合起来的商品生产，得到了充分的发展，完全改变了先前的整个

---

① 马克思，恩格斯．马克思恩格斯文集：第四卷 [M]．北京：人民出版社，2009：38.
② 弗洛伊德．文明及其缺憾 [M]．车文博，主编．北京：九州出版社，2014：6.

社会”[①]。显然在恩格斯看来，生活在原始氏族社会的人类是蒙昧的、野蛮的；进入有国家的社会状态之后，人类才变成“文明”的存在者。

人类文明发展史与国家发展史相伴相随。进入文明时代以后，人类经历了奴隶制国家、封建制国家，目前正处于社会主义国家和资本主义国家并存、争鸣、对峙的时代。奴隶制国家和封建制国家是人类历史演进的历史阶段，也为人类文明进步做出过历史贡献，但它们早已经变成人类的历史记忆。资本主义国家目前还存在，但它具有其自身无法克服的局限性，因而不能对人类文明进步发挥引领作用。根据历史唯物论，资本主义国家不能消除其自身的根本矛盾，即生产社会化与生产资料私人占有制之间的冲突，它最终一定会被社会主义国家所取代。建立资本主义国家的资产阶级曾经在反封建过程中发挥过积极的历史作用，他们在“它已经取得了统治的地方把一切封建的、宗法的和田园诗般的关系都破坏了”[②]，但“它只是用新的阶级、新的压迫条件、新的斗争形式代替了旧的”[③]，或者说，它只不过“用公开的、无耻的、直接的、露骨的剥削代替了由宗教幻想和政治幻想掩盖着的剥削”[④]。资本主义经济基础决定了资本主义国家的局限性，也限制了资本主义国家创造人类文明的能力。“在资产阶级社会里，资本具有独立性和个性，而活动着的个人却没有独立性和个性。”[⑤]资本统治社会的逻辑从根本

① 马克思，恩格斯. 马克思恩格斯文集：第四卷 [M]. 北京：人民出版社，2009：193.
② 马克思，恩格斯. 马克思恩格斯文集：第二卷 [M]. 北京：人民出版社，2009：33—34.
③ 马克思，恩格斯. 马克思恩格斯文集：第二卷 [M]. 北京：人民出版社，2009：32.
④ 马克思，恩格斯. 马克思恩格斯文集：第二卷 [M]. 北京：人民出版社，2009：34.
⑤ 马克思，恩格斯. 马克思恩格斯文集：第二卷 [M]. 北京：人民出版社，2009：46.

上限制了人类在资本主义社会的文明创造力。

社会主义国家的产生和发展标志着人类文明的重大进步。19世纪中叶兴起的国际共产主义运动，实质上是以马克思主义作为指导思想、由无产阶级在世界范围内掀起的一场大规模社会主义运动，其最重要成果是催生了一大批社会主义国家。虽然20世纪末出现了苏联解体、东欧剧变的历史悲剧，但是社会主义的熊熊大火并没有因此而熄灭。中国、古巴、朝鲜、越南等社会主义国家的存在和发展，用事实证明了社会主义的强大生命力及其创造历史、文明的强大能力。社会主义在中国的蓬勃发展更是向全世界宣示了社会主义能够不断欣欣向荣、能够代表人类社会发展方向、能够促进人类文明进步的事实。

中华民族现代文明是中国共产党团结带领中国人民、中华民族在推进中国式现代化进程中创造的文明新样本，是中华文明演进发展的最新成果，是具有中国特色、反映新时代需要和符合人类文明发展规律的社会主义文明范式，体现中国共产党、中国人民、中华民族在文明认知、文明意识、文明观念、文明信念、文明境界等方面所达到的新高度，反映中国共产党、中国人民、中华民族在文明理论建构和文明实践探索所达到的新水平。

或者说，中华民族现代文明是当代中华民族进行物质生产、精神生产、制度建设等所形成的丰硕成果的总和。中国共产党团结带领中国人民、中华民族坚持和发展中国特色社会主义，大力推进中国式现代化，继承人类文明成果中的精华，剔除其糟粕，建构新的文明因子，从而创造出具有新内涵、新内容、新特征的人类文明新样本。

中华民族现代文明具有新内涵。首先，它是整体推进的文明范式。中华民族现代文明不是物质文明、政治文明、精神文明、社会文明或生态文明单向度发展的文明，而是它们协同发展的文明。其次，它是具有中国特色的文明范式。中国特色社会主义是中华民族现代文明的建构者，也赋予它鲜明的中国特色。再次，它是具有世界意义的文明范式。中华民族现代文明源自中华大地，但它属于整个人类，能够对世界文明的进步发展提供启示、发挥价值引领作用。最后，它是符合人类文明发展规律的文明范式。人类文明遵循从低级到高级的发展规律。中华民族现代文明是人类文明演进发展达到的高级样态。虽然它不是人类文明的终极样态，但是它所达到的高度是人类文明的传统形态无法相提并论的。

中华民族现代文明是中国共产党团结带领中国人民、中华民族在推进中国特色社会主义和中国式现代化过程中为人类文明进步做出的重大贡献。这种贡献是探索性的，也是示范性的。在当今世界，西方资本主义国家普遍持西方中心主义观点，更多地强调人类文明的冲突性，并且试图以资本主义文明来压制其他文明形态的建构发展，很少关注如何创造人类文明新形态的问题。与此相反，中国人民、中华民族在推进中国特色社会主义和中国式现代化过程中总是坚持文明交流互鉴的理念，总是坚持以博采众长的态度对待人类所创造的一切文明成果，因而能够展现创造人类文明新形态的卓越智慧和强大能力。

四、批判地继承中华传统文化

建设中华民族现代文明，不能脱离中华传统文化。中华传统文化是中华民族的根和魂，是支撑中华民族繁衍发展，不断壮大的强大精神力量。无论走到哪里，无论发展到何种水平，中华民族都不能患文化失忆症，都不能忘记自己的根本，都不能变成“无根的民族”。

中华传统文化承载着中华民族的历史记忆、经济记忆、政治记忆和文化记忆。作为一个记忆体系，它具有无所不包、良莠不齐的特征，既有精华，也有糟粕。中华传统文化可以区分为两类，即中华优秀传统文化和中华糟粕传统文化。前者是指中华传统文化的精髓，它不仅具有历史合理性和历史价值，而且具有哲学合理性和超越时空的价值。后者指中华传统文化具有历史局限性，它的有些内容仅仅具有历史合理性，不具有哲学合理性。

中国共产党早在新民主主义革命时期就深刻认识到了中华传统文化兼有精华和糟粕的事实。毛泽东说：“中国的长期封建社会中，创造了灿烂的古代文化。清理古代文化的发展过程，剔除其封建性的糟粕，吸收其民主性的精华，是发展民族新文化提高民族自信心的必要条件；但是决不能无批判地兼收并蓄。必须将古代封建统治阶级的一切腐朽的东西和古代优秀的人民文化即多少带有民主性和革命性的东西区别开来。”① 主张吸收中华传统文化的精髓、剔除中华传统文化的糟粕，是毛泽东思想的重要内容，也是中国共产党对待中华传统文化的一贯立场。

中华传统文化包含大量优秀成分。我们在这里仅仅列举三个方面。

一是辩证思维。中国哲学特别是道家哲学中蕴含丰富而深刻的辩证法思想。中华民族是一个特别崇尚哲学智慧的民族，又特别擅长于将中国哲学中的辩证法思想融入自己的思维方式。老子说：“有无相生，难易相成，长短相形，高下相倾，音声相和，前后相随，恒也。”② 其意指，有与无总是相互依存，难与易总是相辅相成，长与短总是相比较而存在，高与下总是相互依靠，音与声总是相互和谐，前与后总是相伴相随，这是永恒的规律。老子还说：“反者，道之动；弱者，道之用。”③ 道是以循环的方式运行，物极必反；真正的道总是以柔弱的方式呈现自身，这是道的应用规律。老子进一步指出：“天下之至柔，驰骋天下之至坚。”④ 至柔与至坚都是相对的，最坚硬的东西不一定能够驱使最柔弱的东西，最柔弱的东西完全可能驱使最坚硬的东西。深受中国哲学影响的中华民族，普遍擅长于辩证思维。

马克思主义哲学传入中国以后，对中华民族的辩证法思想和辩证思维能力起到了极大的增进作用。它将辩证法区分为客观辩

① 毛泽东邓小平江泽民论社会主义道德建设 [M]. 北京：学习出版社，2001：56.
② 老子 [M]. 饶尚宽，译注. 北京：中华书局，2006：5.
③ 老子 [M]. 饶尚宽，译注. 北京：中华书局，2006：100.
④ 老子 [M]. 饶尚宽，译注. 北京：中华书局，2006：107.

证法和主观辩证法，认为客观辩证法支配着自然界的存在和进化，而主观辩证法则支配着人的思维活动。[①] 马克思主义把整个世界视为对立统一的状态。“如果一个事物包含着对立，那么它就同自身处在矛盾中，而且它在思想中的表现也是如此。例如，一个事物是它自身，同时又在不断变化，它本身含有‘不变’和‘变’的对立，这就是矛盾。”[②] 受到马克思主义矛盾论的影响，中华民族从来不幻想一个没有矛盾的世界，总是将世界万事万物看成一个个对立统一体，并且把矛盾当作事物发展的推动力。

擅长于辩证思维的中华民族善于变通。我们信奉“塞翁失马，焉知非福”“祸兮福之所倚，福兮祸之所伏”“车到山前必有路，船到桥头自然直”“乐极生悲”等哲理，总是用自信、乐观的眼光看世界、看人生、看事业，总是能够在挑战中看到机遇、在困难中看到出路、在悲观中看到希望、在挫折中看到进步、在失败中看到成功、在黑暗中看到曙光。我们反对走死胡同，同时认为浪子回头金不换。我们坚信“留得青山在，不怕没柴烧”，同时具有“破釜沉舟”“杀身成仁”等信念。为了伸张正义，我们能够挺身而出、舍生忘死；对没有意义的事情，我们则会摆出“事不关己，高高挂起”的姿态。在认识和处理得失成败问题上，很少有民族能够像中华民族这样洒脱。

二是传统观念。中华民族具有非常强烈的传统观念。我们尊重传统、推崇传统、坚守传统、维护传统，不会轻易丢弃传统。甚至可以说，传统是我们的命根子，我们对传统具有非常严重的依赖。

---

① 马克思，恩格斯．马克思恩格斯文集：第九卷 [M]. 北京：人民出版社，2009：470.
② 马克思，恩格斯．马克思恩格斯文集：第九卷 [M]. 北京：人民出版社，2009：356.

对于中华民族来说，传统具有非常丰富的内涵，包括约定俗成的风俗习惯、礼仪、话语体系以及普遍公认的道理、哲理、原理等。例如，中华民族历来有清明节祭祖、春节团圆、元宵节吃汤圆、端午节赛龙舟、中秋节吃月饼等风俗习惯，它们不仅反映了中华民族根深蒂固的传统观念，而且说明中华民族具有慎终追远、重视团聚、追求圆满、强调自强、珍惜亲情等美德。

中华民族普遍喜欢从古人那里吸取人生智慧。我们之所以一代又一代地坚持讲司马光砸缸的故事，是因为它能够教会我们智勇双全的美德。司马光年纪小，但他有勇有谋、智勇双全。我们坚持讲司马光的故事，不仅是要记住他有勇有谋、智勇双全的历史事实，更重要的是要激励我们自己向司马光学习，学习他将勇敢和智慧集于一身的道德品质。

中华民族最珍视自己以德为本的伦理思想传统。有子说："君子务本，本立而道生。孝弟也者，其为仁之本与！"[①] 其意指，君子应该坚守根本，只有坚守根本，才能知道什么是道的真谛。孔子以仁道或仁爱精神来诠释道德的含义，又以孝悌作为仁道或仁爱精神的根本。由孔子开创的儒家哲学主要是一个伦理思想体系，其核心是把道德视为个人、民族和国家安身立命的根本。儒家哲学对中华民族具有深刻影响，使之形成了以德为本的伦理思想传统。

三是群体意识。中华民族具有强烈的群体意识。所谓"群体意识"，是指中华民族不把现实中的人看成一个个的孤立个体，而是视之为社会性存在、关系性存在。

荀子对人的群体性本质有深刻认识。在荀子看来，包括人在

① 论语 大学 中庸 [M]. 陈晓芬，徐儒宗，译注. 北京：中华书局，2015：8.

内的世界万事万物都遵循“物以类聚，人以群分”的法则。他说：“草木畴生，禽兽群焉，物各从其类也。”① 其意指，草与树长在一起，飞鸟与野兽汇聚在一起，世界上的万事万物都从属于一定的种类。世界万事万物之所以各归其类，这是有原因的，即“物类之起，必有所始”②。人类是世界万事万物中的一个特殊种类，具有其他种类无法比拟的高贵性。荀子说：“水火有气而无生，草木有生而无知，禽兽有知而无义，人有气、有生、有知，亦且有义，故最为天下贵也。力不若牛，走不若马，而牛马为用，何也？曰：人能群，彼不能群也。人何以能群？曰：分。分何以能行？曰：义。”③ 人之所以具有高贵性，是因为我们能够以人群的方式存在；非人类的存在者也能够结成群，但它们所能组建的是物群，与人群有着根本区别；人群有精气神，有生命，有智慧，有道义，所以人是高贵的，而非人类的存在者是低级的；人的群体性与物的群集性不同，因为人是按照等级名分和道义组建群体的，而物只是本能地聚集在一起。

群体意识对中华民族的生存方式具有深刻影响。一方面，它使中华民族严重依赖各种形式的群体，群体生活是中华民族普遍向往的生活方式；另一方面，它使中华民族结成紧密的社会关系，彼此相互联系、相互帮助、相互促进。在群体意识影响下，中华民族历来反对个人主义观念，总是将个人视为各种群体的成员，并且将人的本质归结为社会性、群体性。

群体意识有利于增进中华民族的团结。它根深蒂固地存在于

① 荀子 [M]. 安小兰，译注. 北京：中华书局，2016：6.
② 荀子 [M]. 安小兰，译注. 北京：中华书局，2016：6.
③ 荀子 [M]. 安小兰，译注. 北京：中华书局，2016：95.

每一个中华儿女身上，潜移默化地发挥着凝聚人心的重要作用，是中华民族具有向心力、凝聚力的重要原因。中华民族从来都不是一盘散沙，因为我们的个人意识并不强烈，支配我们的是强烈的群体意识。我们心里很少有个人，更多地装着家庭、单位、政党、民族、国家等集体，甚至在很多时候还装着世界和整个人类这样的大集体。

群体意识塑造了中华民族的家国情怀和天下情怀。每当个人利益与民族利益、国家利益发生冲突时，中华儿女会优先考虑和维护后者。中华民族不仅关心自己的命运，而且会关心世界和整个人类的命运。在我们眼里，世界是一个大家庭，各个国家应该守望相助，而不是相互为敌；人类是一个命运共同体，各个民族应该命运与共，而不是相互残杀。

上述三个方面是中华传统文化所包含的重要优秀成分，但不能涵盖中华传统文化的所有优秀成分。中华传统文化的优秀成分非常丰富、难以计数。我们在这里只是列举了它的部分主要内容，旨在揭示这样一个事实：中华传统文化具有一个值得肯定、值得称赞、值得继承的优秀维度。这一部分的中华传统文化，就是党中央所说的中华优秀传统文化。

需要指出的是，中华传统文化也包含不少糟粕。建设中华民族现代文明，我们既需要继承中华传统文化的优秀成分，也需要剔除其糟粕。我们认为，中华传统文化至少具有三个方面的糟粕。

一是等级观念。

等级观念是中华传统文化内含的第一个严重糟粕。它是儒家伦理思想中的基本价值观念。产生于封建等级社会的儒家伦理思想，不可避免地会深深地打上等级观念的烙印。它将人划分成三六九等，要求低等级的人必须绝对服从高等级的人。作为儒家伦理思想的开创者，孔子有时会强调人格的平等。他曾经说过："三军可夺帅也，匹夫不可夺志也。"[①] 不过，这不是孔子的主要思想。他更多地强调人与人之间的等级。齐景公曾经向孔子求教为政之道。孔子说："君君，臣臣，父父，子子。"[②] 齐景公非常赞成孔子的观点。他说："善哉！信如君不君，臣不臣，父不父，子不子，虽有粟，吾得而食诸？"[③] 表面上看，孔子和齐景公都是在谈论君王、大臣、父亲、儿子为人处世应有的道德态度，实际上是在强调君与臣、父与子的等级关系。

儒家宣扬的等级观念对中华民族产生了深远影响。就是时至今日，不少中国人依然生活在强烈的等级观念之中。他们仍然将人区分为三六九等，认为领导干部高于人民群众、父母高于子女、教师高于学生、脑力劳动者高于体力劳动者、城市居民高于农村居民、白领高于蓝领。这样的思想观念依然广泛存在，因等级观念引发的人际歧视、人际隔离现象还相当严重。一些领导干部总是摆出一副高高在上的姿态，严重脱离人民群众；一些父母为了维护自己的威严，经常与子女发生矛盾和冲突；一些教师不愿与学生平等相处，导致师生关系高度紧张；一些脑力劳动者瞧不起体力劳动者，不愿与他们为伍；一些城市居民严重歧视农村居民，以非常轻蔑的态度对待进城务工的农民工；一些白领对蓝领居高临下、颐指气使，要求"井水不犯河水"。

等级观念在不少人身上的严重存在说明当今中国社会的文明

---

① 论语 大学 中庸 [M]. 陈晓芬，徐儒宗，译注. 北京：中华书局，2015：107.
② 论语 大学 中庸 [M]. 陈晓芬，徐儒宗，译注. 北京：中华书局，2015：143.
③ 论语 大学 中庸 [M]. 陈晓芬，徐儒宗，译注. 北京：中华书局，2015：143.

状况还有很大改善的空间。等级观念是等级社会的产物。当今中国已经是现代民主社会，早就应该将等级观念丢进历史的垃圾桶，但它仍然被一些人顽固地保持着，这只能说明封建社会的残余影响依然在中国比较严重地存在。

建设中华民族现代文明，应该彻底清除封建社会遗留的等级观念。社会主义中国应该大力倡导平等观念，强调人与人之间的性别平等、人格平等、地位平等、机会平等，杜绝将人划分为三六九等的观念和做法，在整个社会形成人人平等的思想理念、价值观念和理想信念。以现代平等观念取代等级观念，是建设中华民族现代文明的首要工作。

人与人之间平等应该成为中华民族现代文明的首要标志。习近平特别关心男女平等问题。他说："我们强调促进男女平等、发挥妇女在各个方面的积极作用，都是对的，要坚定不移。同时，我们也要注重发挥妇女在社会生活和家庭生活中的独特作用，发挥妇女在弘扬中华民族家庭美德、树立良好家风方面的独特作用。"① 习近平也高度关注脑力劳动者与体力劳动者之间的平等。他指出："在我们社会主义国家，一切劳动，无论是体力劳动还是脑力劳动，都值得尊重和鼓励；一切创造，无论是个人创造还是集体创造，也都值得尊重和鼓励。"②

二是官本位意识。

官本位意识是中华传统文化的第二个严重糟粕。它与儒家哲学有一定的关联。一方面，儒家哲学家大都具有从政为官的强烈

① 习近平关于社会主义精神文明建设论述摘编 [M]. 北京：中央文献出版社，2022：272.

② 习近平关于社会主义精神文明建设论述摘编 [M]. 北京：中央文献出版社，2022：273.

意识。孔子的学生子夏曾经说过：“仕而优则学，学而优则仕。”[1]其意指，如果做官还有余力，就应该学习；如果学习还有余力，就应该去做官。虽然儒家哲学家并没有公开宣扬官本位意识，但是他们对做官所持的鼓励态度对古代中国社会形成官本位意识起到了不容忽视的催化和强化作用。

官本位意识主要是由中国封建社会的现实决定的。在中国封建社会，人与人之间存在森严的等级，处于不同等级的人享受的权利具有很大差异。能够在朝廷做官的人大都是封建贵族。他们凭借雄厚经济实力和人脉关系，很容易在朝廷谋到一官半职，并且能够将官位世袭给后代。科举制度可以让一些出身贫寒家庭的人在朝廷谋到一定的官位，但这样的事例毕竟很少。在中国封建社会，做官不仅意味着有特权，而且意味着有利益。他们身居官位，既可以从朝廷领取丰厚的俸禄，又有机会大肆搜刮民脂民膏。正因为如此，在中国封建社会，人人都渴望做官，人人都以能够做官为荣；一个人能够做官，他不仅自己脸上有光，而且能够光宗耀祖。

需要指出的是，盛行于封建社会的官本位意识在社会主义中国还一直严重存在。新中国成立后不久，一些党员干部就滋生了官本位意识，并走上了谋求特权、贪污腐化的不归之路。毛泽东亲自处理的刘青山、张子善贪腐案就是例证。改革开放以后，官本位意识在我国变得更加严重，很多领导干部在官本位意识驱动下腐化堕落。邓小平高度重视中国社会在改革开放时期存在的官本位问题。他说：“特殊化不只是部分高级干部，各级都有，各个

---

① 论语 大学 中庸 [M]. 陈晓芬，徐儒宗，译注. 北京：中华书局，2015：232.

部门都有。总之，我们一些干部成了老爷就是了。”① 中国特色社会主义进入新时代，官本位问题依然严重存在。习近平说：“形式主义、官僚主义是目前党内存在的突出矛盾和问题，是阻碍党的路线方针政策和党中央重大决策部署贯彻落实的大敌。”②

建设中华民族现代文明，必须根除官本位意识。官本位意识不仅使一些领导干部把当官、做官当作无比荣耀的事情，而且将他们引上了贪污腐败的轨道。由于官本位意识作怪，一些领导干部满脑子特权思想、特权观念，心里没有人民群众、没有党的利益、没有国家利益，甚至大肆搞特权、搞腐败，成为党和国家事业的蛀虫。习近平说：“领导干部要破除‘官本位’思想，坚决反对特权思想、特权现象。”③

中华民族现代文明从根本上拒斥官本位意识。如果当今中国的大部分人还沉浸在官本位意识之中，时刻想着如何谋取官位、享受特权、贪污腐败，这必定与建设中华民族现代文明的国家重大战略部署和时代趋势相背离，必定会遭到人民群众的坚决反对。官本位意识是封建社会的残渣，如果任凭其肆意存在，必定会给中华民族现代文明建设进程带来巨大危害。根除官本位意识，有利于改善中国社会风气，有利于提高中国社会的文明水平，有利于中华民族完成建设现代文明的共同使命。

三是面子情结。

中国人讲面子，具有面子情结，这也是中华传统文化的第三个严重糟粕。所谓“面子情结”，是指中国人普遍具有特别强调面

---

① 毛泽东邓小平江泽民论社会主义道德建设 [M]. 北京：学习出版社，2001：274.
② 习近平. 习近平谈治国理政：第三卷 [M]. 北京：外文出版社，2020：502.
③ 习近平. 习近平谈治国理政：第三卷 [M]. 北京：外文出版社，2020：508.

子的心理特征。“打肿脸充胖子”这一说法栩栩如生地反映了中国人的面子情结。

讲面子并不完全是错误的。人的面子就如同鸟的羽毛。鸟爱惜自己的羽毛，人则爱惜自己的面子。一般来说，一个爱惜面子的人往往比较看重自己在他人眼中的印象和形象，也往往比较注重自己的道德修养和形象打造；如果一个人不看重自己的面子，那么，他要么是厚颜无耻之徒，要么是自甘堕落之徒。从这种意义上来说，讲面子总比不讲面子好，要面子总比不要面子好，有面子情结总比没有面子情结好。

问题在于，中国人在传统社会形成的面子情结通常会跨越合理性限度，演变成为面子而面子的价值观。在中国传统社会，面子情结不仅广泛存在，而且被很多人带入了他们的职业生活；很多人为了面子做官，也为了面子贪腐；很多人为了面子读书，也为了面子炫耀自己的学问；很多人为了面子建造房子，也为了面子负债累累；很多人为了面子赡养父母，也为了面子而伪装成孝子。为面子而活，这不仅有害于讲面子的主体，而且会给整个社会带来巨大危害。

需要指出的是，面子情结在当今中国社会依然严重存在。在当今中国社会，很多人为了面子而活着。他们中的一些人为了面子做官，到处炫耀做官、为官的荣耀，处处讲排场、讲特权，大搞面子工程，甚至以能够贪污腐败为荣，其结果是遭到党纪国法的严惩；一些人为了面子挣钱，挣了钱之后大肆挥霍，吃喝玩乐，甚至赌博、吸毒，其结果是将钱财挥霍一空之后陷入空虚的深渊；一些人为了面子购买多套房子和多辆名车，并且到处宣扬自己的“成就”，其结果是将自己变成了房奴、车奴；一些人为了面子去攀附权贵，将自己的人格尊严完全抛之脑后，其结果是得了面子、丢了里子。面子情结贻害严重，必须予以清除。

建设中华民族现代文明，应该摒弃死要面子的面子情结。适度讲面子，既有助于维护自身的道德形象，也有助于提高整个社会的道德水平，而过度地讲面子，只会给社会带来巨大危害。如果过度讲面子成为一种社会普遍现象，它必定成为中华民族建设现代文明的巨大障碍。我们不难想象，为官者为了面子而做官，为学者为了面子而做学问，老百姓为了面子而生活，我们的社会必定充斥着教条主义、形式主义和官僚主义的歪风邪气，伪善之风必定猖獗，人与人之间的交往和交流必定缺乏应有的真诚和友善。

中华民族现代文明不能建立在面子情结之上。我们不可能因为讲面子而达到很高的文明水平，只能通过提高道德修养、认真学习、勤奋工作、与人为善等途径来为建设中华民族现代文明做贡献。建设中华民族现代文明，需要培养身心健康的人。只有这样的人，才能正确认识、理解和把握人与人之间的关系、个人与社会的关系以及人类与自然的关系。摒弃面子情结，中国人才能真诚地面对自己，真诚地面对他人，真诚地面对生活。“真诚”是中华民族现代文明应该倡导的美德。

五、让全体人民过上有尊严的美好生活

建设中华民族现代文明不能没有民意支持。民意支持不可能通过武断强制而形成，必须通过增强人民的存在感、获得感和幸福感才能形成。建设中华民族现代文明，应该让全体中国人民过上有尊严的美好生活，才能赢得他们广泛而持久的支持。

尊严是人类特有的价值，也是人类最珍视的价值。德国哲学家康德认为："凡是有价格的，都可用别的等值的某个东西取代它；另一方面，凡是超乎所有价格之上的，因而没有等值的东西可替代的，就有尊严。"① 在康德看来，以价格衡量其价值的存在者是物，以尊严衡量其价值的存在者是人；尊严是人的根本特征和根本价值，它将人与物从根本上区别开来；物是低级的，而人是高贵的；人的高贵性就在于人之为人的尊严；人类普遍看重自己的尊严。

人类不仅珍视自己的尊严，而且追求有尊严的生活。美国学者纳斯鲍姆指出："全世界的人民都在努力追求过上有尊严的生活。国家的领导人经常只关注本国的经济增长，但是他们的人民

① 康德．道德形而上学基础 [M]. 孙少伟，译. 北京：九州出版社，2007：99.

却在追求一种不同的东西：他们自己有意义的生活。”[①] 人民所追求的有意义的生活，就是有尊严的生活。

什么是有尊严的生活？就是人的尊严能够受到充分尊重的生活。人的尊严问题就是人的价值问题，尊重人就是尊重人的价值。人的价值是无价的，因而不能进行交换。在奴隶社会，奴隶被当作牲口买卖是合法的、合伦理的，因此，他们还没有人的尊严，其生活也不是有尊严的生活。到了封建社会，农民获得了人身自由，不再被当作牲口买卖；他们仍然处于被压迫、被剥削的地位，但他们作为人的尊严略微高于奴隶，其生活已经具有一定的尊严性。进入资本主义社会，工人、农民、手工业者等劳动者的社会地位高于封建社会的农民，但他们遭受资产阶级的压迫和剥削仍然很深重，其人之为人的尊严并没有受到充分尊重。马克思指出：“无产阶级，现今社会的最下层，如果不炸毁构成官方社会的整个上层，就不能抬起头来，挺起胸来。”[②] 资本主义社会的下层劳动者是缺乏尊严的阶层。他们的生活依然是尊严不够的生活。

当今中国是一个社会主义国家，它赋予人民的尊严是空前的。中国共产党团结中国人民，经过将近 30 年的新民主主义革命，在中华大地上创建了由中国人民当家作主的社会主义国家——中华人民共和国。它既不同于中国的封建制国家、国民党统治的中华民国，也不同于西方资本主义国家。最重要的在于，它是由中国共产党执政的社会主义国家。毛泽东指出：“我们共产党人区别于其他任何政党的又一个显著的标志，就是和最广大的人民群众取

① 纳斯鲍姆. 寻求有尊严的生活：正义的能力理论 [M]. 田雷，译. 北京：中国人民大学出版社，2016：1.

② 马克思，恩格斯. 马克思恩格斯文集：第二卷 [M]. 北京：人民出版社，2009：42.

得最密切的联系。全心全意地为人民服务，一刻也不脱离群众；一切从人民的利益出发，而不是从个人或小集团的利益出发；向人民负责和向党的领导机关负责的一致性；这些就是我们的出发点。"[①] 由于中国共产党一直坚持全心全意为人民服务的宗旨，中国人民在社会主义中国享受到的尊严是前所未有的。

不过，中国人民在社会主义中国目前还不能充分享有人之为人的尊严，还不能完全过上有尊严的生活，其根本原因是我国仍然处于社会主义初级阶段，社会生产力还处于低级水平，不能完全满足中国人民对有尊严的生活的强烈需要。党中央已经深刻认识到这一社会现实，因而对当今中国社会的主要矛盾作出了新的论述。习近平在党的十九大报告中指出："中国特色社会主义进入新时代，我国社会主要矛盾已经转化为人民日益增长的美好生活需要和不平衡不充分的发展之间的矛盾。"[②]

应该看到，让全体人民过上有尊严的美好生活一直是中国共产党的奋斗目标。习近平说："我们的人民热爱生活，期盼有更好的教育、更稳定的工作、更满意的收入、更可靠的社会保障、更高水平的医疗卫生服务、更舒适的居住条件、更优美的环境，期盼孩子们能成长得更好、工作得更好、生活得更好。人民对美好生活的向往，就是我们的奋斗目标。"[③] 中国共产党是全心全意为人民服务的政党，其根本宗旨就是要让全体人民过上有尊严的美好生活，但由于条件所限，它的善良意愿目前还不能完全得到实现。

建设中华民族现代文明，应该充分考虑如何让全体人民过上

---

① 毛泽东邓小平江泽民论社会主义道德建设 [M]. 北京：学习出版社，2001：134.
② 习近平. 习近平谈治国理政：第三卷 [M]. 北京：外文出版社，2020：9.
③ 习近平. 习近平谈治国理政：第一卷 [M]. 北京：外文出版社，2018：4.

有尊严的美好生活的问题。中华民族现代文明不允许中国人民一直生活在没有尊严的状况。当今中国已经是小康社会，但人民对美好生活的向往和追求并没有得到充分满足。一些调查资料显示，我国目前每月只有 2000 元左右收入的人还比较多，少数人还生活在温饱线的水平。这些人为生计操劳，却只能勉强维持生计。这种社会现实无疑是与中华民族现代文明格格不入的。

当今中国存在不少社会弱势群体。他们既没有雄厚资本，也没有掌握公共权力，在日常生活和职业领域均处于不利地位。他们收入少，不少人入不敷出，只能勉强维持生计。对于他们来说，能够活着就已经不错，根本说不上追求有尊严的生活。如果他们对上要赡养父母，对下要养育比较多的小孩，那么，他们的生活压力就会特别巨大。在当今中国，不少人正在饱受生活压力之苦。他们中的一些人在父母的艰辛支持下考上了大学，但大学毕业后只能找到工资很低的职业，甚至没有机会就业。结婚之后，由于收入低，他们不敢生育小孩，因为他们支付不起小孩受教育的费用。由于没有资本和公共权力，他们也无力改变自己的生活现状。摆在他们面前的只有两条路，要么一如既往地辛劳，要么随波逐流地躺平。

社会弱势群体对自己的生存状况大都怀有怨恨。怨恨的根源是贫穷。孔子说："贫而无怨难，富而无骄易。"① 其意指，贫困而没有怨恨，难；富贵而不骄傲，容易。生活于贫穷之中，必定没有强烈的存在感、获得感和幸福感，心生怨恨在所难免。这种怨恨既可能指向自身，也可能指向社会。社会弱势群体通常会怨恨

① 论语 大学 中庸 [M]. 陈晓芬，徐儒宗，译注. 北京：中华书局，2015：167.

自己的无能，也可能怨恨社会没有善待他们。

建设中华民族现代文明，应该充分考虑社会弱势群体的尊严问题。如果他们生活得没有尊严，他们就会拖中华民族现代文明建设的后腿。中华民族现代文明建设成功与否，这显然不是由当今中国社会的强势群体决定的，而是由社会弱势群体决定的。中华民族现代文明不允许把为数不少的社会弱势群体排斥在文明的大门外。道理很简单，如果我国社会弱势群体的生活状况始终无法得到改善，中华民族现代文明建设的成效就会遭到质疑。

建设中华民族现代文明，应该让全体人民过上有尊严的美好生活，而不是仅仅让少数人过上有尊严的生活。这要求社会主义中国应该致力于实现全体人民共同富裕。习近平在党的二十大报告中指出："中国式现代化是全体人民共同富裕的现代化。共同富裕是中国特色社会主义的本质要求，也是一个长期的历史过程。我们坚持把实现人民对美好生活的向往作为现代化建设的出发点和落脚点，着力维护和促进社会公平正义，着力促进全体人民共同富裕，坚决防止两极分化。"①

习近平对"快递小哥"的生活状况就非常关心。他说："'快递小哥'工作很辛苦，起早贪黑、风雨无阻，越是节假日越忙碌，像勤劳的小蜜蜂，是最辛勤的劳动者，为大家生活带来了便利。要坚持就业优先战略，把解决人民群众就业问题放在更加突出的位置，努力创造更多就业岗位。"② 作为国家主席，能够想到和关心快递小哥的生活，这体现了习近平总书记心系百姓疾苦的道德情怀。

---

① 习近平. 高举中国特色社会主义伟大旗帜 为全面建设社会主义现代化国家而团结奋斗：在中国共产党第二十次全国代表大会上的报告[M]. 北京：人民出版社，2022：22.

② 习近平. 习近平谈治国理政：第三卷[M]. 北京：外文出版社，2020：344.

习近平也非常关心我国老年人的生活状况。他说："自古以来，中国人就提倡孝老爱亲，倡导老吾老以及人之老、幼吾幼以及人之幼。我国已经进入老龄化社会。让老年人老有所养、老有所依、老有所乐、老有所安，关系社会和谐稳定。我们要在全社会大力提倡尊敬老人、关爱老人、赡养老人，大力发展老龄事业，让所有老年人都能有一个幸福美满的晚年。"①

一个社会存在弱势群体并不可耻，可耻的是它对弱势群体漠不关心。作为社会主义中国的执政党，中国共产党一直致力于改善社会弱势群体的生活状况。中国特色社会主义进入新时代，以习近平同志为核心的党中央特别重视解决发展不平衡不充分的问题，其根本目的是要通过解决该问题增强全体人民的存在感、获得感和幸福感。习近平说："要抓住人民最关心最直接最现实的利益问题，扭住突出民生难题，一件事情接着一件事情办，一年接着一年干，争取早见成效，让人民群众有更多获得感、幸福感、安全感。"②

让全体人民过上有尊严的美好生活，这是中国共产党作为社会主义中国执政党不可推卸的责任。要过上有尊严的美好生活，作为生活主体的个人当然也应该发扬自强不息、努力奋斗的美德。毕竟有尊严的美好生活是奋斗出来的。作为执政党，中国共产党则需要时刻牢记为中国人民谋幸福、为中华民族谋复兴的初心和使命，通过推进中国式现代化和中国特色社会主义建设事业，为中国人民过上有尊严的美好生活创造条件、提供条件，始终做中国人民的服务者，心系人民，关心人民，支持人民对美好生活的

① 习近平. 习近平谈治国理政：第三卷 [M]. 北京：外文出版社，2020：344—345.
② 习近平. 习近平谈治国理政：第三卷 [M]. 北京：外文出版社，2020：346.

向往。

要让全体人民过上有尊严的生活，应该旗帜鲜明地弘扬公平正义，应该致力于构建公平正义社会。“公平正义社会”应该至少包括五个要义。

第一，社会主义中国的每一个国民或公民都是平等的。在社会主义中国，没有等级观念、特权意识、官本位情结、身份歧视，所有国民或公民都能够平等地享有国家赋予的经济权利、政治权利、文化权利。

第二，社会主义中国具有一套完善的公正的社会制度体系。这套社会制度体系是由全体人民通过合法程序选举的人民代表在全国人大制定的，具有不容置疑的公正性特征，能够一视同仁地对待每一个中国国民或公民，所有中国国民或公民都能够从中平等地受益。

第三，社会主义中国能够公平地分配所有社会资源。在社会主义中国，物质财富、政治权利、发展机会、尊严、幸福等社会资源能够在公正社会制度体系的支配下公平分配，所有中国国民或公民都能够在社会资源的分配过程中得到应得的份额。

第四，社会主义中国应该具有纠正社会资源分配不公的社会制度。社会资源不可能通过一次分配就达到公平。初次的按劳分配能够体现市场分配的公平，但完全可能导致严重的实质不公，因此，必须实行多次分配制度。如果多次分配制度还不足以消除社会资源分配不公，就实行社会保障制度，其根本目的是通过政府干预的方式，最终实现社会资源的公平分配。

第五，社会主义中国应该有引导国民或公民捍卫公平正义的制度设计。公平正义的实现，不能完全依靠政府，还必须充分调动企业和个人的积极性、能动性和创造性。企业和个人完全可以通过提高自身的道德修养和公平正义意识为增进中国社会的公平正义做出重大贡献。建立完善的慈善制度，就能够推动企业和个人为实现公平正义贡献力量。

社会主义中国不应该是人民不能平等相处的社会，不应该是社会资源不能得到公正分配的社会，不应该是人民没有存在感、获得感和幸福感的社会，不应该是人民缺乏尊严的社会。人民不能在奴隶社会、封建社会和资本主义社会享有的平等、公平正义和尊严，应该能够在社会主义中国享受。这就是社会主义中国与奴隶制国家、封建制国家和资本主义国家相比较的优势，也是社会主义制度与奴隶制度、封建制度和资本主义制度相比较的优势。建设中华民族现代文明，就是要充分凸显社会主义中国在增进社会平等、公平正义、人类尊严等方面的优势。

六、着力提高全社会文明程度

建设中华民族现代文明，不是某个人的任务，也不是某些人的任务，而是全体中国人民的共同使命。它是一项必须举全社会之力才能完成的庞大系统工程，非一人之力所能完成，也非部分人之力所能完成。只有举全社会之力、举全国之力、举全体人民之力，才能使之成功。

举全社会之力、全国之力、全体人民之力建设中华民族现代文明，必然要求提高整个中国社会的文明水平。中国社会是一个有机整体。要建设中华民族现代文明，不应该有任何遗漏。所有中国国民都应该自觉跟上中华民族现代文明建设的步伐，都应该积极参与这项规模巨大的伟大工程。

习近平在党的二十大报告中作出了“提高全社会文明程度”的重要指示，并就如何提高全社会文明程度提出六点要求：（1）实施公民道德建设工程，弘扬中华传统美德，加强家庭家教家风建设，加强和改进未成年人思想道德建设，推动明大德、守公德、严私德，提高人民道德水准和文明素养；（2）统筹推动文明培育、文明实践、文明创建，推进城乡精神文明建设融合发展，在全社会弘扬劳动精神、奋斗精神、奉献精神、创造精神、勤俭节约精神，培育时代新风新貌；（3）加强国家科普能力建设，深化全民阅读活动；（4）完善志愿服务制度和工作体系；（5）弘扬诚信文化，健全诚信建设长效机制；（6）发挥党和国家功勋荣誉表彰的精神引领、典型示范作用，推动全社会见贤思齐、崇尚英雄、争做先锋。①

习近平关于提高全社会文明程度的重要讲话具有目标指向明确、内容构成清晰、高屋建瓴、现实针对性强等显著特征，为我国社会各界深刻认识、理解和把握如何提高全社会文明程度的问题提供了思想指引，为我国社会各界提高全社会文明程度的社会实践指明了正确方向，应该受到我国社会各界的高度重视和贯彻落实。

我国社会各界应该将习近平上述重要讲话精神贯彻落实到建设中华民族现代文明的全过程。具体地说，我们应该从以下几个方面做好具体工作。

第一，用系统思维抓中华民族现代文明的建设工作。

建设中华民族现代文明是一项社会系统工程，内容涵盖人口文明、物质文明、政治文明、精神文明、社会文明、网络文明、生态文明等诸多领域，内容多，任务重，涉及范围广，严峻考验当代中华民族的智慧和能力。

只有采用系统思维思考问题，坚持用系统观念指导工作，才能遵循以史为鉴原则，通过中华文明发展的悠久历史看清建设中

---

① 习近平. 高举中国特色社会主义伟大旗帜 为全面建设社会主义现代化国家而团结奋斗：在中国共产党第二十次全国代表大会上的报告 [M]. 北京：人民出版社，2022：44—45.

华民族现代文明的现实需要；遵循形而上与形而下相统一原则，通过中华文明呈现出来的复杂现象洞察建设中华民族现代文明的本质内涵；遵循理论与实践相结合原则，通过中华文明发展所依据的思想和理论发现建设中华民族现代文明的规律、方案和具体路径。运用系统思维，既能够让我们在建设中华民族现代文明的过程中正确认识和处理整体性与局部性、宏观性与微观性、普遍性与特殊性、一般性与具体性、长远性与当前性、传统性与现代性、民族性与世界性的关系，又能够使我们做好建设中华民族现代文明的顶层设计、综合规划、战略部署和实践体系设计。

第二，把思想道德建设作为建设中华民族现代文明的工作重点。

建设中华民族现代文明涉及人口文明、物质文明、政治文明、精神文明、社会文明、网络文明、生态文明等诸多内容，但它的工作重点应该是思想道德建设。思想道德是中华传统文明的核心要义和灵魂，也是中华民族现代文明的核心要义和灵魂。习近平说："国无德不兴，人无德不立。必须加强全社会的思想道德建设，激发人们形成善良的道德意愿、道德情感，培育正确的道德判断和道德责任，提高道德实践能力尤其是自觉践行能力，引导人们向往和追求讲道德、尊道德、守道德的生活，形成向上的力量、向善的力量。"[①] 所不同的在于，中华民族现代文明所需要的思想道德与中华传统文明所拥有的思想道德在形式和内容上都会存在巨大差异。

建设中华民族现代文明，思想道德建设主要涉及三个维度。

首先，应该弘扬中华传统美德，以中华传统道德精神涵养中

---

① 习近平关于社会主义精神文明建设论述摘编 [M]. 北京：中央文献出版社，2022：180.

华民族的现代文明意识。中华传统美德是中华传统文化和中华传统文明的精华，也是中华传统道德精神的精华。它滋养了中国传统社会的中华民族，也能够为当代中华民族建设现代文明提供滋养。中华民族在传统社会形成了尊天法地、道法自然、自强不息、厚德载物、勤俭节约、孝老爱亲、与人为善、家国同构、开放包容、团结奋斗、与时俱进、守正创新、戒骄戒躁等传统美德。这些传统美德形成于历史之中，但具有超越历史的价值。建设中华民族现代文明，应该将它们吸纳为重要内容，使之成为中华文明新形态的题中之义。

其次，应该弘扬社会主义核心价值观，以当代中国价值观念进一步丰富中华民族精神。当代中国价值观念就是中国特色社会主义价值观念，其核心是社会主义核心价值观。建设中华民族现代文明，应该充分发挥社会主义核心价值观的价值引领作用。习近平说："要把社会主义核心价值观的要求融入各种精神文明创建活动之中，吸引群众广泛参与，推动人们在为家庭谋幸福、为他人送温暖、为社会作贡献的过程中提高精神境界、培育文明风尚。要利用各种时机和场合，形成有利于培育和弘扬社会主义核心价值观的生活情景和社会氛围，使核心价值观的影响像空气一样无所不在、无时不有。"①社会主义核心价值观是当代中华民族的大德，是社会主义中国的国德，应该在中国社会广泛提倡和弘扬，以使之成为中华民族建设现代文明的核心价值取向和核心价值导向。

最后，应该加强公民道德建设，以培育社会公德、职业道德、家庭美德和个人品德提高全民族思想道德水平。公民的思想道德

① 习近平关于社会主义精神文明建设论述摘编 [M]. 北京：中央文献出版社，2022：102.

素质是衡量一个国家、一个社会整体文明程度的重要指标。建设中华民族现代文明，应该大力推进公民道德建设，培育适合中华民族现代文明要求的社会公德、职业道德、家庭美德和个人品德。中华民族致力于建设现代文明的根本目的是要将社会主义中国建设成为一个全民族思想道德优良的现代国家。在这样的国家里，人人都能够高度自觉地遵守社会公德、职业道德、家庭美德和个人品德，整个社会具有热爱道德、尊重道德、维护道德、践行道德的良好风气，讲道德的人能够得到广泛价值认同，不讲道德的人会遭到社会唾弃。

第三，着力整治文化领域的乱象。

建设中华民族现代文明的前提是必须建设中国特色社会主义文化。所谓“中国特色社会主义现代文化”，就是具有中国特色的中华民族现代文化。它是中华民族在中国式现代化过程中充分吸收古今中外的文化成果创造的社会主义文化新形态。

中国特色社会主义文化是孕育中华民族现代文明的温床。这一温床必须温度适中，才能孕育出健康的中华民族现代文明，否则，只能孕育出病态的中华民族现代文明，因此，着力整治文化领域的乱象是建设中华民族现代文明的内在需要。

我们在本章中列举我国文化领域目前存在的三种乱象，并就其整治对策提出一些建议。

一是原子化问题与对策。

改革开放之后，不少人试图从社会共同体和国家共同体中挣脱出去，渴望变成完全独立自主的社会生活主体，大肆推崇自由主义观念和生活方式，随意任性地张扬自己的欲望、愿望和理想，从而使当今中国社会呈现出原子化裂变特征，并导致“原子人”

的产生。

“原子人”拒斥中华道德文化传统，盲目推崇现代西方道德文化；以自我为中心，缺乏心系他人、心系社会、心系国家、心系世界的道德情怀；唯利是图，缺乏人之为人应有的精神超越性；自私自利，欠缺仁爱精神；道德责任感不强，道德责任担当能力有待提高。改革开放时代的到来客观上为我国社会原子化裂变提供了社会背景；思想解放极端化为我国社会原子化提供了主观条件；流动性不断增强的生存方式为我国社会原子化提供了肥沃土壤；道德失范现象严重为“原子人”在当今中国社会的生存提供了庇护所；西方自由主义道德价值观念入侵对我国社会原子化起到了推波助澜的作用。

“原子人”带给当今中国的不是增强社会向心力、凝聚力和创造力的道德福音，而是自由主义膨胀和社会分裂性加剧的巨大伦理风险。要解决当今中国社会的原子化问题，必须同时诉诸道德治理和制度约束两种手段。改造“原子人”的过程就是帮助他们解放自身的过程，其根本目的是要帮助他们重新变成作为“社会人”或“类存在物”存在的公民。

人类社会兼有外显性和内隐性。外显的社会通过具体的人、社会制度、经济建设成就等实在性内容得到体现，而内隐的社会表现为人类隐而不露的文化精神，因此，美国社会学家默顿将个人所处的特定社会环境在结构上划分为文化结构和社会结构。他说：“文化结构是指普遍适用于某一特定社会或群体之成员的指导行为的规范性价值标准。社会结构是指一整套把这一社会或群体之成员以各种各样的方式联系在一起的社会关系。”[①] 这两个结构体系相互关联、相互作用、相互影响，一方的变化必然影响另一方的存在状况，因此，一个社会的有序发展必须建立在两者实现良好结合的基础上。

每一场社会变革都意味着对一个社会的文化结构和社会结构进行调整或重建。在现实中，文化结构和社会结构都会对置身于其中的个人提出行为准则、价值认同等方面的要求，因此，它们之间很容易形成张力。一方面，文化结构可能提出与社会结构的需要不一致的行为准则、价值认同要求，其结果是导致社会结构要求的社会关系难以形成；另一方面，社会结构则可能歪曲文化价值标准，这会导致文化结构要求每一个人共同遵守的行为准则、共同具有的价值认同等难以到位。当文化结构所要求的行为准则、价值认同等与社会结构赋予个人的能力严重脱节时，社会就会出现群体性失范现象。因此，默顿强调，“失范被看作是文化结构的瓦解”[②]，而“失范概念指一个社会或群体中相对缺乏规范的状态”[③]。

“消除现实的危害，以便使之更宽松、更易于管理、更易于变化，这是现代精神的规定性特征。”[④] 改革开放四十多年，我国的文化结构和社会结构均发生了重大变化。特别是由于社会原子化裂变致使越来越多的个人从依附于社会或国家的传统社会结构中脱

---

① 默顿. 社会理论和社会结构 [M]. 唐少杰，齐心，等译. 南京：译林出版社，2008：260.

② 默顿. 社会理论和社会结构 [M]. 唐少杰，齐心，等译. 南京：译林出版社，2008：260.

③ 默顿. 社会理论和社会结构 [M]. 唐少杰，齐心，等译. 南京：译林出版社，2008：258.

④ 鲍曼. 被围困的社会 [M]. 郇建立，译. 南京：江苏人民出版社，2005：2.

落，我国的传统文化结构面临崩溃的危险。具体地说，当由市场经济体制主导的社会结构要求当今中国社会建构自由、平等、民主、开放、包容的人际关系时，如果我国的文化结构依然完全停留在坚持和维护中华传统价值观的层面，当今中国的文化结构与社会结构之间的关系就是脱节的，两者的结合就是困难的。因此，经过四十多年改革开放，当今中国必须完成的一个重大变革任务是必须进行社会重建。

社会重建是我国在全面深化改革和进一步推进开放过程中必须深入研究、着力完成的一个重大课题。社会原子化裂变问题的出现说明我国当前的文化结构和社会结构之间存在张力。“原子人”的不断增加极大地改变了我国的社会关系，其主要表现是人际关系的疏离和道德冷漠现象的加剧。如果不对我国的文化结构体系进行适当的调整或重建，当今中国社会就会缺乏必要的文化价值支撑。从这种意义上讲，当今中国社会的重建具有双重涵义：一方面，由社会主义市场经济体制主导的社会结构需要不断优化；另一方面，我国现有的文化结构也需要顺应中国社会结构发生重大转变的现实进行必要的变革。

变革我国现有文化结构的核心任务是必须建构能够代表主流和引领潮流的道德文化价值体系。它应该兼有传统性和现代性意涵，既是对中华传统道德文化进行创造性转化和创新性发展的结果，也是在构建现代性道德文化方面进行开拓创新的结果；既是坚守民族文化传统的产物，也是借鉴异质文明的产物。这种道德文化价值体系就是中国特色社会主义道德文化。它是由当代中国人在大力推进中国特色社会主义建设事业过程中形成的道德认知、道德情感、道德意志、道德信念、道德行为方式等综合而成的一个道德文化价值体系，体现中国特色社会主义的内在善性，反映当代中国人向善、求善和行善的集体意向性。

建构中国特色社会主义道德文化的当务之急是必须着力解决社会原子化裂变问题。从历史唯物论的角度来看，我国当前存在的社会原子化问题具有暂时性，因为“原子人”不可能长久地摆脱社会和国家的支配性或规定性影响。更准确地说，他们试图完全从个人与社会、国家的纽带关系中独立出去是一种不切实际的幻想而已。他们永远也不可能成为完全游离于社会和国家之外的原子。一旦重新认识到自身与社会、国家密不可分的关系，他们别无选择，只能重新回到后者的怀抱。不过，要将“原子人”重新拉回社会和国家的怀抱，我们需要同时采用消极和积极的方式。消极的方式是给他们时间，等待他们“浪子回头”。积极的方式是加强对当今中国社会的道德治理，同时强化对“原子人”的制度约束。

道德治理的要义是借助道德的社会治理功能来管理人。通过培养人的道德认知、道德情感、道德意志、道德信念和道德行为习惯，政府和国家可以将人变成有道德修养的人，从而使之能够自觉承担人之为人的道德责任，有能力维护必要的伦理秩序，为社会的有序发展做出应有的贡献。道德治理是社会治理的重要维度，但它本质上是非强制性的，并且只能在社会治理中发挥基础性作用。也就是说，道德治理的效力从根本上取决于个人道德修养状况的好坏。因此，如何提高个人道德修养是道德治理的关键，而要有效解决这一关键问题，只能诉诸行之有效的道德教育。

二是精神独立性缺失问题与对策。

一个人、一个民族不能没有精神独立性。我们可以从两个方面来深刻认识挺立中华民族精神独立性的重要性。

一方面，注重培育和挺立中华民族精神独立性是习近平新时代中国特色社会主义思想的重要内容和鲜明特色。

中华民族之所以能够创造赓续不断的中华文明，从根本上来说是因为我们具有伟大辉煌的独立精神。中国人民在中华大地上繁衍发展，形成和发展了具有中国特征、中国特色的思想理念、价值观念、理想信念，坚持以它们作为明辨是非、善恶、美丑的价值标准，从而彰显了中华民族的精神独立性。

习近平新时代中国特色社会主义思想之所以能够成为当代中国马克思主义、二十一世纪马克思主义以及中华文化和中国精神的时代精华，从根本上来说是因为它坚持挺立中华民族精神独立性。习近平坚持马克思主义基本原理同中国具体实际相结合、同中华优秀传统文化相结合，其思想核心是将精神独立性视为中华民族的根本、中国共产党的根本、中国特色社会主义的根本。习近平说："如果我们的人民不能坚持在我国大地上形成和发展起来的道德价值，而不加区分．盲目地成为西方道德价值的应声虫，那就真正要提出我们的国家和民族会不会失去自己的精神独立性的问题了。如果没有自己的精神独立性，那政治、思想、文化、制度等方面的独立性就会被釜底抽薪。"① 习近平大力推进中华优秀传统文化创造性转化和创新性发展、马克思主义中国化时代化大众化、国家治理体系和治理能力现代化，提出了一系列原创性的治国理政新理念新思想新战略，为创立习近平新时代中国特色社会主义思想做出主要贡献，为我们在新时代挺立中华民族精神独

① 习近平关于社会主义文化建设论述摘编 [M]. 北京：中央文献出版社，2017：139.

立性树立了典范。

另一方面，进行伟大斗争、建设伟大工程、推进伟大事业、实现伟大梦想需要大力倡导中华民族精神独立性。

精神独立性是中华民族行稳致远的根本。中华民族经历过分分合合，在近代遭受过外国列强的轮番侵略，曾经一度陷入国家蒙辱、人民蒙难、文明蒙尘的空前大劫难，但由于始终坚持精神独立性，我们的根和魂并没有丧失，我们的民族精神并没有崩溃，我们的发展希望总是存在。

进行伟大斗争需要以中华民族精神独立性作为先决条件。实现中华民族伟大复兴，必须进行伟大斗争。对内，必须与企图削弱、歪曲、否定党的领导和社会主义制度的言行作斗争，必须与损害人民利益、脱离人民群众的行为作斗争，必须与鼓吹走封闭僵化的老路或改旗易帜的邪路的行为作斗争。对外，必须与冷战思维、逆全球化思潮、单边主义、民族利己主义、霸权主义作斗争，必须打赢核大战、贸易战、金融战、科技战、信息战、舆论战等各种战争。只有挺立中华民族精神独立性，我们才能在错综复杂的斗争中有智慧、有主见、有定力、有主动权。

建设伟大工程需要以中华民族精神独立性作为强大支撑。实现中华民族伟大复兴，需要推进党的建设新的伟大工程。推进党的建设，关键是要引导广大党员干部传承和弘扬中华民族精神独立性、牢记初心使命、敢于捍卫党的先进性和纯洁性、能够坚决抵制西化主义思潮，做忠诚、干净、担当的好党员、好干部。只有坚持挺立中华民族精神独立性，我们党才能永葆旺盛生命力和强大战斗力。

推进伟大事业需要以中华民族精神独立性作为有力保证。实现中华民族伟大复兴，必须推进中国特色社会主义伟大事业。要推进中国特色社会主义事业，必须形成具有中国特色的发展思维、发展思路、发展理念、发展战略、发展规划和发展实践，必须推动党员干部和人民群众自觉增强道路自信、理论自信、制度自信和文化自信。树立“四个自信”是当代中华民族具有精神独立性的集中体现。只有坚持挺立中华民族精神独立性，中国特色社会主义才能具有坚实的价值基础。

实现伟大梦想需要以中华民族精神独立性作为根本依托。实现中华民族伟大复兴是近代以来中华民族最伟大的梦想。要实现这一伟大梦想，必须复兴独立自主的伟大民族精神，必须坚持以史为鉴、不忘本来的思想传统，必须坚持不忘初心、牢记使命的责任意识，必须坚持马克思主义基本原理同中国具体实际相结合、同中华优秀传统文化相结合的历史经验，必须坚持将中国发展进步的命运牢牢掌握在自己手中的高度自觉。只有以中华民族精神独立性作为根本依托，实现中华民族伟大复兴的中国梦才能变成现实。

然而，当今中国存在比较严重的精神独立性缺失问题。具体地说，我国目前存在三种对中华民族精神独立性心存不满或“去中国化”的人群。一是对党和国家缺乏应有认同、盲目崇拜西方的无耻官员。有些领导干部表里不一、口是心非，表面上高喊忠诚于党、为人民服务、弘扬社会主义核心价值观、传承中华优秀传统文化等口号，暗地里却贩卖、推行西方价值观念，甘愿充当西方反华、制华、遏华的“内应”。二是对中华民族和中华文化缺乏基本认同的无良商人。有些商人满脑子装着西方价值观念，试图利用手中的资本力量掏空中国经济、搞垮中国经济，甘愿充当西方国家颠覆社会主义中国的“马前卒”。三是数典忘祖、心醉西方的反动文人。在当今中国，有一批公共知识分子“尊西人若帝天，视西籍如神圣”，言必称西方，以照搬西方学术思想、学术理论、学术话语体系和价值观念为荣，以传承中国学术思想、学术理论、学术话语体系和价值观念为耻，甘愿充当西方实施和平演变战略的“帮凶”。这三种人在当今中国为数不少，对中华民族精神独立性造成严重破坏和损害，应该引起高度警惕。

要建设中华民族现代文明，我国社会各界应该积极应对上述精神独立性缺失问题，探寻培育和挺立中华民族精神独立性的方法和路径。

首先，应该高度重视中华民族精神独立性问题。改革开放以后，我国人民参与社会建设、国家建设的积极性、能动性和创造性空前提高，整个社会呈现出欣欣向荣、生机勃勃的良好发展态势，但与此同时，我国也出现了历史虚无主义、西化主义等错误思潮此起彼伏的问题。这两种错误思潮相互勾连，在我国社会产生了不容忽视的负面影响。历史虚无主义以否定或虚无中华优秀传统文化、革命文化、社会主义先进文化为主要表现，其根本目的是要破坏中华民族代代相传的精神独立性。西化主义以推崇西方思想理论、价值观念和发展模式为主要形式，其根本目的也是要从根本上消解中华民族精神独立性。

其次，应该持续高扬中华民族精神独立性的内在价值。挺立中华民族精神独立性，不是要鼓吹狭隘的民族主义，也不是要推行民粹主义，更不是要搞单边主义、民族利己主义、霸权主义，而是要传承传播具有中国特征、中国特色的思想理念、价值观念、理想信念，是要弘扬中华民族以爱国主义为核心的民族精神、以改革创新为核心的时代精神，是要展现中华民族传承中华传统美德和弘扬社会主义核心价值观的能力，是要发扬中华民族推动构建人类命运共同体的国际伦理精神。

最后，应该构筑挺立中华民族精神独立性的防火墙。旗帜鲜明地倡导和坚持中国人民在中华大地上形成和发展的正确思想理念、价值观念、理想信念，弘扬中华传统美德和社会主义核心价值观，充分凸显中国价值、中国精神、中国品质引领中国特色社会主义建设事业和促进世界发展、人类文明进步的应有价值，构筑维护中华民族精神独立性的强大防护网。

三是我国乡村振兴面临的突出伦理问题与对策。

乡村振兴战略是以习近平同志为核心的党中央作出的重大战略部署。在这一重大战略引领下，我国乡村在精准扶贫、建设小康社会、发展乡村伦理文化等方面取得显著成效，但遇到的挑战和问题也不少。我们针对我国在乡村振兴过程中面临的五个突出伦理问题，从五个方面深入分析问题的复杂成因，并就问题解决提出五点建议。

中国乡村振兴目前面临五个突出伦理问题。

（1）乡村道德记忆淡化。道德记忆是人类记录和重现道德生活经历的能力。它既是人类道德生活的根本基础，也是人类道德生活的重要内容。没有道德记忆，人类道德生活既无法想象，也无法向前推进。在当今中国乡村，乡民对先辈道德生活经历的记忆淡忘甚至遗忘的问题日益突出，越来越多的乡民仅仅关心当下的道德生活，对先辈的道德生活缺乏了解和记忆，致使乡村道德生活缺乏必要的道德记忆基础。

（2）道德冷漠不断加剧。道德冷漠是现代社会的通病。人与人之间缺乏道德情感和道德关怀是道德冷漠的基本表现。在中国，道德冷漠现象首先出现在城市，主要表现为城市人口之间缺乏相互关心、相互关爱的现实，如今正在向乡村蔓延。邻里守望、邻里相助等传统美德在当今中国乡村呈现日渐淡化的趋势，乡民之间的交往、交流和相互关心、关爱日渐减少，乡民之间的道德隔阂呈不断加剧之势。

（3）道德代沟日益严重。道德代沟是人类社会从古至今一直存在的现象，意指不同代人在道德认知上存在差异性，其主要表现是不同代人具有差异悬殊的道德认知和道德价值理念。在当今中国乡村，这一问题正变得日益突出，其主要表现是乡村父母与子女之间的道德认知和道德价值理念普遍存在巨大差异，而弥补这种差异的可能性空间在不断缩小。

（4）道德生活庸俗化。人类道德生活可以很高雅，也可以很庸俗。在当今中国的很多乡村，村民的主要娱乐活动是赌博。每到晚上，乡民就聚集在一起打扑克、打麻将赌博，有些乡民甚至在大白天聚集赌博，不干农活。吸毒现象也常见于很多乡村，多见于青年中间，对中国乡村伦理文化产生巨大危害。道德生活庸俗化是当今中国乡村面临的突出伦理问题。

（5）道德生活意义感弱化。人类过道德生活的根本目的是要获取道德生活意义感，具体表现为人们在道德生活中所产生的光荣感、荣耀感和幸福感。在当今中国乡村，越来越多的人难以在道德生活中确立强烈的意义感，得过且过，甚至表现出严重的道德悲观主义态度。

中国乡村在振兴过程中面临突出伦理问题原因是多方面的。

缺乏道德记忆建构和传承机制是历史原因。中国乡村本来是道德记忆源远流长、博大精深、丰富多彩的地域，但由于缺乏完善的道德记忆建构和传承机制，道德记忆缺失的问题在当今中国乡村十分严重。中国乡村主要依靠乡俗、乡规、家风、家训等方式建构、传承道德记忆，但这些方式具有随意性、零散性特征，不能承担建构和传承中国乡村道德记忆的全部职能。由于缺乏完善的道德记忆建构和传承机制，中国乡村出现道德记忆淡化的问题就在所难免。

道德认知不到位是主观原因。在当今中国乡村，越来越多的人更多地关心如何挣钱的问题，很少有人关心如何提高人的道德素质、思想素质、精神品质等深层次问题。大部分村干部素质偏低，普遍不重视乡村道德建设和乡村伦理文化建设问题。道德认知不到位，不利于提高中国乡村道德生活水平，甚至将中国乡村道德生活不断拉向庸俗化的方向。

乡村巨变是客观原因。改革开放四十多年，中国乡村发生了天翻地覆的变化。最重要的在于，大部分乡村中青年离开乡村，涌入城市，变成了农民工，不仅导致了中国乡村严重空巢的问题，而且以前所未有的方式加剧了乡村的道德冲突。农民工在城市接触和接受了现代道德价值理念，回到乡村时，他们的现代道德价值理念与乡村的传统道德价值理念很容易形成冲突。另外，乡村青少年大量涌入城镇读书，也加剧了中国乡村的道德记忆淡化、道德代沟日益严重等问题。

乡村伦理文化建设滞后是根本原因。在当今中国乡村，伦理文化建设滞后于经济建设的问题非常明显。在推进乡村振兴过程中，我国社会各界更多地把注意力和精力放在精准扶贫和经济建设领域，很少关注和重视乡村伦理文化建设，造成了乡村伦理文化建设严重滞后于乡村经济建设的突出问题。如果乡村伦理文化建设不能及时跟上乡村经济建设的快速步伐，中国乡村出现道德记忆淡化、道德代沟日益严重、道德生活庸俗化等问题就不可避免。

乡村道德治理乏力是关键原因。乡村是中国社会最广阔的领域，乡村人口也是中国人口的主流。改革开放四十多年，我国社会治理、国家治理和道德治理的重心在城市，乡村处于被忽略的地位，这不仅使乡村在当今中国的社会治理、国家治理和道德治理格局中被边缘化，而且使中国乡村在发展过程中出现的突出伦理问题无法得到及时、有效解决。

建设中华民族现代文明，不能让广大农村成为落后领域。要解决中国乡村振兴中的突出伦理问题，我们可以从五个方面予以应对。

（1）转变理念，将中国发展重心从城市转向农村。在改革开放进程中，中国城市长期居于发展的中心地位，从国家改革开放政策中受益较多，而广大农村长期处于边缘地带，从国家改革开放政策中受益相对较少。经过四十多年改革开放，中国式现代化顺利推进，达到比较高级、成熟的阶段，中国的发展理念应该进行必要的调整，将发展重心从城市转向农村。农村是中国社会的根基，它的发展水平从根本上决定着中国社会的整体发展水平。如果农村长期落后于城市发展水平，中国式现代化就算不上真正成功。

（2）立足根本，把乡村伦理文化建设确定为中国乡村振兴战略的核心任务和根本使命。要振兴乡村，必须首先振兴乡村经济，但这并不意味着中国乡村必须始终聚焦于经济。中国乡村的根本是具有中国特色的乡村伦理文化精神。中国乡村可能是落后的，但只要自强不息、厚德载物、邻里守望、邻里相助、勤俭持家、遵循自然规律等传统美德依然在强有力地发挥作用，它就依然是强大的，就依然能够在中国社会发展进程中占据不容忽视的重要地位。要实现中国乡村振兴，必须从根本上振兴乡村伦理文化精神。

（3）聚焦重点，加强中国乡村道德治理。要振兴中国乡村，必须大力推进乡村道德治理。乡村道德治理是一项无比庞大的系统工程，应该充分调动广大乡村人口向善、求善、行善的能动性、积极性和创造性，应该充分利用中国乡村蕴藏的丰富道德记忆和伦理文化资源，应该广泛借鉴中国城市推进道德治理的成功经验，应该着力建构共商共建共治共享的道德治理体制，应该用全体人民共同富裕、全过程人民民主、以人民为中心的发展思想、维护社会公平正义、坚持和平发展、促进人与自然和谐共生、构建人类命运共同体等新时代中国道德价值理念教育广大乡村人口，应该致力于创造具有中国特色的乡村伦理文明模式。

（4）重视外援，不断增强乡村道德正能量。要用整体思维和系统观念推进中国乡村伦理文化振兴，既要鼓励和支持城市在岗党员干部到乡村任职，为乡村带去先进道德价值理念，又要鼓励和支持乡村干部进入大城市接受培训，使他们的伦理文化建设能力得到提升；既要鼓励和支持大学生到乡村求职就业，为乡村带去道德新风尚，又要为乡村干部深造学习提供条件，使他们有机会系统学习先进道德价值理念和伦理学理论；既要鼓励和支持城市退休人员回归乡村，为乡村伦理文化建设发挥余热，又要鼓励和支持外出务工人员回归乡村，使他们为传承和发展乡村伦理文化贡献力量。

（5）着眼长远，实施乡村伦理文化建设希望工程。加强中国共产党对乡村伦理文化建设的领导，充分发挥乡村党组织在乡村伦理文化建设中的组织、统筹作用；坚持以习近平新时代中国特色社会主义思想为指导，在中国乡村广泛宣传习近平总书记关于中国乡村伦理文化建设、乡村伦理文明建设的重要论述，致力于提高乡村人口的伦理认知能力和水平；提炼展示中国乡村伦理文明的精神标识和文化精髓，引导中国乡村人口增强道德生活光荣感、荣耀感和幸福感，从根本上提升其道德生活意义感；充分发挥村委会、村级党组织的道德教育职能，着力提高中国乡村人口的道德素质、思想素质和精神品质，以乡村人口高质量发展支撑中国式乡村现代化。

七、以“两个结合”塑造中华文明新优势

建设中华民族现代文明，既意味着要创造中华文明新形态，也意味着要塑造中华文明新优势。中华民族现代文明是中华文明演进发展所产生的最新形态，是具有新优势、新特色的人类文明新形态。

选择正确道路是建设中华民族现代文明的前提。建设中华民族现代文明，应该坚持马克思主义基本原理同中国具体实际相结合、同中华优秀传统文化相结合。“第一个结合”是中国共产党的一贯立场。“第二个结合”是以习近平同志为核心的党中央在探索中国特色社会主义道路中形成的新思想、新理论，是习近平新时代中国特色社会主义思想的重要内容和重大理论贡献，是中国人民建设中华民族现代文明的行动指南和必由之路。以“两个结合”塑造中华文明新优势，是我们建设中华民族现代文明的工作重点。对此，我们可以从以下几个方面加以认识和理解。

第一，“两个结合”是中国共产党在一百多年探索中找到的最大法宝。

近代危局将中华民族推到亡国灭种的边沿，迫使中华民族重

新思考民族发展大计、国家发展大计。面对近代危局，很多仁人志士为救亡图存殚精竭虑，但难有成效，未能如愿。中国共产党在中华大地上诞生具有里程碑意义，是惊天动地的大事，是中华民族摆脱近代危局的关键，但在早期发展中也犯过右倾主义、“左”倾主义错误，严重时，甚至造成了中国共产党濒临崩溃的危机。历史地看，直到中国共产党人最终找到“两个结合”的正确理念和发展路径，中国共产党才有能力带领中华民族实现伟大复兴。

中国共产党早在新民主主义革命时期就开始探索“两个结合”之道。俄国革命一声炮响，不仅催生了世界上第一个以马克思列宁主义作为指导思想的社会主义国家，而且极大地扩大了马克思列宁主义的世界影响。在俄国革命胜利的激励下，国际共产主义运动如火如荼地开展起来，一批中国先进知识分子开始在中国传播马克思列宁主义，并以马克思列宁主义作为指导思想创建了中国共产党。在马克思列宁主义传入我国之前，我国的很多知识分子已经在向西方资本主义国家学习，试图将中国引上资本主义发展轨道，其中以孙中山领导的辛亥革命最有代表意义，但他们的努力最终都以失败而告终。马克思列宁主义传入中国，不仅从根本上改变了中国近代革命的格局，而且从根本上改变了中国社会的局面、中华民族的命运以及中华文化、中华文明的发展方向。如何正确认识和处理马克思列宁主义与中国具体实际的关系问题、与中华文化的关系问题，第一次非常尖锐地呈现在中华民族尤其是中国共产党面前。

毛泽东很早就注意到了上述问题，并且提出了建设新民主主义文化和社会主义文化的思想观点。他指出：“新民主主义的文化是民族的。它是反对帝国主义压迫，主张中华民族的尊严和独立的。它是我们这个民族的，带有我们民族的特性。它同一切别的民族的社会主义文化和新民主主义文化相联合，建立互相吸收和互相发展的关系，共同形成世界的新文化；但是决不能和任何别的民族的帝国主义反动文化相联合，因为我们的文化是革命的民族文化。”[①] 毛泽东倡导的新民主主义文化和社会主义文化是马克思列宁主义思想同中国具体实际、同中华优秀传统文化相结合的文化。他说：“所谓‘全盘西化’的主张，乃是一种错误的观点。形式主义地吸收外国的东西，在中国过去是吃过大亏的。中国共产主义者对于马克思主义在中国的应用也是这样，必须将马克思主义的普遍真理和中国革命的具体实践完全地恰当地统一起来，就是说，和民族的特点相结合，经过一定的民族形式，才有用处，决不能主观地公式地应用它。公式的马克思主义者，只是对于马克思主义和中国革命开玩笑，在中国革命队伍中是没有他们的位置的。中国文化应有自己的形式，这就是民族形式。民族的形式，新民主主义的内容——这就是我们今天的新文化。”[②]

毛泽东是坚定的马克思主义者，但他并不否定中华传统文化的优秀成分。他明确指出：“中国现时的新政治新经济是从古代的旧政治旧经济发展而来的，中国现时的新文化也是从古代的旧文化发展而来，因此，我们必须尊重自己的历史，决不能割断历史。”[③] 他还特别强调：“我们信奉马克思主义是正确的思想方法，这并不意味着我们忽视中国文化遗产和非马克思主义的外国思想的价值。”[④] 虽然毛泽东没有正式提出“两个结合”，但是他的思想

---

① 毛泽东邓小平江泽民论社会主义道德建设 [M]. 北京：学习出版社，2001：54—55.
② 毛泽东邓小平江泽民论社会主义道德建设 [M]. 北京：学习出版社，2001：55—56.
③ 毛泽东邓小平江泽民论社会主义道德建设 [M]. 北京：学习出版社，2001：56.
④ 毛泽东邓小平江泽民论社会主义道德建设 [M]. 北京：学习出版社，2001：57.

显然蕴含了它们。

改革开放以后，我国面临的国内外形势非常复杂，如何正确认识和处理马克思主义基本原理与中国具体实际、与中华优秀传统文化的关系问题也更加突出地摆在了中华民族特别是中国共产党面前。如果不能对这两个问题作出明确解答，很多人必然陷入思想迷惑之中。邓小平指出："社会主义要赢得与资本主义相比较的优势，就必须大胆吸收和借鉴人类社会创造的一切文明成果，吸收和借鉴当今世界各国包括资本主义发达国家的一切反映现代社会化生产规律的先进经营方式、管理方法。"[①] 邓小平所说的"一切文明成果"，当然首先是指中华民族创造的中华文明。

"两个结合"是习近平总书记在庆祝中国共产党成立 100 周年大会上的讲话中正式提出的。习近平说："新的征程上，我们必须坚持马克思列宁主义、毛泽东思想、邓小平理论、'三个代表'重要思想、科学发展观，全面贯彻新时代中国特色社会主义思想，坚持把马克思主义基本原理同中国具体实际相结合、同中华优秀传统文化相结合，用马克思主义观察时代、把握时代、引领时代，继续发展当代中国马克思主义、21 世纪马克思主义！"[②]

"两个结合"是习近平新时代中国特色社会主义思想的一个重大理论贡献。它不仅继承和发展了中国共产党主要领导人对待马克思主义的一贯立场，而且更加突出了马克思主义必须与中华优秀传统文化相结合的思想。在"两个结合"出台之前，中国共产党一直高度重视如何把马克思主义基本原理同中国具体实际相结

① 毛泽东邓小平江泽民论社会主义道德建设 [M]. 北京：学习出版社，2001：63.

② 习近平. 在庆祝中国共产党成立 100 周年大会上的讲话 [M]. 北京：人民出版社，2021：13.

合、同中华优秀传统文化相结合的问题，但它的主要精力放在第一个结合上。习近平首次把第二个结合放在与第一个结合同等重要的位置来加以强调，说明以习近平同志为核心的党中央对马克思主义、中华优秀传统文化以及两者的关系的认识、理解和把握达到了新高度、新水平、新境界。

第二，“两个结合”是建设中华民族现代文明的必由之路。

建设中华民族现代文明是一项前所未有的巨大工程，既需要以马克思主义作为根本指导思想，也需要从博大精深的中华传统文化中汲取理论和实践智慧。没有马克思主义的指导，我们建设中华民族现代文明的进程完全可能迷失方向。马克思主义以历史唯物论和辩证唯物论作为理论依据，对文明的含义、内容、本质、特征、实践等问题作了深入系统的论述，建构了马克思主义文明观，能够为建设中华民族现代文明提供科学指导，应该受到当代中华民族的高度重视和广泛接受。中华优秀传统文化是中华民族的根和魂，是中华民族代代相传的精神血脉。没有中华优秀传统文化的滋养和支撑，中华民族就会沦为“无根的民族”和“没有精神血脉的民族”，并且会因此而面临一幕幕悲剧。中华传统文化是精华与糟粕的统一体，但只要我们能够以批判的态度看待它、对待它，吸收其精华，剔除其糟粕，我们就能够从它那里源源不断地获取强大的思想资源和精神动力。

“两个结合”是一个长期过程。习近平提出“两个结合”以后，有些学者错误地认为第一个结合早已经在新民主主义革命时期被毛泽东、朱德等老一辈革命家很好地解决，当今中国仅仅需要推进第二个结合。这种观点的错误之处在于，它将马克思主义基本原理同中国具体实际的结合看成了暂时的权宜之计，不需要长期坚持。殊不知，中国的实际情况一直在变化，当今中国的国情已经完全不同于新民主主义革命时期的国情，与改革开放前三十年的国情也迥然不同，认为不需要继续坚持马克思主义基本原理同中国具体实际相结合，这显然是站不住脚的观点，也从根本上违背了马克思主义思想和理论。我们认为，第一个结合永远在路上，永远没有完成时态；第二个结合还处于探索阶段，更应该大力推进。

党的十八大以来，以习近平同志为核心的党中央大力推进第二个结合，并且取得显著成效。在新民主主义革命时期，中国共产党和中华民族的主要任务是救亡图存，推翻帝国主义、封建主义和官僚资本主义三座大山，实现“站起来”奋斗目标。在社会主义革命和建设时期，中国共产党和中华民族的主要任务是消灭反革命势力和建构社会主义秩序，实现“社会安定”的奋斗目标。在改革开放和社会主义现代化建设时期，中国共产党和中华民族的主要任务是建构市场经济体制和推进经济建设，实现“富起来”奋斗目标。在中国特色社会主义新时代，中国共产党和中华民族的主要任务是进一步推进中国式现代化、建设社会主义现代化强国、完成中华民族伟大复兴大业，实现“强起来”奋斗目标。为了实现中国特色社会主义新时代的战略目标，党中央以更加坚定的决心大力推进“两个结合”。

中国特色社会主义新时代是中华民族推进社会主义建设事业的一个重要转折点。在中国特色社会主义新时代，中国人民既要在民族复兴之大局与世界百年未有之大变局相互激荡的复杂局面下继续推进改革开放和中国式现代化，又要致力于建设中华民族现代文明。建设中华民族现代文明，意味着中华文明必须实现从传统文明形态向现代文明形态的转型。在过去一百多年里，中国人民在中国共产党领导下大力推进马克思主义中国化时代化，极大改变了中华文明的存在格局和发展方向，极大提高了中华文明的现代化程度，但一直没有与中华优秀传统文化高度融合，两者相互分离、缺乏贯通的情况相当严重，这种局面既说明中华文明从传统形态向现代形态的转型还没有完成，也说明“两个结合”还处于进行时态。

建设中华民族现代文明，必须坚持以马克思主义作为指导思想，但如果马克思主义不能与中国具体实际、中华优秀传统文化紧密对接、深度结合，它就只能作为外来的思想和理论存在，对中华民族建设现代文明的历史进程的影响必然大打折扣。外来性很容易导致陌生性。如果中国人民总是将马克思主义当作外来的思想和理论，它的中国化时代化将永无止境。要建设中华民族现代文明，必须有效解决“两个结合”问题，推动马克思主义在新时代与中国具体实际、中华优秀传统文化实现无缝对接、完全融合。为了达到这一目的，应该尽快完成马克思主义中国化时代化进程。

第三，马克思主义基本原理同中华优秀传统文化相结合的内在机理是思维方式、思想理念、价值观念和理想信念的高度契合性。

马克思主义与中华优秀传统文化的相遇是彼此相向而行的必然结果。一方面，马克思主义是指导人类解放的科学理论，必须在世界范围内广泛传播才能发挥作用，它传入中国是必然的；另一方面，中华优秀传统文化是中华文化的精华，具有世界意义，它向世界传播也是必然的。相向而行是马克思主义与中华优秀传统文化相结合的前提。

马克思主义与中华优秀传统文化来源不同，在形式和内容上具有显著差异，但它们彼此之间也存在高度契合性。具体地说，它们在思维方式、思想理念、价值观念和理想信念上具有很高的相通性、一致性。

哲学是马克思主义和中华优秀传统文化的最重要结合点。马克思主义基本原理主要存在于马克思主义哲学之中，中华优秀传统文化则主要存在于中国传统哲学之中。马克思主义哲学与中国传统哲学在哲学思维上具有很强的相似性。例如，马克思主义哲学和中国传统哲学都注重研究人类思维规律，将其自身建立在思维规律基础上，倡导历史思维、逻辑思维、辩证思维、系统思维，要求人们用历史的、逻辑的、辩证的、系统的眼光看待一切事物。

马克思主义哲学与中国传统哲学在思想理念上具有高度契合性。例如，马克思主义哲学和中国儒家哲学都主张以哲学改变社会、改变世界、促进人的自由全面发展。另外，马克思主义哲学认为人的存在是个体性和社会性的统一，但它最终将人的本质归结为社会性，认为人归根到底是社会关系的产物。中国儒家哲学也总是将人视为家庭、民族、国家、天下之中的存在者，强调家庭意识、民族意识、国家意识和天下意识，要求人们积极承担齐家、治国、平天下的责任。在马克思主义哲学和中国儒家哲学中，人都不是孤立、孤独的个体，必须依附家庭、民族、国家和天下而存在才能彰显人之为人的意义。

马克思主义哲学与中国传统哲学在价值观念上具有高度契合性。例如，马克思主义伦理学和中国儒家伦理学都反对把道德视为一成不变的社会规范体系，认为道德规范会随着社会变迁而不断发展。另外，马克思主义伦理学坚决维护道德的人民性，主张维护人民的道德权利和伦理尊严，中国儒家伦理学则倡导民本思想，认为民为邦本，两者在道德价值观念上具有很强的一致性。

马克思主义哲学与中国传统哲学在理想信念上也具有高度契合性。例如，马克思主义哲学倡导社会主义信念、共产主义信念，这与中国儒家哲学追求天下大同的理想信念是相通的。另外，中国道家哲学倡导道法自然、天人合一的理想信念，与马克思主义哲学强调人类应该遵循自然规律、与自然同生共荣的理想信念高度一致。

第四，"两个结合"的最新成果是中国特色社会主义。

中国特色社会主义是"两个结合"的最新成果。它包括中国马克思主义、中国式现代化、中华民族现代文明等主要内容。

习近平新时代中国特色社会主义思想是马克思主义基本原理同中国具体实际相结合、同中华优秀传统文化相结合的伟大成果，是当代中国马克思主义、二十一世纪马克思主义，是中华文化和中国精神的时代精华。它的形成标志着"两个结合"在中国特色社会主义新时代达到新的历史高度，标志着中华民族建设现代文明获得了最直接、最强有力的指导思想。

中国式现代化是马克思主义现代化思想与中华优秀传统文化主张守正创新的思想相结合的重要成果，是具有中国特色的现代化模式。它的底色是中国特色，但它也具有人类现代化的一般特征。坚持中国共产党领导，坚持以马克思主义及其中国化理论成果为根本指导，坚持以人民为中心的发展思想，坚持以人口高质量发展支撑社会发展，坚持推进全体人民共同富裕，坚持物质文明与精神文明相协调，坚持维护人与自然和谐共生，坚持走和平发展道路等等，是中国式现代化的样本特征。

中华民族现代文明是马克思主义文明观与中华民族文明观进行深刻化学反应所产生的文明成果。中华民族建设现代文明，既不能仅仅依靠马克思主义文明观，也不能脱离中国具体实际和排斥中华民族文明观。不与新时代中国具体实际相结合的马克思主义是毛泽东所说的“公式的马克思主义”，完全可能患水土不服症，完全可能不符合中华民族建设现代文明的实际需要。不与中华民族文明观相结合的马克思主义文明观是陌生的思想和理论，既不能得到中国人民的高度认同，也不能以中国人民喜闻乐见的方式为建设中华民族现代文明提供思想和理论指导。

第五，坚持“两个结合”的根本目的是要引导中国人民形成正确文化立场。

坚持“两个结合”的根本目的是要引导中国人民形成两个正确文化立场，一个是中华文化立场，另一个是马克思主义立场。坚守中华文化立场，必须正确认识和处理马克思主义与中华文明、中华文化的关系问题。

中华文化立场与马克思主义立场，不是相互否定、相互排斥的关系，而是相互贯通、相辅相成的关系。在建设中华民族现代文明过程中，我们既不能以中华文化立场排斥马克思主义立场，也不能以马克思主义立场排斥中华文化立场，应该将两者融会贯通。

形成坚定不移的中华文化立场，中华民族才能不忘本来、以史为鉴。形成坚定不移的马克思主义立场，中华民族才能坚持中国共产党领导、坚持走社会主义道路、坚持以人民为中心的发展思想。

中华文化立场与马克思主义立场应该合而为一、融为一体。经过一百多年中国化时代化，特别是经过“两个结合”，马克思主义已经成为当代中国发展的根本指导思想，已经成为中华文明和中华文化的有机组成部分，已经成为中华文明的重要精神标识和文化精髓。把马克思主义确定为中华文明的重要精神标识和文化精髓，有助于提高马克思主义对中国人民的感召力、影响力和凝聚力，有助于推动中国人民树立以马克思主义为根本指导的中华文化立场。

总而言之，“两个结合”是中国共产党的两次伟大发现，是中国共产党的两次伟大思想解放，是中国共产党行稳致远和团结带领中国人民进行伟大斗争、建设伟大工程、推进伟大事业、实现伟大梦想的法宝。建设中华民族现代文明，既要坚持以马克思主义为指导，又要充分考虑当今中国的现实国情；既要重视凸显马克思主义基本原理的真理性和引导性，又要注重反映中华民族根深蒂固的文化传统。坚持“两个结合”，以马克思主义基本原理引导中华优秀传统文化实现创造性转化创新性发展，以中华优秀传统文化消解马克思主义的外来性和陌生性，使两者达到深度融合，是中国共产党领导中国人民建设中华民族现代文明和塑造中华文明新优势的必由之路、光明大道。

八、锚定中华民族现代文明建设的价值目标

中华民族现代文明具有丰富多彩的内容。深入发掘、诠释这些内容，既有助于推动人们更深地把握它的内涵要义和价值目标，也能够为人们推进它的建设实践提供理论启示。根据习近平总书记关于中国特色社会主义、中国式现代化、人类文明新形态、新时代文化建设等重要论题的论述，同时结合自身的认识和理解，我们将中华民族现代文明建设的内容和价值目标概括为八个主要方面。

一是以人的自由全面发展为根本宗旨的人口文明。马克思说："人就是人的世界，就是国家，社会。"[①] 中国是由中国人口组成的国家，中国社会是由中国人口构成的社会。人口问题本质上是人的生存和发展问题。在汉语中，"人口"一词由"人"和"口"两字合成，既喻指一人一张口，也喻指人的问题关键在于吃饭的问题。人生在世，必须吃饭，所以有"民以食为天"的俗语。可见，人口问题是关系中国人生存状况的重大问题，也是关系中国发展状况的重大问题。

① 马克思，恩格斯. 马克思恩格斯文集：第一卷 [M]. 北京：人民出版社，2009：3.

一个国家人口状况的好坏，不是以人口数量作为主要衡量指标，而是以人口质量作为根本衡量指标。中国自近代以来就一直是一个人口大国。当今中国的人口更是达到了 14 亿多。在如此巨大的人口规模上推进中国特色社会主义建设和中国式现代化，如何实现人的自由全面发展必然是首要问题。习近平总书记在党的十九大报告中指出："中国特色社会主义进入新时代，我国社会主要矛盾已经转化为人民日益增长的美好生活需要和不平衡不充分的发展之间的矛盾。"① 社会主要矛盾的变化，既要求我国着力解决发展不平衡不充分的问题，也要求我国重视解决人的自由全面发展问题。

通过持续高涨的经济发展，我国在推进中国特色社会主义和中国式现代化过程中解决了 14 亿多人的温饱问题，实现了全面建成小康社会的第一个百年奋斗目标，历史性地解决了绝对贫困问题，同时在提升人口素质方面取得显著成效，将中国人口文明提高到新高度，为推进世界人口文明发展做出巨大贡献。

中国特色社会主义和中国式现代化是在人口规模巨大的基础上向前推进的。习近平说："我国 14 亿人口要整体迈入现代化社会，其规模超过现有发达国家的总和，将彻底改写现代化的世界版图，在人类历史上是一件有深远影响的大事。"② 在不断推进中国特色社会主义和中国式现代化的过程中，党和政府科学把握人口发展规律，坚持实行优生优育政策，坚持人口与发展综合决策，坚持推进人口教育，坚持提高人口思想道德素质，实现了人口、经济和社会协调发展，在建构以人的自由全面发展为根本宗旨的

① 习近平. 习近平谈治国理政：第三卷 [M]. 北京：外文出版社，2020：9.
② 习近平. 习近平谈治国理政：第四卷 [M]. 北京：外文出版社，2022：123.

人口文明方面取得显著成效。致力于建构以人的自由全面发展为根本宗旨的人口文明，是中华民族现代文明的最基本内容。它体现了马克思主义对社会主义社会的定义："代替那存在着阶级和阶级对立的资产阶级旧社会的，将是这样一个联合体，在那里，每个人的自由发展是一切人的自由发展的条件。"①

二是以全体人民共同富裕为核心价值目标的物质文明。物质文明即经济文明。经济是中国特色社会主义和中国式现代化的基础，也是它们的重要内容。经济基础不坚实，中国特色社会主义大厦必然处于风雨飘摇之中，中国式现代化进程也不可能持久。中国特色社会主义和中国式现代化所依赖的经济基础，既不是以平均主义为核心价值目标的计划经济，也不是必然会导致贫富悬殊的资本主义私有制经济，而是以全体人民共同富裕为核心价值目标的中国特色社会主义公有制经济。

中国特色社会主义公有制经济不是为少数统治阶级谋取经济利益的经济模式，而是为人民大众谋取经济利益的经济模式。它坚持以生产资料公有制为主体，能够避免生产资料私有制必然导致的阶级压迫和阶级剥削。在中国特色社会主义公有制经济中，人民是生产资料的真正占有者，也是经济利益的真正享受者。中国特色社会主义公有制经济是能够让广大人民拥有强烈存在感、获得感和幸福感的经济模式。

中国特色社会主义公有制经济应该是人民经济模式。邓小平说："在改革中，我们始终坚持两条根本原则，一是以社会主义公有制经济为主体，一是共同富裕。"② 习近平说："共同富裕是社会

① 马克思，恩格斯. 马克思恩格斯文集：第二卷 [M]. 北京：人民出版社，2009：53.
② 邓小平. 邓小平文选：第三卷 [M]. 北京：人民出版社，1993：138.

主义的本质要求，是中国式现代化的重要特征。我们说的共同富裕是全体人民共同富裕，是人民群众物质生活和精神生活都富裕，不是少数人的富裕，也不是整齐划一的平均主义。”① 中国特色社会主义和中国式现代化坚持以实现全体人民共同富裕作为核心价值目标，创造了具有中国特色的物质文明或经济文明。

以全体人民共同富裕作为核心价值目标的物质文明是中国特色社会主义创造的社会主义经济文明新形态。它不仅体现了中国特色社会主义和中国式现代化的内在要求，而且彰显了社会主义经济相对于资本主义经济的比较优势。以全体人民共同富裕作为核心价值目标的物质文明，是中国特色社会主义和中国式现代化创造的人类文明新形态的重要内容。

三是以人民为中心的政治文明。中国人民是中国特色社会主义的创造者、建设者，是中国式现代化的参与者、推动者。没有中国人民，既不可能有中国特色社会主义和中国式现代化欣欣向荣的大好形势，也不可能有人类文明新形态的建构发展。中国人民是推进中国特色社会主义和中国式现代化的主力军，也是创造人类文明新形态的主力军。

中国人民是中国共产党的根基和血脉。没有中国人民，就没有中国共产党。中国共产党的所思所想、所作所为都应该体现为人民服务的根本宗旨。毛泽东说：“共产党就是要奋斗，就是要全心全意为人民服务，不要半心半意或者三分之二的心三分之二的意为人民服务。”② 邓小平说：“党的全部任务就是全心全意地为人民群众服务；党对于人民群众的领导作用，就是正确地给人民群

① 习近平. 习近平谈治国理政：第四卷 [M]. 北京：外文出版社，2022：142.
② 毛泽东邓小平江泽民论社会主义道德建设 [M]. 北京：学习出版社，2001：135.

众指出斗争的方向，帮助人民群众自己动手，争取和创造自己的幸福生活。”[①] 习近平说：“自成立以来，我们党团结带领人民进行革命、建设、改革，根本目的就是为了让人民过上好日子，无论面临多大挑战和压力，无论付出多大牺牲和代价，这一点都始终不渝、毫不动摇。”[②]

中国特色社会主义和中国式现代化倡导的政治模式是以人民为中心的社会主义政治。它是达到社会主义政治文明高度的政治，超越了专制政治的专制性，也超越了资本主义民主政治的虚伪性，集中体现了社会主义政治的人民性和合伦理性。

习近平说：“坚持以人民为中心的发展思想，体现了党的理想信念、性质宗旨、初心使命，也是对党的奋斗历程和实践经验的深刻总结。”[③] 如何对待人民是最大的政治，也是最重要的政治伦理价值理念。中国共产党依靠人民而诞生，依靠人民而发展，依靠人民而行稳致远，始终坚持人民至上、紧密依靠人民、不断造福人民的政治伦理原则，从而创造了以人民为中心的政治文明。

四是以社会主义核心价值观为价值引领的精神文明。邓小平同志说：“所谓精神文明，不但是指教育、科学、文化（这是完全必要的），而且是指共产主义的思想、理想、信念、道德、纪律，革命的立场和原则，人与人的同志式关系，等等。”[④] 可见，一个社会、一个国家的精神文明，是指它在建构人们的思想理念、价值观念、理想信念以及发展哲学社会科学、文学艺术、教育等方面所达到的水平。

---

① 毛泽东邓小平江泽民论社会主义道德建设 [M]. 北京：学习出版社，2001：135.
② 习近平. 习近平谈治国理政：第四卷 [M]. 北京：外文出版社，2022：53.
③ 习近平. 习近平谈治国理政：第四卷 [M]. 北京：外文出版社，2022：53.
④ 毛泽东邓小平江泽民论社会主义道德建设 [M]. 北京：学习出版社，2001：27.

在推进中国特色社会主义建设和中国式现代化过程中，中国共产党、中国人民、中华民族坚持以马克思主义为根本指导思想，坚持培育和弘扬社会主义核心价值观，坚持传承和弘扬中华优秀传统文化，坚持挺立中华民族精神独立性，坚持铸牢中华民族共同体意识，坚持建构中华民族共有精神家园，坚持弘扬历史自信、道路自信、理论自信、制度自信、文化自信、文明自信，坚持繁荣发展中国特色哲学社会科学，坚持建构中国自主的知识体系，坚持推进社会主义法治建设，坚持推动构建人类命运共同体，从而将社会主义精神文明建设提高到新高度。

社会主义核心价值观对社会主义精神文明发挥着价值引领作用。党的十八大提出关于社会主义核心价值观的“三个倡导”，这是一个具有重大历史意义的标志性事件，标志着中国特色社会主义建设从此有了非常明确的价值目标指向，标志着中国共产党、中国人民、中华民族对建设什么样的国家、建设什么样的社会、培养什么样的人等根本问题的认识、理解和把握达到了新水平。习近平说：“社会主义核心价值观是当代中国精神的集中体现，凝结着全体人民共同的价值追求。”[①] 社会主义核心价值观不仅决定着中华民族的民族精神和时代精神的发展方向，而且对中国特色社会主义建设事业、中国式现代化进程发挥着价值领航作用。它是当今中国推进社会主义精神文明建设的价值引导。

五是以物质文明与精神文明协调发展为主旨的社会文明。坚持物质文明和精神文明协调发展是中国共产党的一贯立场。邓小平指出：“我们要建设的社会主义国家，不但要有高度的物质文

---

① 习近平关于社会主义精神文明建设论述摘编 [M]. 北京：中央文献出版社，2022：122.

明，而且要有高度的精神文明。”[①] 中国共产党提倡的物质文明是指社会主义物质文明，即中国人民、中华民族在社会主义制度条件下进行物质生产所达到的能力和水平，集中表现为物质财富在社会主义中国所达到的丰富程度以及它在国民中间分配所达到的公正性程度。中国共产党所倡导的精神文明是指社会主义精神文明，即中国人民、中华民族在社会主义制度条件下进行精神生产所达到的能力和水平，集中表现为精神财富在社会主义中国所达到的丰富程度以及它在国民中间分配所达到的公正性程度。

中国特色社会主义进入新时代，党中央更加重视物质文明和精神文明的协调发展。习近平说：“只有物质文明建设和精神文明建设都搞好，国家物质力量和精神力量都增强，全国各族人民物质生活和精神生活都改善，中国特色社会主义事业才能顺利向前推进。”[②] 习近平反对片面追求物质文明的做法，认为物质文明和精神文明同时推进才能建设社会主义现代化强国。他说：“经济总量无论是世界第二还是世界第一，未必就能够巩固住我们的政权。经济发展了，但精神失落了，那国家能够称为强大吗？”[③]

建构物质文明和精神文明协调发展的社会文明是中国特色社会主义和中国式现代化的必然要求。社会主义中国不会采取西方资本主义国家片面强调物质文明的文明理念和做法，而是在推进社会文明建设方面坚持走自己的道路，即坚持走两个文明并驾齐驱的道路。社会主义社会必须是和谐社会，它的和谐必须建立在物质文明和精神文明协调发展的基础上。社会主义中国坚持中国

① 毛泽东邓小平江泽民论社会主义道德建设 [M]. 北京：学习出版社，2001：27.
② 习近平关于社会主义精神文明建设论述摘编 [M]. 北京：中央文献出版社，2022：17.
③ 习近平关于社会主义文化建设论述摘编 [M]. 北京：中央文献出版社，2017：4.

特色社会主义文明观，既不会以物质文明排斥精神文明，也不会以精神文明排斥物质文明，而是坚持同时推进物质文明和精神文明建设。

六是以风清气正为主流价值的网络文明。当代中国人民与世界人民一道步入了网络时代。网络时代的到来导致“网民”的产生，并且使网络生活方式成为一种时尚。网络生活方式的形成，既给中国人民带来了交流交往的便利，也使中国人民开始面对许多新问题。网络空间的虚拟性和隐秘性有助于保护人们的隐私权，但也为各种网络不道德行为提供了庇护。有些人利用网络空间传播虚假信息、黄色影像，甚至大搞网络诈骗，将网络空间弄得乌烟瘴气，给社会道德风气和精神文明造成严重破坏。加强网络空间治理是当今中国社会必须着力解决的一个突出问题，体现中国特色社会主义和中国式现代化的价值诉求。

网络空间不是法外空间，也不是不受道德规约的空间。习近平说：“网络空间同现实社会一样，既要提倡自由，也要保持秩序。自由是秩序的目的，秩序是自由的保障。”① 在网络时代，网民在网络空间发表见解、交流思想、张扬情感、表达意愿的权利应该受到充分尊重，但网民应该同时承担建构良好网络秩序的责任和义务。

党中央高度重视网络空间治理。习近平说：“网络空间是亿万民众共同的精神家园。网络空间天朗气清、生态良好，符合人民利益。网络空间乌烟瘴气、生态恶化，不符合人民利益。”② 为了营造天朗气清的网络空间，我国大力推进网络伦理和网络道德建设，

---

① 习近平关于社会主义文化建设论述摘编 [M]. 北京：中央文献出版社，2017：37.
② 习近平关于社会主义文化建设论述摘编 [M]. 北京：中央文献出版社，2017：50.

依法加强网络空间治理，加强网络内容建设、管理和监控，做好网络正面宣传工作，用社会主义核心价值观和人类优秀文明成果引导网络健康发展，大力培育积极健康、向上向善的网络文化，致力于建构风清气正的网络文明。

七是以人与自然和谐共生为价值指向的生态文明。中国特色社会主义建设和中国式现代化必须在人与自然的关系框架内推进，必须充分考虑自然界的承载能力，必须以可持续发展作为终极价值目标，必须走生态文明发展道路。生态文明发展道路是遵循生态伦理、合乎生态伦理的发展道路。

中国共产党团结带领中国人民、中华民族推进中国特色社会主义和中国式现代化，时刻面对着来自自然界的巨大压力，时刻面对着人与自然关系恶化可能导致的生态危机风险，必须理性应对才能化险为夷，必须彰显生态伦理智慧才能实现人与自然和谐共生。追求人与自然和谐共生是中国特色社会主义价值观念或当代中国价值观念的重要内容。在大力推进中国特色社会主义建设和中国式现代化过程中，中国共产党、中国人民、中华民族坚持弘扬生态伦理、生态道德，致力于实现人与自然和谐相处、同生共荣，从而创造出具有中国特色的生态文明。

习近平说："生态文明建设是关系中华民族永续发展的千年大计，必须站在人与自然和谐共生的高度来谋划经济社会发展。"[①] 在推进中国特色社会主义建设和中国式现代化过程中，中国共产党、中国人民、中华民族大力倡导绿色发展理念，实施生态文明发展战略，改变了资源高消耗、环境高污染的粗放型经济模式，转而

① 习近平．习近平谈治国理政：第四卷 [M]．北京：外文出版社，2022：355.

采取生态经济模式——环境友好型、资源节约型经济模式，致力于建设美丽中国，从而建构了人与自然和谐共生的生态文明。

八是以和平发展造福人类为旨归的世界文明。中国特色社会主义和中国式现代化不能脱离世界语境。世界百年未有之大变局加速演变，既给中国特色社会主义建设和中国式现代化进程带来巨大外部压力，也推动当代中华民族努力为人类文明进步做出更大贡献。

在当今世界，逆全球化思潮、民族中心主义、民族利己主义、单边主义、霸权主义甚嚣尘上，不仅给当代人类带来了严重灾难，而且给人类文明进步蒙上了巨大阴影。如何促进人类文明发展是当代人类面对的一大难题。它考验整个人类的智慧和能力。作为世界大家庭的一个重要成员，社会主义中国有责任为世界文明进步贡献力量，中国人民、中华民族有责任为世界文明发展贡献力量。

中国共产党、中国人民、中华民族能够为世界文明发展做出贡献的地方，主要是用自身的和平发展理念和和平发展模式为当今世界发展提供价值指引。在西方资本主义国家试图主导世界发展局面和文明话语权的情况下，要为世界文明进步做出贡献必定会遭遇重重阻力，但这不可能成为阻挡中国共产党、中国人民、中华民族砥砺前行的障碍。作为一个社会主义国家，中国既应该承担造福本国人民的道德责任，也应该承担造福世界人民的道德责任。

当今中国正在通过和平发展促进世界文明进步。习近平说："和平、和睦、和谐是中华民族 5000 多年来一直追求和传承的理念，中华民族的血液中没有侵略他人、称王称霸的基因。"[①] 在中国

① 习近平. 在庆祝中国共产党成立 100 周年大会上的讲话 [M]. 北京：人民出版社，2021：16.

特色社会主义新时代，中华民族坚定不移地谋求伟大复兴，同时始终不渝地坚持和平发展理念，关心人类前途命运，始终做世界和平的建设者、维护者和促进者，奋力推动构建人类命运共同体，致力于建构以和平发展造福人类为旨归的世界文明。

结语

传承发展中华文明应该坚守中华文化立场

传承发展中华文明，中华民族应该坚守中华文化立场。只有从中华文化立场出发，中华民族才能真正做好中华文明的传承发展工作。坚守中华文化立场，就是中华民族要具有传承发展中华文明的主体意识，充分发挥自身传承发展中华文明的主体作用，全面展现自身传承发展中华文明的独立自主性、能动创造性和高度自觉性。

一、坚守中华文化立场：一种新时代道德要求

习近平总书记在党的二十大报告中号召坚守中华文化立场，这主要是道德要求和政治要求，其要义是要求我国社会各界自觉热爱中华文化，自觉敬畏中华文化，自觉践行中华文化蕴含的正确思想理念、价值观念和理想信念，对中华文化形成正确的道德态度。

热爱中华文化就是珍爱中华民族在历史上创造和建构的文化传统。中华文化源远流长、博大精深，其内含的中华文明具有突出的连续性、创新性、统一性、包容性、和平性，是人类文化体系中的一道亮丽风景，是中华民族的精神血脉，是中华民族发展壮大不可或缺的强大精神支撑。它是一个由丰富多彩、精深厚重的思想理念、价值观念和理想信念构成的庞大精神体系。习近平说："中华文化源远流长，积淀着中华民族最深层的精神追求，代表着中华民族独特的精神标识，为中华民族生生不息、发展壮大提供了丰厚滋养。"[①] 源远流长、博大精深的中华文化是中华民族的根和魂。

---

① 习近平关于社会主义精神文明建设论述摘编 [M]. 北京：中央文献出版社，2022：212.

中华文化是在中华民族不断发展的历史中形成的，发展性是它的内在本性。习近平说："在五千多年文明发展中孕育的中华优秀传统文化，在党和人民伟大斗争中孕育的革命文化和社会主义先进文化，积淀着中华民族最深沉的精神追求，代表着中华民族独特的精神标识。"① 热爱中华文化，既要热爱源远流长的中华优秀传统文化，也要热爱中华民族在近现代创造的革命文化和社会主义先进文化。

敬畏中华文化就是对源远流长、博大精深的中华文化抱持应有的敬畏之心和敬畏之情。中华文化既是形而下的，也是形而上的；既是有形的，也是无形的；既是历史的，也是记忆的；既是现实的，也是理想的。它无时不在，无处不在，但它并不总是以直接的形式呈现出来。习近平说："每到重大历史关头，文化都能感国运之变化、立时代之潮头、发时代之先声，为亿万人民、为伟大祖国鼓与呼。"② 中华文化首先是因其历史悠久和隐而不显的特性而具有神圣性。

中华文化在外国人眼里也具有神圣性。在历史上，中华文化曾经被很多其他民族视为伟大而神圣的文化形态。通过古代丝绸之路传播到世界各地的中华文化曾经让沿途的人民惊叹、膜拜、神往。唐朝的时候，很多亚洲国家的人民以朝圣的心理来学习中华文化。习近平说："古往今来，中华民族之所以在世界有地位、有影响，不是靠穷兵黩武，不是靠对外扩张，而是靠中华文化的强大感召力和吸引力。"③ 中华文化不是宗教型文化，但它具有独特

---

① 习近平关于社会主义文化建设论述摘编 [M]. 北京：中央文献出版社，2017：15.
② 习近平关于社会主义文化建设论述摘编 [M]. 北京：中央文献出版社，2017：7.
③ 习近平关于社会主义文化建设论述摘编 [M]. 北京：中央文献出版社，2017：6.

的神韵和魅力，因而能够在人类文化世界占据极其重要的一席之地，向世界人民展现难以抗拒的感召力、吸引力和影响力。

对于中华民族而言，敬畏中华文化就是敬畏自身。无论其他民族如何看待我们，中华民族都具有敬畏自身的充分理由。其他民族可以说我们这也不行、那也不行，但我们创造了源远流长、赓续不断、精深厚重的中华文化。纵观人类发展史，古希腊文化曾经非常辉煌，但它随着古希腊的衰败而中断、分裂，其内含的人本主义文化精神在中世纪受到基督教文化的致命冲击而变得支离破碎，西方人曾经试图通过文艺复兴、宗教改革、思想启蒙等运动回归以人为本的文化格局，但所有的努力似乎都是以失败而告终。与西方文化不同，中华文化始终保持着以人为本的文化精神，始终以维护人的自由、幸福作为根本追求。单从它所彰显的连续性、连贯性、统一性而言，中华文化就是一种值得让全人类敬畏的伟大文化形态。作为中华文化的创造者、传承者和弘扬者，中华民族对中华文化怀有敬畏之心、敬畏之情更是理所当然。

中华文化是一种能够造福整个人类的伟大文化形态。梁漱溟曾经预言："世界未来文化就是中国文化的复兴，有似希腊文化在近世的复兴那样。"[①] 中华文化不仅源远流长，而且无比伟大。它总是在引导着中华民族注重自身的精神修炼、道德修养、文明涵养，同时又总是关注、关心着整个人类的福祉。这在儒家思想中得到了最为集中的体现。受到儒家思想的指引，中华民族总是首先重视修炼自己的身心，尔后尽力去承担齐家、治国、平天下的责任。受到中华文化精神的熏陶，中华民族的心里装着自己，也装着整

① 梁漱溟. 东西文化及其哲学 [M]. 北京：商务印书馆，2010：220.

个人类。中华文化是一种具有博大胸怀、情怀的文化形态。它本身的伟大是成就其神圣性的根本原因。

中华民族对中华文化立场的坚守，既体现在我们对中华文化的坚定信念中，也体现在我们践行中华文化精神的行为中。坚持知行合一、言行一致是中华民族的传统美德。我们不仅知道自己创造的中华文化蕴含哪些正确思想理念、价值观念和理想信念，而且懂得践行它们的重要意义和价值。孔子认为，“言忠信，行笃敬”[①]。强调道德知识与道德行为相统一、道德语言与道德行为相统一，既是儒家伦理思想传统的重要内容，也是中华伦理文化传统的重要内容。

热爱中华文化是中华民族的优良传统，践行中华文化蕴含的正确思想理念、价值观念和理想信念也是中华民族的优良传统。中华文化的正确思想理念、价值观念和理想信念主要蕴含在中国哲学家的伦理思想中。中国哲学家反对知行不一、言行不一的做法。孔子说：“巧言令色，鲜矣仁！”[②]其意指，花言巧语、容色伪善的人很少真正有仁德。儒家哲学家普遍倡导人本主义伦理观，坚持以德为本的伦理思想传统，要求人们以德立身、以德立国、以德立世，崇尚以德治国、以德治世的方略，对中华民族的思想理念、价值观念和理想信念产生了深刻影响。道家哲学家也强调道德的重要性，并且要求人们重视修炼自己的德性。老子说：“修之于身，其德乃真；修之于家，其德乃余；修之于乡，其德乃长；修之于邦，其德乃丰；修之于天下，其德乃普。”[③]老子信奉自然主义道德观，

① 论语 大学 中庸 [M]. 陈晓芬，徐儒宗，译注. 北京：中华书局，2015：185.
② 论语 大学 中庸 [M]. 陈晓芬，徐儒宗，译注. 北京：中华书局，2015：8.
③ 老子 [M]. 饶尚宽，译注. 北京：中华书局，2006：130.

主张道法自然，倡导修炼“纯真的道德”“充裕的道德”“长久的道德”“丰硕的道德”和“普遍的道德”。中华民族践行的很多正确思想理念、价值观念和理想信念来源于儒家和道家哲学家。

习近平提出坚守中华文化立场的道德要求，既强调了中华文化对中华民族的极端重要性，又揭示了中华民族正确看待和对待中华文化的伦理意义。中华民族如何看待和对待中华文化的问题，表面上彰显的是中华民族与中华文化的关系问题，实质上体现的是中华民族与自身的伦理关系问题。中华民族是中华文化的创造者、继承者、传承者和弘扬者，是中华文化的主体，因此，热爱中华文化，敬畏中华文化，就是热爱、敬畏我们自身；践行中华文化蕴含的正确思想理念、价值观念和理想信念，就是将我们自己的思想立场、价值立场和信念立场转化为实践。

坚守中华文化立场是中华民族自立、自强、自信的根本表现，尤其是中华民族具有历史自信、文化自信、文明自信的集中体现。从广义的层面来看，中华民族所创造的历史、所走的社会发展道路、所信奉的理论、所设计的制度体系都属于文化的范围。中华民族在历史中诞生，在历史中发展，在历史中塑造自己的精神。我们在历史中所创造的一切都被深深地打上了中华文化的烙印。习近平说：“我们的同胞无论生活在哪里，身上都有鲜明的中华文化烙印，中华文化是中华儿女共同的精神基因。”[①] 坚守中华文化立场，就是要始终守护中华儿女共同的精神基因，就是要始终坚持守护中华儿女共同的精神血脉，就是要始终坚持守护中华儿女共同的精神家园，这是全体中华儿女的共同道德责任。

---

① 习近平关于社会主义精神文明建设论述摘编 [M]. 北京：中央文献出版社，2022：217.

二、坚守中华文化立场的伦理背景

人类社会发生的一切都是历史发展的产物。社会流变到一定的历史方位，属于该历史方位的事情就必然会发生。这就是社会发展规律。社会发展规律决定着人类社会演进、变迁的历史轨迹。马克思指出："历史的每一阶段都遇到一定的物质结果，一定的生产力总和，人对自然以及个人之间历史地形成的关系，都遇到前一代传给后一代的大量生产力、资金和环境，尽管一方面这些生产力、资金和环境为新的一代所改变，但另一方面，它们也预先规定新的一代本身的生活条件，使它得到一定的发展和具有特殊的性质。"[①] 历史只不过是人类社会发展阶段不断接替的结果。每一个社会发展阶段都是历史的，也都是现实的，因此，在研究人类社会所发生的事情时，我们必须深度关注它们的历史背景、时代背景。

深入领会习近平关于坚守中华文化立场的重要论述，我们不能不研究当今中国所处的历史方位和时代坐标。无论历史如何演

---

① 马克思，恩格斯. 马克思恩格斯文集：第一卷 [M]. 北京：人民出版社，2009：544—545.

进，中国都是世界中的中国，世界也都是离不开中国的世界。中华民族对中华文化立场的坚守问题，既是一个中国问题，也是一个世界问题。对此，当代中华民族应该有清醒、深刻的认识。

当代中华民族当前面对的国际伦理大背景是：我们奋力实现伟大复兴的伦理价值诉求与以美国为首的西方资本主义国家维护其文化霸权的伦理价值诉求形成了尖锐冲突；在应对这种伦理冲突的过程中，以习近平同志为核心的党中央既坚守中华文化立场、坚持中国价值，同时提出了构建人类命运共同体的中国方案，呼吁世界各国共同弘扬和平、发展、公平、正义、民主、自由的全人类共同价值，但这并不能从根本上化解中西之间的伦理价值冲突；以美国为首的西方资本主义阵营近些年不断强化对中国的遏制，这至少证明了中西伦理价值冲突的严峻事实。社会主义中国与西方资本主义国家之间的冲突固然涉及经济、政治、军事、文化等诸多领域，但伦理价值冲突是基本层面的，应该受到高度重视。

美国主导的伦理价值体系，实质上就是美国伦理价值体系，其核心是实用主义伦理观，其要义是强调道德信念的有用性，但美国人在应用实用主义伦理观的过程中将其庸俗化，将其变成一种以追求实利为根本价值目标的伦理观，以为其侵略性、掠夺性政治行为、经济行为和军事行为提供伦理辩护。冷战结束以后，美国一超独大，英国、法国、德国等资本主义国家对其唯命是从、少有反抗，普遍走上了美国化发展道路，致使美国实用主义伦理观在西方资本主义国家中广泛传播，成为西方资本主义伦理观的“主流”。

美国实用主义伦理观在后冷战时代的国际应用是失败的。在后冷战时代，美国试图凭借其“世界霸主”地位对发展中国家和其他发达国家进行全面严密控制，妄图将整个世界纳入其霸权主义统治逻辑，但它的实用主义目的并没有完全达到。在欧盟无力反美、俄罗斯反美乏力的国际背景下，美国将中国视为最大挑战，不断炮制“中国威胁论”，企图抢占国际道德高地，但美国在与日益强大的中国进行对峙和博弈的过程中并没有获得道德优势；相反，由于奉行“美国优先”“美国独尊”等实用主义伦理观，美国并没有在世界范围内赢得广泛的道德尊重，其国家道德形象更是江河日下。

美国在道德影响力方面呈现的颓势，既宣告了西方资本主义伦理价值体系的失效，也再次将整个世界置于伦理价值选择的十字路口。在西方资本主义伦理价值体系无法引领人类文明发展方向的情况下，世界各国应该何去何从？显而易见，如果沿袭美国主导世界的老路，世界将陷入永无休止的对立和冲突，甚至完全可能陷入万劫不复的毁灭深渊。在此背景下，世界各国都应该思考世界发展前途和人类命运问题，而不是随波逐流。作为当今世界最大的发展中国家和社会主义国家，中国也承担着为世界和人类谋未来、谋前途的重大道德责任。

立足于西方资本主义伦理价值体系严重失效的世界现实之上，中国应该用自身的正确伦理价值体系引领世界发展和人类文明进步的方向。中华民族在历史上创造了源远流长、博大精深的中华伦理文化和中华伦理文明。中华伦理文化和中华伦理文明不仅造福于中华民族本身，而且造福于整个人类。习近平总书记曾经指出：“中华传统美德是中华文化精髓，也受到国际社会推崇和称赞。”[①] 事实上，中华优秀传统文化蕴含的很多思想理念、价值观

① 习近平关于社会主义文化建设论述摘编 [M]. 北京：中央文献出版社，2017：140.

念、理想信念，不仅对于中华民族来说具有永不褪色的价值，而且对于整个人类来说具有借鉴价值。当西方资本主义伦理价值体系无法引领世界发展和人类文明进步方向时，中华文化和中华文明应该挺身而出，发挥应有的价值引领作用。

当代中华民族应该对中华文化和中华文明抱持强烈的自信，但事实并非完全如此。在四十多年改革开放过程中，不少中国人在中华文化立场上出现了偏差，这主要表现在六个方面。

一是失忆忘本。我国社会各界目前存在不少文化虚无主义者。他们片面强调文化的现代性，盲目追求现代文化，淡忘甚至遗忘中华优秀传统文化，数典忘祖，忘记来路，不念根本。

二是价值中立。我国社会各界目前均有人鼓吹文化可有可无、文化无国界等错误观点，其实质是宣扬“去价值化”“去传统化”“去民族化”“去本土化”“去中国化”的文化立场观。

三是媚俗堕落。有些电视娱乐节目迎合低级趣味，缺乏高尚格调，对社会造成巨大负面影响；有些乡村不重视乡风建设，聚众赌博、吸毒等现象泛滥成灾；有些城市不抓社区文明建设，麻将馆在社区随处可见，赌博喧闹之声此起彼伏。

四是阳奉阴违。有些领导干部、学者、企业家和演艺人员知行不一、言行不一，知道什么是中华优秀传统文化、什么是马克思主义、什么是社会主义核心价值观，时时刻刻将它们挂在嘴巴上，暗地里却毫无顾忌地干着背弃它们的丑恶勾当。

五是萎靡躺平。精神萎靡不振是我国社会各界面临的严重问题。在当今中国，越来越多的人甘于躺平、甘于平庸：轻者不思进取、得过且过，不上学、不就业、不结婚、不交际；重者不明是非、不辨善恶、不分美丑，没有思想理念、没有价值观念、没有理想信念、没有文化立场。

六是失节叛变。有些领导干部、学者、企业家和演艺人员崇洋媚外，言必称外国，否定中华民族的文明基因和精神血脉，反对中国共产党领导和马克思主义指导，摈弃社会主义信念，甘愿做外国文化的“应声虫”“吹捧者”“追随者”和“袒护者”。

上述问题产生的原因很复杂，需要我们进行深刻的理性分析。对此，我们可以从六个方面加以认识。

文化自卑是历史原因。国家蒙辱、人民蒙难、文明蒙尘的近代危局致使很多中国人患上的文化自卑症至今没有从根本上治愈，仍然在当今中国社会蔓延传染，这是不少中国人当前难以树立坚定中华文化立场的历史根源。

认知不够是主观原因。在当今中国，越来越多的人仅仅怀着功利目的学习中华文化，学习表面化、肤浅化的问题非常突出；越来越多的人满足于从网络世界搜罗关于中华文化的碎片化知识，而不是通过认真的书本阅读获取关于中华文化的系统化知识。对中华文化认知不够，必定难以形成正确的中华文化立场。

生活压力大是客观原因。生活压力大是当今中国社会的突出问题。生育压力、住房压力、教育压力、就业压力、医疗压力等日益增大，将许多人推入躺平的深渊而不能自拔。这些躺平的人对中华文化立场问题漠不关心，甚至持强烈排斥态度。

文化建设滞后是根本原因。经过四十多年改革开放，我国跃居为世界第二大经济体，但文化建设并没有及时跟上，精神文明落后于物质文明的问题非常突出。习近平总书记曾经对此深表忧虑：“经济总量无论是世界第二还是世界第一，未必就能够巩固住我们的政权。经济发展了，但精神失落了，那国家能够称为强大吗？”[①] 文化建设滞后，难以推动人们形成与强大经济实力相匹配的中华文化立场。

外国文化入侵是外部原因。改革开放以后，西方文化、韩国文化、日本文化等外国文化对我国的渗透无孔不入，诱使不少中国人丧失中华文化立场。以美国为首的西方资本主义国家，对我国长期进行文化入侵，大肆收买我国政界、学术界、企业界、娱乐界人员，将难以计数的意志薄弱者引上了崇洋媚外甚至失节叛变的西化主义道路；韩国文化入侵将大量青少年带入盲目崇拜明星的陷阱；日本文化入侵导致“哈日”现象此起彼伏的恶果。

文化治理舍本求末是关键原因。培养中华文化立场是我国文化治理的根本。党中央高度重视文化治理，但社会各界在推进文化治理实践过程中普遍存在治标不治本的问题，重现象、不重根本，重形式、不重内涵，重声势、不重品质，重过场、不重效果，头痛医头，脚痛医脚，始终没有抓住培养中华文化立场这一根本。由于本末倒置、舍本求末，文化治理总是达不到理想的效果。

当今中国正处于中华民族伟大复兴之大局与世界百年未有之大变局加速激荡的复杂局面中。在这种复杂局面中，中华民族既要有战略定力，也要有世界眼光、国际视野。一方面，我们应该坚守中华文化立场，坚持自身在历史上形成的正确思想理念、价值观念和理想信念；另一方面，我们也应该心系世界、心系人类，为世界发展和人类文明进步积极贡献力量。

中华文化的强大感召力和影响力在哪里？它主要蕴藏于源远流长、博大精深的中华伦理文化和中华伦理文明之中，其精髓是

① 习近平关于社会主义文化建设论述摘编 [M]. 北京：中央文献出版社，2017：4.

中华民族代代相传的伦理思想和伦理精神。在五千多年文明发展史上，中华民族在传统社会形成了中华传统美德，在新民主主义革命时期形成了革命道德，在社会主义发展阶段形成了社会主义道德，它们是中华伦理文化和中华伦理文明的核心内容，也是中华民族在坚守中华文化立场过程中最应该坚持的价值。

当今世界是“单边主义、保护主义、霸凌行径愈演愈烈，治理赤字、信任赤字、发展赤字、和平赤字有增无减”[①]的世界。中华民族不谋求世界霸权，但应该承担推动世界和人类文明持续发展的国际道德责任。世界离不开中国，中国也离不开世界。世界动荡，中国不可能置身事外，更不可能独善其身。唯有坚守中华文化立场，关心世界发展和人类文明进步，以自己的正确思想理念、价值观念和理想信念影响和引领世界发展方向和人类文明进步，才能彰显其作为一个社会主义国家应有的国际道德责任担当精神。

① 习近平. 习近平谈治国理政：第四卷 [M]. 北京：外文出版社，2022：455.

三、坚守中华文化立场蕴含的主要道德要求

如果说坚守中华文化立场主要是一种道德要求，那么它蕴含哪些具体内容？我们可以不求面面俱到，重点关注以下三个主要内容。

第一，中华民族应该充分张扬自己的文化主体性。

坚守中华文化立场，首先涉及中华民族如何看待和对待自身文化主体性的问题。关于这一问题，我们可以借助马克思主义伦理观来加以解答。马克思主义伦理观认为："一切以往的道德论归根到底都是当时的社会经济状况的产物。"[①] 根据马克思主义伦理观，道德生活世界不存在凌驾于历史和民族差别之上的不变的道德法则，不同民族拥有不同的善恶观念，因为"善恶观念从一个民族到另一个民族、从一个时代到另一个时代变更得这样厉害，以致它们常常是互相直接矛盾的"[②]。这不仅意味着不同民族具有不同的道德主体性，而且意味着不同民族拥有不同的文化主体性。伦理道德既是民族文化的基础性内容，也是民族文化最重要的内

① 马克思，恩格斯. 马克思恩格斯文集：第九卷 [M]. 北京：人民出版社，2009：99.
② 马克思，恩格斯. 马克思恩格斯文集：第九卷 [M]. 北京：人民出版社，2009：98.

容。人们谈论民族文化时，往往是围绕伦理道德问题展开的。

中华文化的主体是中华民族。中华民族是中华文化的创造者、建设者、继承者和弘扬者。中华文化之所以能够实现从无到有、从低级到高级的发展，这与中华民族的主体作用直接相关。中华民族立足于中华大地，依托中国社会不断演进的历史背景，在创造社会生产力的过程中同时创造了辉煌、伟大的中华文化。中华文化的不断发展，既彰显了中华民族的文化创造力，也证明了中华民族的文化主体地位。只有中华民族才能创造出具有自身特色的中华文化。中华文化属于整个人类，但它毕竟首先属于中华民族。

坚守中华文化立场，首先意指对中华民族有权尊重和维护自身作为中华文化主体的身份。当代美国哲学家科斯嘉德认为，人类是理性动物，我们有能力根据实践理性尤其是道德原则选择行为，因此，我们是自己成为主体的原因。[①]根据这一观点，中华民族能够成为中华文化的主体，其原因恰恰就在于我们自身。也就是说，创造中华文化的行为完全是由我们自己独立自主完成的。中华民族尊重和捍卫自身创造中华文化的主体性，既具有事实性意义，也具有价值性意义。从事实性意义来说，它说明中华民族事实上充当了中华文化的创造主体。从价值性意义来说，它说明中华民族创造中华文化的行为具有道德正当性，因为它完全基于自身的理性选择和自由意志。中华民族坚守中华文化立场的前提是，必须承认和肯定自身创造中华文化的主体地位和作用。

世界上的所有民族都是自己的民族文化的创造主体，也都应该充分张扬各自的文化主体性。中华民族也不例外。我们对中华

① KORSGAARD C M. The Constitution of Agency: Essays on Practical Reason and Moral Psychology [M].New York: Oxford University Press. 2008: 1.

文化立场的坚守不是盲目的，而是具有明确的价值取向。这种价值取向建立在中华民族对中华文化的价值认识、价值判断和价值选择基础上，反映中华民族坚守中华文化立场的意向性和目的性。一方面，中华民族对中华文化立场的坚守总是指向一定的对象，这就是中华文化；另一方面，中华民族对中华文化立场的坚守总是以实现一定的价值目标为目的，那些价值目标主要表现为中华文化内含的价值追求。这两个方面既存在区别，又具有可贯通性。中华民族在坚守中华文化立场的内容时，实际上就是在坚守中华文化内含的正确思想理念、价值观念和理想信念。

中华民族坚守中华文化立场的价值目标本质上是伦理价值目标。无论是从理论层面还是从实践层面来说，中华民族坚守中华文化立场的行为从根本上来说属于伦理行为的范围。从理论上来看，中华民族坚守中华文化立场的行为至少可以从道义论伦理学的角度加以解释。中华文化是中华民族的根和魂，坚守中华文化立场体现中华民族对自身的根和魂的传承和弘扬，具有坚实的道德合理性基础和不容置疑的正当性，应该受到伦理上的充分肯定。习近平总书记说："历史和现实都表明，一个抛弃了或者背叛了自己历史文化的民族，不仅不可能发展起来，而且很可能上演一场历史悲剧。"① 坚守中华文化立场是中华民族的共同道德责任。从实践上来看，人类社会经过长期发展，迄今为止还没有形成一种完善的文化形态，各种文化形态之间的争鸣和博弈在当今时代依然严重存在，在此背景下，中华民族坚守自己的文化，即坚守中华文化立场，在伦理上是可以得到辩护的。中华文化本质上是伦理

① 习近平关于社会主义文化建设论述摘编 [M]. 北京：中央文献出版社，2017：12.

型文化，它内含大量具有普遍性价值的伦理思想和道德价值观念，既应该被中华民族代代相传，也应该在世界范围内推广和传播。

中华文化是由中华民族独立自主创造、以中华伦理文明为主导、具有中国特色的一种文化形态。它在人类文化体系中占据着不容忽视的重要地位，其价值集中体现在它的伦理文明维度。中华伦理文明是中华文化的精华，凝聚着中华民族最深层、最厚重、最有价值的伦理思想、伦理精神和伦理智慧，是中华文明最耀眼的精神标识和最重要的文化精髓。对于中华民族来说，坚守中华文化立场，实质上就是坚持弘扬中华民族在发展历史上形成的正确伦理思想、伟大伦理精神和卓越伦理智慧，就是传承和发扬别具一格、独具特色的中华伦理文明。

第二，中华民族应该坚决挺立自己的精神独立性。

如果说中华民族应该尊重和维护自己的文化主体性，那么，我们尊重和维护自身的精神独立性在道德上也是理所当然的，因为我们的文化主体性恰恰是通过自己的精神独立性得到集中体现的。我们是中华文化的主体，并且是具有精神独立性的主体，因此，我们才有能力创造出无比辉煌、无比伟大的中华文化。精神独立性是我们作为中华文化之主体的主体性的核心。

所谓“精神独立性”，是指个人和集体在精神上是自由的，能够独立自主地进行思维活动、思想活动、意志活动、情感活动、信念活动、言语活动和记忆活动；或者说，在进行思维活动、思想活动、意志活动、情感活动、信念活动、言语活动和记忆活动时，我们拥有充分的、完全的意向性、能动性、创造性、目的性，不会受到任何外来因素的干扰和影响。

无论是以个体的形式存在，还是以集体的形式存在，人类都是生命实存与精神实存的统一体。作为生命实存，人类是一种活生生的生物，我们的生物性从根本上决定着我们的整体存在。作为精神实存，我们能够意识到、认识到自身的存在，并且能够将自身与其他存在者区别开来。正是从这种意义来说，雅斯贝斯指出："人是精神，人之作为人的状况乃是一种精神状况。"① 作为"精神状况"存在的人类，"不仅生存着，而且知道自己生存着。他以充分的意识研究他的世界，并改变它以符合自己的目的。"② 人类个体如此，人类集体也如此。习近平说："人无精神则不立，国无精神则不强。"③ 其道理也在于此。

精神独立性是个人和集体的根本，应该受到道德上的充分尊重和维护。习近平说："如果没有自己的精神独立性，那政治、思想、文化、制度等方面的独立性就会被釜底抽薪。"④ 对于中华民族来说，最重要的是应该拥有独立自主的道德价值观念。习近平说："一个民族、一个人能不能把握自己，很大程度上取决于道德价值。如果我们的人民不能坚持在我国大地上形成和发展起来的道德价值，而不加区分、盲目地成为西方道德价值的应声虫，那就真正要提出我们的国家和民族会不会失去自己的精神独立性的问题了。"⑤

坚守中华文化立场，中华民族应该理直气壮地尊重和维护自己的精神独立性，尤其是应该大义凛然地尊重和维护自己的道德价值观念。习近平说："中华民族在长期实践中培育和形成了独特

① 雅斯贝斯. 时代的精神状况 [M]. 王德峰，译. 上海：上海译文出版社，2008：导言 3.
② 雅斯贝斯. 时代的精神状况 [M]. 王德峰，译. 上海：上海译文出版社，2008：导言 3.
③ 习近平关于社会主义文化建设论述摘编 [M]. 北京：中央文献出版社，2017：13.
④ 习近平关于社会主义文化建设论述摘编 [M]. 北京：中央文献出版社，2017：139.
⑤ 习近平关于社会主义文化建设论述摘编 [M]. 北京：中央文献出版社，2017：139.

的思想理念和道德规范，有崇仁爱、重民本、守诚信、讲辩证、尚和合、求大同等思想，有自强不息、敬业乐群、扶正扬善、扶危济困、见义勇为、孝老爱亲等传统美德。中华优秀传统文化中很多思想理念和道德规范，不论过去还是现在，都有其永不褪色的价值。”①

作为一个独立自主的伟大民族，中华民族应该坚决挺立自己的精神独立性。精神独立性是中华民族的根本，也是中华文化的灵魂。精神独立性还是中华民族行稳致远的根本。中华民族经历过分分合合，在近代遭受过外国列强的轮番侵略，曾经一度陷入国家蒙辱、人民蒙难、文明蒙尘的空前大劫难，但由于始终坚持精神独立性，我们的根本并没有丧失，我们的民族精神并没有崩溃，我们的发展希望总是存在。

第三，中华民族应该理直气壮展现自己的文化自信。

文化对于任何一个民族来说都具有根本意义。它不仅从根本上决定着一个民族的精神气质，而且从根本上决定着一个民族的命运和前途。文化是一个民族的根脉、魂脉和命脉。文化兴，则民族兴；文化弱，则民族弱。

中华文化是中华民族的根脉、魂脉和命脉。习近平说：“没有中华文化繁荣兴盛，就没有中华民族伟大复兴。”② 中华民族要伟大复兴，既需要强大的硬实力，也需要强大的文化软实力。没有强大的硬实力，中华民族跻身于世界民族之林的底气就不足；没有强大的文化软实力，中华民族参与世界竞争的勇气就不够。

坚守中华文化立场，需要克服文化自卑心理。中华民族是一

---

① 习近平关于社会主义文化建设论述摘编 [M]. 北京：中央文献出版社，2017：144.
② 习近平关于社会主义文化建设论述摘编 [M]. 北京：中央文献出版社，2017：7.

个富有文化创造力的伟大民族，创造的中华文化曾经在人类文化体系中占据极其重要的地位，曾经长期保持着高度的文化自信，但到了近代，外敌轮番入侵不仅打破了我们的国门、破坏了我们的山河，而且冲击了我们的文化，损害了我们的文化自信。面对近代危局，不少中国人开始怀疑和否定源远流长、博大精深的中华文化的价值，转而信奉外国文化特别是西方资本主义文化，显现出文化自卑的严重病症。

中国共产党在中华大地上的诞生和发展壮大，不仅仅从根本上改变了中国社会的发展方向，更重要的是重新激发和唤醒了中华民族的自信心。在中国共产党坚强领导下，中华民族实现了“站起来”和“富起来”奋斗目标，目前正朝着“强起来”奋斗目标奋勇前进。中华民族所追求的“强起来”奋斗目标，不仅仅是硬实力的强大，更多的是软实力的强大。

坚守中华文化立场，也需要克服文化自负心理。在改革开放、中国式现代化和中国特色社会主义建设事业成功推进的时代背景下，不少中国人产生了文化自负心理，将当今中国取得的所有成就简单地归因于中华文化，甚至完全归因于中华优秀传统文化。这种文化立场有利于提升中华民族的文化自信，但也具有不容忽视的危害性。一方面，它夸大了中华文化的作用，犯了文化至上主义错误；另一方面，它具有文化复古主义特征，企图将人们引上盲目推崇中国传统文化的错误轨道。实现中华民族伟大复兴，必定需要大力弘扬中华优秀传统文化，但这绝不意味着我们应该完全依靠中华优秀传统文化。中华优秀传统文化能够为中华民族推进中国式现代化、中国特色社会主义建设事业提供理论和实践启示，但这种“提供”毕竟是有限的。中华民族不能不传承中华优秀传统文化，但不能成为完全依靠中华优秀传统文化的“啃老族”。

坚守中华文化立场的核心要义是文化自信。对于中华民族来说，所谓“文化自信”，就是要对源远流长、博大精深的中华文化抱持高度肯定的态度，坚信它是中华民族的根脉、魂脉和命脉，笃信它是引导中华民族行稳致远的强大精神力量，相信它具有引领世界发展方向的能力。当代中华民族需要道路自信、理论自信和制度自信，更需要文化自信。习近平说：“文化自信，是更基础、更广泛、更深厚的自信。”[①]

中华民族的文化自信建立在自己的文化主体性和精神独立性基础之上。可以说，它是中华民族充分张扬文化主体性和坚决挺立精神独立性的内在要求和必然结果。中华民族的文化主体性和精神独立性一旦得到确立，我们必然会意气风发地步入文化自信的道路。理直气壮展现文化自信，既是中华民族坚守中华文化立场的道德要求，也是中华民族坚守中华文化立场应该实现的伦理价值目标、应该达到的道德生活境界。

---

① 习近平关于社会主义文化建设论述摘编 [M]. 北京：中央文献出版社，2017：13.

四、坚守中华文化立场的案例分析

探究中华文明的传承发展问题，仅仅将眼光聚焦于中华文化的整体是不够的，还应该关注和重视我国地方文化的发展状况。中华文化不是一个抽象概念，而是由各个地方的文化形态构成的一个有机统一体。每个地方的文化都为这个有机统一体的构成贡献了力量。正如我国学者姜义华所说："中华民族的形成与发展是历史的必然结果，中华各族群人民是中国历史的共同创造者。各族群人民为缔造中华国家与中华文明作出了他们各自独特的贡献，尽管这一进程并不都是和平，其中不乏许多战争、征服与屠戮，但都无损于他们在中国历史发展中的主体地位。"[①] 长期共同生活在中华大地上的各个民族都是中华文明的创造主体，都为中华文明的繁荣发展做出了杰出贡献。

黄河、长江是孕育中华文化和中华文明的母亲河，沿岸各省份都是中华文化和中华文明的重要发祥地。陈来认为，"以黄河流域和长江流域为中心，农业在华北和华中两个区域最先发展，成为中华文明的基础"，但总体来看，"中华文明的起源与形成是由

① 姜义华. 世界文明视阈下的中华文明 [M]. 上海：复旦大学出版社，2016：11.

多元的区系文明不断融合而成，其整合的模式是以中原华夏地区和华夏族的文明为核心，核心与周边互相吸收、互相融合而形成多元一体的文明格局”[①]。多元一体是中华文化的重要特征，也是中华文明的重要特征。

中华文化的根本特征是，它一直是以哲学思想作为主导的文化形态。严重依赖哲学，长期依赖哲学，坚持以哲学作为自己的指导和灵魂，这是中华文化不同于其他文化形态的根本之处，也是中华文化能够一直保持智慧性、稳健性的秘诀。

由哲学主导的中华文化格局形成于先秦时期。儒家、道家、墨家、法家等哲学流派在春秋战国时期相互争鸣，不仅使中国历史上出现了一次影响深远的文化思想高潮，而且从根本上确定了中华文化发展的基本格局，即由哲学主导的多元文化格局。

由于哲学在中华文化中占据着特别重要的主导地位，研究我国地方文化对中华文明的影响应该重点关注哲学在中华大地上的分布状况。如果说中国哲学在先秦时期是遍地开花、诸子百家争鸣的状况，那么它在先秦之后则演变为以某种哲学为主导的状况。秦朝片面推崇法家哲学，但这种局面并没有维持多久。董仲舒在汉武帝时期推行“罢黜百家，独尊儒术”的文化政策，试图将儒家哲学思想确定为中华文化的“正统”或“道统”。董仲舒发动的文化运动并没有从根本上消解道家、墨家、法家等其他哲学思想流派在中国社会的影响力，但它确实起到了凸显儒家哲学之社会地位的历史作用。从此以后，儒家哲学在中国封建社会一直居于最显赫的位置，堪称中华文化的“正统”或“道统”。

---

① 陈来. 中华文明的核心价值：国学流变与传统价值观 [M]. 北京：生活·读书·新知三联书店，2015：2.

儒家哲学对中国封建社会的影响最广泛，也最深刻。有学者指出：“儒家思想作为中国传统文化的主干，是博大精深的，它既涉及哲学、政治、文学、历史、教育和经济等各个文化领域，又是一个较为系统而严密的思想体系；它曾经既是中华民族的智慧的结晶，又在漫长的历史长河中深刻地影响着中国古代社会的发展。”① 总体来看，与道家哲学不同，儒家哲学总是以贴近生活现实的方式存在，其哲学话语和哲学思想总是充满着人文情怀，因而能够对中华民族施加最广泛、最强劲的影响。

真正的儒家哲学是一种鼓励人们积极入世、大胆作为、勇于担当责任的人本主义哲学。它既不像道家哲学那样侧重于强调个人精神自由，也不像佛家哲学那样要求人们坐忘、悟空，而是专注于引导人们过好现实生活，竭尽所能地承担不可推卸的人生责任，努力为建构理想的大同社会而不懈奋斗。正宗的儒家哲学是以要求人们珍惜现实生活、谋划现实生活、改造现实生活作为其核心思想和根本品格的。

朱熹来湖南岳麓书院讲授理学之前，儒家哲学主要在我国北方传播。两汉经学就是在北方盛行的儒家哲学。南宋孝宗乾道三年（公元 1167 年），应时任岳麓书院院长张栻的邀请，理学集大成者朱熹到岳麓书院讲授理学，与张栻进行了长达两个多月的学术研讨，吸引了全国各地的很多学者前往听讲和参与讨论，在当时引起轰动效应，为增强湖湘学派与闽学派之间的交流做出了重要贡献，为湖湘学派获得中华文化核心道统之一的社会地位发挥了重要作用。

---

① 唐凯麟，张怀承．成人与成圣：儒家伦理道德精粹 [M]．长沙：湖南大学出版社，1999：1.

乾隆八年（公元 1743 年），为表彰岳麓书院传播理学的功绩，乾隆皇帝给岳麓书院御赐牌匾，题字“道南正脉”。那次授匾不仅扩大了岳麓书院和湖湘学派的影响，而且肯定了岳麓书院和湖湘学派为传承发展儒家哲学思想所做的巨大贡献。时至今日，“道南正脉”的御赐牌匾依然悬挂在岳麓书院；岳麓书院因此而一直被视为湖湘文化的象征。

乾隆皇帝以“道南正脉”评价岳麓书院、湖湘学派和湖湘文化，并非言过其实。湖湘大地从古至今一直具有传承发展儒家哲学思想的传统。早在先秦时期，楚国屈原写出著名诗句“路漫漫其修远兮，吾将上下而求索”，就充分展现了儒家要求人们积极生活、积极作为、积极承担责任的哲学思想；他后来因为楚国亡国而投汨罗江的壮举更是展现了儒家所崇尚的“杀身成仁”精神。北宋范仲淹的名句“先天下之忧而忧，后天下之乐而乐”，可谓淋漓尽致地体现了儒家要求人们以天下为公、公而忘私的道德价值观念。

湖湘文化作为中华文化核心道统之一的事实在近代得到更加鲜明的体现。众所周知，中华文明曾经在近代陷入难以为继的严重危机。外国列强的轮番入侵，导致完整统一的中国面临分崩离析的危险，导致中华民族面临沦为亡国奴的危险，导致中华文明面临断裂的危险。近代危局将中华民族推入水深火热的深渊，更重要的是严重动摇了中华民族曾经长期保持的文化自信和文明自信。面对近代危局，中华民族群情激愤，许多仁人志士挺身而出，决心为挽救国家、民族和中华文明抛头颅、洒热血。值得注意的是，在近代危局中，受到湖湘文化熏陶的湖南人表现得非常优秀。

湖南人是戊戌变法运动的主要参与者。在戊戌变法运动中，来自全国各地的“戊戌六君子”谭嗣同、康广仁、林旭、杨深秀、杨锐、刘光第在北京惨遭清政府杀害。“戊戌六君子”尤其是谭嗣同之死极大震撼了中华儿女，极大激发了中华民族的忧患意识和爱国意识。湖南人谭嗣同入狱时写下了“我自横刀向天笑，去留肝胆两昆仑”的悲壮诗句，其死无比悲壮，其死也无比光荣，其死给中华儿女留下了难以抹去的创伤记忆。

湖南人是辛亥革命的骨干力量。在孙中山领导的辛亥革命中，宋教仁、蒋翊武、黄兴、蔡锷、谭人凤、刘复基等重要骨干来自湖南。他们深受儒家伦理思想影响，满怀爱国、爱民族的高尚道德情感，在国家和民族危难之时挺身而出，不怕牺牲，敢于杀身成仁，为辛亥革命做出巨大贡献，为推翻中国封建专制制度做出巨大牺牲。蒋翊武、黄兴、蔡锷等人的忠骨埋葬在岳麓山上，其革命壮举广泛受到中华儿女敬仰。

湖南人是新民主主义革命的中坚力量。蔡和森最先提出创建中国共产党的大胆想法，并且与他的妻子向警予一起将年轻生命献给了中国共产党的伟大事业。长沙的缪伯英是中国共产党的第一个女党员。她参加过李大钊先生组建的北京共产主义小组，遵照党组织指示积极投身于群众运动，在白色恐怖的上海做党的地下工作，居无定所，食不定时，最终积劳成疾，1929 年 10 月在上海病死时年仅 30 岁。在新民主主义革命时期，不仅有蔡和森、向警予、杨开慧、缪伯英等难以计数的湘籍革命烈士，而且有毛泽东、刘少奇、彭德怀、贺龙、滕代远等无产阶级革命家。湖南人为新民主主义革命胜利做出了不容否认的重大贡献。

湖南人之所以能够在近代为挽救国家、民族和中华文明做出巨大贡献，这与他们受到湖湘文化的熏陶直接相关。湖湘文化是地方性文化形态，但它又具有超越地方性文化形态的能力。我们甚至可以视之为中华文化的缩影，因为它蕴含中华文化的所有突出特性。

第一，湖湘文化在弘扬儒家哲学思想方面具有突出的连续性。在中国传统社会，湖湘文化以弘扬儒家哲学思想作为“道统”。湖湘大地培养的屈原、周敦颐、王船山、魏源等都是儒家哲学家。屈原将积极入世的儒家哲学思想融入其文学作品和人生哲学，其身上具有儒家所推崇的仁人志士的气节，其死具有杀身成仁的鲜明特征。湖南道县人周敦颐是北宋道学和宋明理学的开创者，著有《太极图说》《通书》和《爱莲说》等传世之作，提出无极、太极、阴阳、五行、动静、主静、无欲、至诚等概念，以“诚”来诠释“道”的核心要义，认为天之道、人之道、天人合一之道的共同特性是“诚”，建构以“诚”作为中心思想的天道本体论和人性本体论，对儒家哲学在宋明时期的发展做出重要贡献。湖南衡阳人王船山是明清之际的著名哲学家，著有《周易外传》《读通鉴论》等名作，主张积极入世的儒家哲学思想，反对禁欲主义，批判程朱理学宣扬的“存天理，灭人欲”思想，倡导平天下和均天下、一般原理存在于具体事物等哲学观点，其“所有思想努力是致力于儒学正统的重建，从思想文化上端正中华文化的生命方向”[①]。湖南隆回县人魏源是近代中国“睁眼看世界”的首批知识分子的代表，倡导“经世致用”的儒家哲学思想，积极主张变法改革，提出“师夷长技以制夷”的观点，呼吁学习西方先进技术。这些湘籍哲学家坚持弘扬儒家哲学思想，坚决维护儒家哲学思想

---

① 陈来. 诠释与重建：王船山的哲学精神 [M]. 北京：北京大学出版社，2004：18.

在中华文化中的正统地位。

第二，湖湘文化坚持守正创新的学术原则，具有突出的学术创新性。湖湘大地不仅是毛泽东思想的策源地，而且具有守正创新的优良学术传统。毛泽东思想是以马克思主义为指导而形成的第一个中国化马克思主义思想体系，也是中华文明极其重要的精神标识和文化精髓。毛泽东思想包括坚持马克思主义基本原理与中国具体实际相结合、实事求是、以人民为中心、全心全意为人民服务、集体主义等重要内容，是中华民族取得新民主主义革命胜利和进行新中国建设的指导思想。屈原、周敦颐、王船山、魏源等都是坚持守正创新原则的思想大师。屈原将儒家哲学思想融入其中的《离骚》是内含守正创新精神的伟大诗篇。周敦颐开启北宋道学的先河，并被公认为宋明理学的开山鼻祖。王船山将古今中外的哲学思想集于一身，同时大胆开拓创新，成就一家之言，上承儒家思想道统，下启集大成且具有国际影响的船山思想，为推动湖湘文化和中华文化走向世界做出杰出贡献。魏源睁眼看世界，主张学习西方先进技术，但始终坚持中体西用的原则，并没有身陷崇洋媚外的陷阱。

第三，湖湘文化强调实事求是、学以致用、经世致用，在思想追求上具有突出的统一性。湖湘学者人数众多，但在思想建构方面追求统一性的倾向十分明显。从屈原到周敦颐，从王船山到魏源，再到毛泽东，绝大多数湖湘思想家具有实事求是、求真务实的思想品格，具有修身养性、齐家治国平天下的道德情怀，具有学以致用、经世致用的实践精神。他们饱读诗书、博览群书、知识渊博，但他们都不是“两耳不闻窗外事”的学者。他们以天下为公，以百姓心为心，关心国家和民族的命运和前途，心系天下百姓，先天下之忧而忧，后天下之乐而乐，展现了湖南人忧国忧民的思想品格和道德情怀。

第四，湖湘文化自成体系，而又不封闭自守，具有突出的开放性、包容性。湖南地处我国中部，但它从来不以地域来限制自己的文化品位、文化品格和文化格局。魏源身处湖湘大地，但他是近代中国最早睁眼看世界的知识分子代表。蔡和森、毛泽东、向警予、杨开慧等人是我国较早接触和接受马克思主义的知识分子。蔡和森很年轻的时候就结识了北京大学校长蔡元培和新文化运动的领袖李大钊，并且曾经赴法国勤工俭学。提出创建中国共产党的倡议更是彰显了他作为中国先进知识分子的宽广视野和远见卓识。毛泽东没有像蔡和森、周恩来、朱德、邓小平等人那样到外国勤工俭学，但他始终在关注世界发展局势，尤其是国际共产主义运动和中国社会发展的形势。没有立足湖南、面向全国和放眼世界的视野、胸怀，毛泽东不可能领衔创立毛泽东思想，更不可能成为无比伟大的无产阶级革命家。湖湘文化是守正创新的文化体系，也是独立自主的文化体系。湖湘学者具有相近的学术志趣，具有相近的学术思想，具有相近的学术理想，形成了既有范式特征又开放、包容的湖湘学派。

第五，湖湘文化坚守自立、自强和自信的价值理念，兼而倡导道法自然、自由洒脱、无私利他的生活方式，具有突出的和平性。湖湘大地山清水秀，物产丰富，是我国著名的鱼米之乡。南岳衡山是五岳之一，海拔1300多米，以回雁峰为首，以岳麓山为尾，共72峰，绵延800多里，将儒家、道家、佛家文化汇聚一体，彰显出自然风光与人文精神完美融合的江南胜景。洞庭湖早在春秋战国时期就因湖中心的“洞庭山”（君山）而得名。它地处湖南岳阳，湖盆铺展达800多公里，又称“八百里洞庭”，北边吸纳松滋、太平、藕池、调弦等长江四地来水，南边和西边接纳湘、资、沅、澧四大河流来水以及汨罗江等小河支流，于岳阳市城陵矶汇入长江，气势磅礴，彰显出包容天下、有容乃大的恢弘气势。湖湘大地、三湘四水养育的湖南人主要具有南岳衡山坚韧挺拔、自强不息、厚德载物、勇于担当的品格，兼有洞庭湖海纳百川、以柔为美、自由奔放、从容自如的精神。湖南人善于打仗，能够打仗，但从来不好战。毛泽东所说的“人不犯我，我不犯人；人若犯我，我必犯人”的军事观点集中体现了湖南人的战争观。

湖湘大地人杰地灵，是中华优秀传统文化、革命文化和社会主义先进文化的汇聚地，因而能够形成作为道南正脉的湖湘文化。湖湘文化以儒家文化为主，兼有道家文化和佛家文化的积极因素，同时对外国文化一直保持开放、包容、借鉴的态度，所以具有恢弘大气的气质。杨开慧的父亲、毛泽东的老师杨昌济堪称湖湘文化的象征。他是我国近代伦理学家、教育家，读过私塾，曾经求学于岳麓书院，深受儒家伦理思想影响，后又留学日本和英国，对日本伦理学和西方伦理学深有研究，著有《论语类钞》《杨昌济文集》等著作和译著《西洋伦理学史》，培养了毛泽东、蔡和森等优秀学生和优秀女儿杨开慧。杨昌济在学术上走的是贯通古今中外的道路，这也是大部分湖湘学者向往和追求的学术道路。

湖湘文化的精髓主要体现在四个方面：一是博采众长的开阔眼界。湖南人从不固步自封，喜欢学习，愿意学习一切有价值的知识、思想、理论和技术。二是实事求是的务实精神。湖南人为人耿直，求真务实，敢说真话，言行合一。三是守正创新的思想品格。湖南人在传统社会坚守儒家哲学思想这一道南正脉，在新中国坚持毛泽东思想、邓小平理论、“三个代表”重要思想、科学发展观、习近平新时代中国特色社会主义思想等为指导思想，反对历史虚无主义、文化虚无主义和西化主义，但也不乏思想创新、理论创新能力。四是敢作敢为的道德品质。湖南人坚持真理，勇于担当，具有迎接新挑战、积极作为和堪当大任的历史主动精神和无畏品格。

五、坚守中华文化立场的具体举措

中华文化是中华民族精神的结晶，是中华民族共同的精神血脉，是中华民族生生不息、发展壮大的强大支撑。在长期历史演进中，中华文化积淀了大量既具有历史价值又具有哲学价值的内容，它们具有永不褪色的价值。无论发展到何种程度、何种水平，中华民族都应该坚守中华文化立场。

坚守中华文化立场是中华民族一以贯之的优良传统。每一个民族都有自己的文化，也都有自己的文化立场。如何对待本民族的文化，这对于任何一个民族来说都是一个极其重要的伦理问题。中华民族历来强调“不忘本来”，认为不忘本来才能很好地立足现在和面向未来。中华民族的“本”是什么？它就是中华儿女共同创造、不断建构和传承发展的中华文化。

中华文化诞生于原始社会，经历了错综复杂的发展历程，形成了原始文化、中华优秀传统文化、革命文化、社会主义先进文化等形态，但无论如何演进和嬗变，中华文化始终保持着它的本质内涵和根本特征。中华文化以中华文明为内核，始终保持着突出的连续性、创新性、统一性、包容性、和平性，始终在人类文化体系中占据着重要而独特的地位。

中华文化本身是一种极具开放性、包容性的文化形态。历史地看，我国历来是多元文化资源融合发展的社会。早在先秦时期，我国就在文化领域出现了诸子百家争鸣的文化盛况。秦朝统一中国以后，中华文化的内部激荡和外部交流交相辉映、相得益彰，共同演奏出中华文化繁荣发展的交响乐章。改革开放以后，我国以空前开放、包容的姿态面对来自世界各国的异质文化，大胆吸收有利于自身发展的文化思想资源，创造了海纳百川的中国特色社会主义文化。

坚守中华文化立场是一项社会系统工程，要求全民族参与，还要求我们做好一些具体工作。这至少包括如下五个方面。

第一，积极构建文化认知体系，提高全社会对中华文化的整体认知水平。文化认知是文化立场得到确立的前提和基础。坚守中华文化立场，应该将弘扬中华文化纳入国家重大战略部署，引导全社会深刻认识中华文化的至关重要性；应该加强中华文化的理论研究，引导全社会深化对中华优秀传统文化、革命文化和社会主义先进文化的了解；应该提炼展示中华文明的精神标识和文化精髓，引导全社会深刻认识中华文化的独特神韵、突出特性和世界意义；应该加强中华文化教育，引导全社会形成弘扬中华文化的高度自觉。

第二，坚决守住文化主阵地，引导全社会捍卫中华文化的核心价值体系。坚定的文化立场必须依托坚不可摧的文化主阵地。坚守中华文化立场，应该坚持中国共产党对中华文化发展的领导地位，确保中华文化具有可靠的政治保证；应该坚持习近平文化思想对中华文化发展的根本指导，确保中华文化具有强大的思想引领；应该坚持中华优秀传统文化对中华文化的支撑作用，确保中华文化具有深厚的根脉支持；应该坚持社会主义核心价值观对中华文化发展的价值指引，确保中华文化具有正确价值导航。

第三，坚持守正创新的文化发展原则，不断创造中华文化新形态、新特色和新优势。发展是一切文化形态的共同本性。中华文化发展既需要守正，也需要创新。坚守中华文化立场，不仅应该传承弘扬中华优秀传统文化、革命文化和社会主义先进文化蕴含的思想智慧、理论智慧和实践智慧，而且应该在推进中国式现代化和中国特色社会主义的过程中不断创造中华文化新形态、新特色和新优势。中华文化不断形成新形态、新特色和新优势，有助于提升中国人民坚守中华文化立场的成就感、获得感和幸福感。

第四，杜绝文化宣传的形式主义，推动中华文化精神入脑入心。方法创新是文化宣传的关键，也是文化宣传的力量所在。宣传中华文化，应该各司其职、各尽其责，切忌片面追求形式、声势和过场的做法。政府管宏观，应该主要承担制定中华文化发展战略、规划、政策等职责，负责对中华文化发展定框架、定方向、定准则。企事业单位和社会组织管微观，应该主要承担贯彻落实国家文化发展战略、规划、政策等职责，负责中华文化发展的创新实践。宣传中华文化，应该以是否入脑入心作为成效评价的核心标准。

第五，筑牢文化安全防火墙，确保中华文化行稳致远。文化安全是最深层、最根本的安全。一个国家的文化大厦土崩瓦解，它的经济大厦和政治大厦必定会被釜底抽薪。破坏文化安全是西方资本主义国家颠覆他国政权的惯用伎俩。坚守中华文化立场，必须防范西方资本主义国家的“和平演变”和文化入侵，必须高度重视和有效防范政界、学术界、企业界和娱乐界人员西化变节给整个社会产生的严重示范性负面影响。增强网络安全意识，强化网络舆情监控，打造有利于中华文化传承发展、行稳致远的网络平台。

另外，倡导坚守中华文化立场，固然要求我们关注、重视、热爱中华文化，以之彰显我们对中华文化应该抱持的正确道德态度，但这绝不意味着我们应该成为狭隘的民族主义者。

我们既不能做唯我独尊的中华文化中心主义者，也不能做崇洋媚外的西方文化中心主义者。我们应该在正确认识中华文化的存在价值基础上，充分张扬自己的文化主体性，坚决挺立自己的精神独立性，理直气壮展现自己的文化自信，借助中华文化独一无二的理念、智慧、气度和神韵，不断增强作为中华儿女的自信心和自豪感，不断增强砥砺前行的精神力量。

坚守中华文化主场，不能排斥马克思主义的指导。经过100多年中国化时代化，马克思主义已经在中国深入人心，已经成为中华义明的重要精神标识和文化精髓。随着“两个结合”的不断推进，马克思主义基本原理与中国具体实际的融合、与中华优秀传统文化的融合必定更加紧密，马克思主义立场与中华文化立场也必定会融为一体。

参考文献

[1] 马克思，恩格斯. 马克思恩格斯文集：第一卷 [M]. 北京：人民出版社，2009.

[2] 马克思，恩格斯. 马克思恩格斯文集：第二卷 [M]. 北京：人民出版社，2009.

[3] 马克思，恩格斯. 马克思恩格斯文集：第四卷 [M]. 北京：人民出版社，2009.

[4] 马克思，恩格斯. 马克思恩格斯文集：第九卷 [M]. 北京：人民出版社，2009.

[5] 毛泽东. 毛泽东文集：第五卷 [M]. 北京：人民出版社，1996.

[6] 毛泽东. 毛泽东文集：第六卷 [M]. 北京：人民出版社，1999.

[7] 毛泽东邓小平江泽民论社会主义道德建设 [M]. 北京：学习出版社，2001.

[8] 邓小平. 邓小平文选：第三卷 [M]. 北京：人民出版社，1993.

[9] 胡锦涛. 科学发展观重要论述摘编 [M]. 北京：中央文献出版社，党建读物出版社，2008.

[10] 习近平. 习近平谈治国理政：第一卷 [M]. 北京：外文出版社，2018.

[11] 习近平. 习近平谈治国理政：第三卷 [M]. 北京：外文出版社，2020.

[12] 习近平. 习近平谈治国理政：第四卷 [M]. 北京：外文出版社，2022.

[13] 习近平. 论中国共产党历史 [M]. 北京：中央文献出版社，2021.

[14] 习近平. 决胜全面建成小康社会 夺取新时代中国特色社会主义伟大胜利：在中国共产党第十九次全国代表大会上的报告 [M]. 北京：人民出版社，2017.

[15] 习近平. 高举中国特色社会主义伟大旗帜 为全面建设社会主义现代化国家而团结奋斗：在中国共产党第二十次全国代表大会上的报告 [M]. 北京：人民出版社，2022.

[16] 习近平. 在庆祝中国共产党成立 100 周年大会上的讲话 [M]. 北京：人民出版社，2021.

[17] 习近平关于社会主义文化建设论述摘编 [M]. 北京：中央文献出版社，2017.

[18] 习近平关于社会主义精神文明建设论述摘编 [M]. 北京：中央文献出版社，2022.

［19］中共中央关于党的百年奋斗重大成就和历史经验的决议[M]. 北京：人民出版社，2021.

［20］周易 [M]. 杨天才，张善文，译注. 北京：中华书局，2011.

［21］论语 大学 中庸 [M]. 陈晓芬，徐儒宗，译注. 北京：中华书局，2015.

［22］孟子 [M]. 万丽华，蓝旭，译注. 北京：中华书局，2006.

［23］荀子 [M]. 安小兰，译注. 北京：中华书局，2016.

［24］墨子 [M]. 方勇，译注. 北京：中华书局，2015.

［25］老子 [M]. 饶尚宽，译注. 北京：中华书局，2006.

［26］庄子 [M]. 方勇，译注. 北京：中华书局，2015.

［27］韩非子 [M]. 高华平，王齐洲，张三夕，译注. 北京：中华书局，2015.

［28］三字经 百家姓 千字文 弟子规 千家诗 [M]. 李逸安，张立敏，译注. 北京：中华书局，2011.

［29］山海经 [M]. 方韬，译注. 北京：中华书局，2011.

［30］左传：中 [M]. 郭丹，程小青，李彬源，译注. 北京：中华书局，2012.

［31］礼记 孝经 [M]. 胡平生，陈美兰，译注. 北京：中华书局，2016.

［32］礼记译解 [M]. 王文锦，译解. 北京：中华书局，2016.

［33］孙子兵法 [M]. 陈曦，译注. 北京：中华书局，2011.

［34］贞观政要 [M]. 骈宇骞，译注. 北京：中华书局，2016.

［35］文心雕龙 [M]. 王志彬，译注. 北京：中华书局，2012.

［36］司马迁. 史记 [M]. 陈曦，王珏，王晓东，等译. 北京：中华书局，2019.

[37] 司马光. 资治通鉴：一 [M]. 长沙：岳麓书社，1990.

[38] 王守仁. 王阳明全集：上 [M]. 北京：中央编译出版社，2014.

[39] 李索. 左传正宗 [M]. 北京：华夏出版社，2011.

[40] 冯友兰. 中国哲学简史 [M]. 北京：北京大学出版社，1996.

[41] 梁漱溟. 东西文化及其哲学 [M]. 北京：商务印书馆，2010.

[42] 梁漱溟. 中国文化要义 [M]. 北京：商务印书馆，2021.

[43] 钱穆. 中国历史精神 [M]. 贵阳：贵州人民出版社，2019.

[44] 陈来. 诠释与重建：王船山的哲学精神 [M]. 北京：北京大学出版社，2004.

[45] 陈来. 中华文明的核心价值：国学流变与传统价值观 [M]. 北京：生活·读书·新知三联书店，2015.

[46] 姜义华. 世界文明视阈下的中华文明 [M]. 上海：复旦大学出版社，2016.

[47] 唐凯麟，张怀承. 成人与成圣：儒家伦理道德精粹 [M]. 长沙：湖南大学出版社，1999.

[48] 袁珂. 中国神话传说 [M]. 北京：北京联合出版公司，2016.

[49] 袁行霈，严文明，张传玺，等. 中华文明史：第一卷 [M]. 北京：北京大学出版社，2006.

[50] 北京大学中文系现代汉语教研室. 现代汉语 [M]. 增订本. 北京：商务印书馆，2012.

[51] 韦冬，王小锡. 马克思主义经典作家论道德 [M]. 北京：中国人民大学出版社，2017.

[52] 西方哲学原著选读：上卷 [M]. 北京大学哲学系外国哲学史教研室，编译. 北京：商务印书馆，2012.

[53] 亚里士多德选集：伦理学卷 [M]. 苗力田，编. 北京：中国人民大学出版社，1999.

[54] 弗洛伊德. 文明及其缺憾 [M]. 车文博，主编. 北京：九州出版社，2014.

[55] 维特根斯坦. 逻辑哲学论 [M]. 贺绍甲，译. 北京：商务印书馆，1996.

[56] 雅斯贝斯. 时代的精神状况 [M]. 王德峰，译. 上海：上海译文出版社，2008.

[57] 康德. 道德形而上学基础 [M]. 孙少伟，译. 北京：九州出版社，2007.

[58] 麦克卢汉. 理解媒介：论人的延伸 [M]. 何道宽，译. 南京：译林出版社，2011.

[59] 沃德，杜博斯. 只有一个地球：对一个小小行星的关怀和维护 [M].《国外公害丛书》编委会，译. 长春：吉林人民出版社，1997.

[60] 阿皮亚. 认同伦理学 [M]. 张容南，译. 南京：译林出版社，2013.

[61] 默顿. 社会理论和社会结构 [M]. 唐少杰，齐心，等译. 南京：译林出版社，2008.

[62] 纳斯鲍姆. 寻求有尊严的生活：正义的能力理论 [M]. 田雷，译. 北京：中国人民大学出版社，2016.

[63] 亨廷顿. 文明的冲突与世界秩序的重建 [M]. 周琪，刘绯，张立平，等译. 北京：新华出版社，2010.

[64] 施拉姆. 毛泽东的思想 [M]. 插图本. 田松年，杨德，等

译. 北京：中国人民大学出版社，2005.

［65］罗素. 中国问题 [M]. 田瑞雪，译. 北京：中国画报出版社，2019.

［66］鲍曼. 被围困的社会 [M]. 郇建立，译. 南京：江苏人民出版社，2005.

［67］KORSGAARD C M. The Constitution of Agency：Essays on Practical Reason and Moral Psychology [M].New York：Oxford University Press. 2008.

后记

中华文明的传承发展问题，受到党中央高度重视，也是我国学术界目前关注的焦点。该问题之所以受到高度重视和广泛关注，是因为它事关中华民族的长远发展及其国际影响。在中华民族伟大复兴之大局与世界百年未有之大变局相互激荡的复杂背景下，中华文明以何种方式向前演进、发展自然是特别引人注目的重大事情。

中华文明是中华民族创造的伟大文明。中华民族以无比卓越的创造智慧和创造能力赋能中华文明，既为中国社会发展提供了强有力的精神支撑，也为世界发展和人类文明进步做出杰出贡献。中华民族的强大文化主体性是中华文明立得住、行得远的动力源泉。

中华文明是中华民族的集体记忆。中华文明具有五千多年绵延不断的辉煌发展历史，是世界上唯一没有出现根本性断裂的文明形态。在五千多年文明发展史上，中华民族进行物质生产、精神生产、制度建设等文明创建活动，不仅创造了源远流长、博大精深的中华文明，而且建构了丰富多彩、辉煌灿烂的集体性文明记忆。

传承发展中华文明，中华民族应该坚定文明自信。坚定中华文明自信，坚信中华文明的独特神韵、独特价值和独特意义，增强推进中华文明发展的底气、志气和勇气，是中华民族自立、自强、自信的核心要义。坚定中华文明自信，既应该反对文明自卑，也应该反对文明自负。文明自卑容易导致崇洋媚外的问题，文明自负容易滋生唯我独尊的意识。

传承发展中华文明，中华民族应该坚持文明交流互鉴。坚持文明交流互鉴，这是中华民族能够在历史上创造辉煌文明的重要原因，也是中华民族建设现代文明应该遵循的重要原则。中华文明是在不断与其他文明形态进行交流互鉴中形成的一个文明体系，开放性、包容性是成就其伟大的重要因素。

传承发展中华文明，中华民族应该坚持“两个结合”。“两个结合”是传承发展中华文明的必由之路。马克思主义基本原理必须与中国具体实际、中华优秀传统文化相结合，才能消解其外来性和陌生性，才能真正融入中华文化，才能真正成为中华文明的重要精神标识和文化精髓。中华优秀传统文化必须与马克思主义基本原理相结合，才能得到它的正确指导，才能实现现代化，才能不断焕发出勃勃生机和强大活力。

中华民族在共同创造、传承和发展中华文明的过程中形成了自成体系的文明观。它包括文明化成天下、言立而文明、文明循礼而兴、文明以伦理为荣、文明因交流互鉴而伟大、文明决定国运等主要内容。中华民族的文明观是其创造、传承和发展中华文明的思想和理论依据。

当今世界存在多种多样的文明观。西方资本主义国家普遍信奉和宣扬文明冲突论、文明隔阂论、文明优越论，其实质是否定世界文明多样性，企图以文明冲突取代文明交流、以文明隔阂取代文明互鉴、以文明优越取代文明共存，试图把资本主义文明美化为唯一理想的文明形态。

中华文明应该走具有自身特色的发展道路。在推进中华文明发展的过程中，中华民族应该始终坚守自己的文化主体性，应该始终坚持弘扬自己的历史主动精神和精神独立性，应该始终体现旗帜鲜明的中华文化立场。中华文明的核心价值就在于它的中国特色。具有中国特色的中华文明是以弘扬中华民族的正确思想理念、价值观念和理想信念为核心使命的文明，它既可以造福中国人民，也可以造福世界人民。

2023年6月2日，习近平总书记在文化传承发展座谈会上指出，中华文明具有突出的连续性、创新性、统一性、包容性、和平性，为人们认识、理解和把握中华文明提供了正确理论指引。为了贯彻落实总书记的重要讲话精神，湖南省委宣传部作出部署，邀请湖南师范大学中华伦理文明研究中心、道德文化研究院组建课题组，认真学习习近平总书记关于中华文明传承发展问题的重要论述，对中华文明的突出特性展开深入系统的研究。课题组由教育部人文社会科学重点研究基地湖南师范大学中华伦理文明研究中心主任、道德文化研究院院长向玉乔教授领衔，由中央“马工程”教材《伦理学》首席专家、湖南省优秀社会科学专家王泽应教授，湖南师范大学哲学系周慧教授，长沙理工大学马克思主义学院鲁芳教授，衡阳师范学院马克思主义学院谢芳教授等人组成。我们对中华文明的突出特性展开深入系统的理论研究，并从史论、哲论、政论、文论等角度，广泛搜集和整理经、史、子、集四部文献中有关中华文明突出特性的文献并加以分析，推出《中华文明突出特性研究丛书》。我们希望，该丛书能够为人们认识、理解和把握中华文明的突出特性提供理论启示和文献支持。

向玉乔

2024 年 2 月 27 日于岳麓山下景德楼